MÉMOIRES D'UNE AMAZONE DES TEMPS MODERNES

Pour l'histoire des femmes et du Bénin

Rosine Vieyra-Soglo

À Lydia et à Franck,

Ces

MÉMOIRES D'UNE AMAZONE DES TEMPS MODERNES

Pour l'histoire des femmes et du Bénin,

une cause à laquelle je suis

Préface de Ganiou Soglo

profondément attaché

Avec mon meilleur souvenir
et affection
Paris, le 26-08-2024
Ganiou Soglo

éditions SÉPIA

ISBN : 979-10-334-0614-3
EAN : 9791033406143

Préface

Il est pratiquement impossible pour un fils de ne pas parler de sa mère en des termes élogieux. La mienne, Rosine Vieyra-Soglo, comme elle le dira à la fin de son existence, aura vécu une très belle vie. Et ce n'était pas gagné d'avance !

Orpheline de mère dès cinq ans, entourée de cinq hommes, elle saura se faire une place à part dans ce monde exclusivement masculin. Arrivée dès l'âge de quatorze ans en France, elle bousculera les conventions, anticonformiste qu'elle était, dans la France d'après-guerre et au Dahomey, en devenant huissier de justice dans les années soixante puis avocate dans les années soixante-dix. Sa vie basculera un peu plus tard quand elle deviendra la première femme Présidente du plus grand parti politique dans les années quatre-vingt-dix. Doyenne d'âge de l'Assemblée nationale au Bénin, après plus de trente ans dans l'hémicycle qui la vit défendre la condition des femmes et plus largement les Béninois, elle sera consacrée « Amazone des temps modernes » par ses compatriotes.

Ce livre relate la vie de ma mère, une femme indépendante, courageuse, aimante et dévouée et qui a tracé un parcours exceptionnel pour son époque. Ce sont ses mémoires qu'elle laisse en témoignage aux jeunes filles, aux femmes et à la jeunesse.

Repose en paix, maman.

Ganiou Soglo

I. Les années d'enfance et d'éducation

J'ai toujours songé que je devais écrire sur les événements qui ont jalonné ma vie et ceci, sans aucune prétention. Je crois sincèrement que certains faits, témoignages et péripéties de mon existence valent la peine d'être recensés et méritent d'être connus du plus grand nombre. La vie n'est un long fleuve tranquille pour personne, contrairement à ce que l'on peut penser. Et j'appartiens, en ce sens, à l'espèce commune des humains qui ont connu tout à la fois des moments intenses de joie, mais aussi de profondes peines et douleurs. Alors, par où commencer ? Peut-être par cette impression bizarre, bizarre et angoissante pour moi, et qui va se révéler dramatique, par une matinée de janvier, si mes souvenirs sont exacts. Une petite fille de cinq, six ans, peut-elle avoir des souvenirs ? Je suis sûre que oui. Et ces souvenirs sont si présents qu'ils m'envahissent encore tout entière…

***

Une enfance soudain bouleversée : orpheline

Je me vois cheminant ce matin-là entre mon frère et mon oncle, cet oncle que nous appelions Fofó Daho, le cousin de mon père. Nous l'aimions beaucoup ce Fofó Daho, parce que le soir, quand la nuit s'épaississait et devenait si sombre, il avait l'habitude de nous raconter des histoires qui nous glaçaient d'horreur, avec cette manière unique, magnifique, comme nulle autre, de nous faire rire ou de nous faire trembler de peur.

Que faisions-nous donc ce matin-là ? Très étrangement, les gens que nous rencontrions venaient à nous avec un air très triste en disant « Awo[1] » – je le dis en fon parce que c'est en fon qu'ils le disaient : « Awo sia. Lucie sin vi lè wèhoun » : « ce sont les enfants de Lucie ».

Maman manquait au rendez-vous ; alors j'ai demandé, nous avons demandé : où est maman ? Où est maman ? Où est-elle partie ?

En guise de réponse, mon frère pleurait, mon père pleurait, la tante Jeanne qui était la grande sœur de ma mère pleurait. Fofó Daho pleurait. La maison tout entière ne résonnait que de sanglots et de lamentations. Cette période dura sans doute longtemps, très longtemps, si longtemps que mes nuits s'achevaient toujours par un brusque et angoissant réveil en ayant totalement inondé ma couche. J'appelais maman au secours parce que je pensais que j'allais me faire gronder pour m'être "oubliée", mais c'était papa qui arrivait et, au lieu de me gronder, il me couvrait de baisers. On me prenait dans les bras, et j'étais cajolée. Papa essayait de me calmer pour que je puisse me rendormir. Très souvent c'étaient les hurlements de mon grand frère Christian qui me glaçaient le sang et nous réveillaient tous. Il hurlait à mort et lui aussi appelait sa maman. Consultée, la famille conseilla à mon père de mettre un couteau sous l'oreiller de mon grand frère Christian. Je ne sais que dire et que penser de ce conseil. Tout ce que je sais, c'est que les hurlements ont cessé. Tout simplement.

Ce matin-là donc, ma petite main était dans celle de mon oncle et, à côté de nous, se trouvait mon petit frère Albert âgé de 4 ans. Nous cheminions ensemble et, on se demandait bien ce que l'on faisait là parce que d'habitude nous étions à la maison, entourés de nos trois grands frères, des bonnes, du chauffeur. Le chauffeur s'appelait Ekué et le majordome lui, c'était Marc. Ce dernier était le pilier de la maison, c'était un enfant qui avait grandi avec nous, on lui avait trouvé par la suite du travail, et finalement, il avait été adopté par mon père et ma mère.

Nous avons traversé la ville en direction du quartier qu'on nommait à l'époque "le quartier des Blancs", là où séjournaient les administrateurs blancs ou ceux qui étaient censés s'occuper des indigènes que nous étions. Nous sommes arrivés, Fofó Daho, Albert et moi chez le greffier en chef qui habitait avec sa famille ce

---

[1] Mot de désolation en langue fon.

bâtiment qui abrite actuellement la préfecture de Cotonou. Albert et moi, totalement ignorants du drame dans lequel était plongée notre famille, semblions considérer cette étape comme des vacances. Je ne me rappelle pas combien de temps nous avons passé dans cette délicieuse famille aujourd'hui, en revanche je me souviens que le retour fut terrible. Ce greffier était antillais, et nous savons tous que les Antillais, les Martiniquais et les Guadeloupéens étaient considérés comme des Blancs. Nous avons été accueillis par toute la famille réunie. Fofó Daho nous a fait ses adieux ; nous l'avons laissé partir avec tristesse, nous demandant sans doute si nous ne le reverrions jamais.

La gare de Cotonou

Le second grand événement de mon enfance fut notre déménagement pour la gare de Cotonou où on nomma mon père chef de gare ; c'était en 1942-1943. Nous étions en pleine guerre, la Seconde Guerre mondiale, et nous assistions sans rien comprendre, mes frères et moi, au départ des wagons qui amenaient des gens, des soldats, des tirailleurs vers des destinations qui nous étaient totalement inconnues. Pour nous, la guerre ne se résumait qu'à un changement important : la pénurie de tissu de coton. Nous étions tous habillés en kaki et pour moi, ça supposait que j'étais habillée en culotte kaki au point où, quand nous sortions, les gens disaient à mon père « nous avons vu vos cinq garçons », et mon père de répondre « vous avez vu mes quatre garçons et ma fille ». De la guerre, je me rappelle aussi avec une grande acuité – mais vraiment –, la visite du Général de Gaulle à Cotonou ; je n'ai rien compris du tout à ses déclarations. J'ai écouté et entendu à plusieurs reprises le nom du Général Pétain, mais ma foi, pour être sincère, c'était tout à fait étranger à mes pensées de petite fille de cinq ou six ans.

Notre séjour à la gare. Ah, la gare de Cotonou ! Mes frères et moi, nous nous sommes bien amusés. Oui, alors ! Il y avait un jardin rempli de fruitiers. Ah les mangues ! Les mangues africaines, quel plaisir de les déguster en les suçant ! On passait notre temps à jouer et aussi à chaparder en fouillant dans les bagages ou les colis – c'est la vérité –, que les voyageurs laissaient avant leur départ. Oh oui, il y a eu des plaintes et papa n'y est pas allé par quatre chemins. « L'ami des enfants », la chicotte, et le palmatoire ont été administrés par papa avec dextérité. Ce fut une humiliation, parce que faite devant les voyageurs qui allaient prendre leur train. Inutile de vous dire que nous avons mis un terme à ce jeu interdit, et plus jamais l'idée ne nous est venue de fouiller dans les affaires des voyageurs.

Autre événement marquant dans ma vie : l'apparition d'une dame qui délibérément prenait la place de notre mère. Nous l'avons haïe dès la première minute parce que considérée comme une usurpatrice, et nous l'avons baptisée Bibinon[2], du prénom de sa fille qui s'appelait Béatrice. Elle aussi faisait partie du « paquet ». Ne pouvant atteindre la mère, c'est elle qui fut notre bête noire. Papa, mon pauvre papa, croyant bien faire pour m'amadouer, me disait qu'il l'avait fait venir de chez les sœurs religieuses pour me tenir compagnie, pour que je ne me sente pas seule. Me sentir seule ! J'avais quatre frères, comment me sentir seule alors que j'avais des frères ? Mais que disait donc mon père ? Plus tard, bien plus tard, j'ai compris mon petit papa : mon cher papa avait besoin d'une compagne…

Rosine, son père et ses frères

[2] En langue nationale fon : la maman de Bibi.

L'atmosphère à la gare était devenue terrible. Nous étions nous aussi en pleine guerre, cela ne pouvait plus durer. Tous les jours un incident, que dis-je, un accident arrivait. Soit c'était un de mes frères, Léopold, qui quittait la maison pour aller dormir sur la tombe de notre mère, soit c'était Christian qui rabrouait la pauvre Bibi ou enfin c'était moi, oui, moi, qui intentais un mauvais procès à Bibinon au sujet de tout et de rien. Il fallait agir.

Départ pour la France

Enfin, cette terrible guerre prit fin en 1945, et une nouvelle date à marquer dans mes annales de petite fille : juin 1946, le dernier navire de guerre le « Félix Roussel » accostait au wharf de Cotonou. En effet, Cotonou n'avait qu'un wharf. La barre étant très forte, les bateaux jetaient l'ancre très loin et c'est par barque qu'on transvasait les voyageurs et les bagages, ce qui ne se faisait pas sans risque. Il était fréquent que de nombreux voyageurs y trouvent la mort et les sirènes du Félix Roussel se faisaient alors entendre au wharf de Cotonou. Ce navire y resta plusieurs jours. À son départ, il emmenait mes trois frères, Désiré, Christian et Léopold. Je leur fis mes adieux sans savoir réellement ce qui m'arrivait. Ils étaient si heureux de partir, ils étaient si heureux de nous quitter que, logiquement, je me disais que tout allait bien. Non, bien sûr que tout n'allait pas bien. Mes trois frères constituaient un rempart pour moi ; tant qu'ils étaient là, rien ne pouvait arriver à Albert et à moi, mais eux partis, qu'allions-nous devenir mon petit frère et moi ? En 1946, j'avais 12 ans – je suis née le 7 mars 1934 à Cotonou – et Albert en avait 10.

Nous sommes restés dans cette maison lugubre à la gare de Cotonou. Heureusement quelques mois plus tard, l'Organisation commune Dahomey Niger[3] (OCDN) vit le jour. Mon père ayant été nommé directeur de cet organisme, nous avons déménagé de

[3] Organisation commune Daho-Niger (OCDN puis OCBN), organisme de coopération entre le Niger et le Dahomey puis le Bénin. Organe de coopération sous-régionale pour le développement des transports, l'OCBN est propriétaire des chemins de fer des deux États et en assure la gestion.

la gare pour nous installer dans un des pavillons construits pour le personnel de la nouvelle organisation ferroviaire. Je suis restée presque deux ans dans cette villa. C'est là, je crois, que j'ai réussi mon certificat d'études et que je suis rentrée chez les sœurs de Notre-Dame des Apôtres.

On avait des sœurs comme professeurs. Dans l'ensemble, j'ai gardé un excellent, un magnifique souvenir de ces sœurs. La mère supérieure était une femme avec de l'embonpoint, toute ronde, douce et gentille comparée à notre professeur de latin qui était un peu plus sévère et un peu moins en chair. Je suis restée une année avec elles, une année qui a passé vite, très vite. Puis, en juillet 1948, je me revois avec mon père dans un vieux coucou oublié de la dernière guerre mondiale en partance pour la France. Je laissais malheureusement derrière moi mon petit frère, seul avec Bibinon et Bibi, avec la ferme promesse qu'il nous rejoindrait bientôt.

*

Pour la première fois de ma vie, j'embarquais dans un avion qui, comparé au Boeing 727 et à l'Airbus français, n'avait de nom que le mot "avion". Nous étions assis sur des bancs et on n'avait rien à manger. Nous avons fait escale dans le désert à Tamanrasset où nous avons passé la nuit. Par curiosité, je me suis aventurée toute seule dans la nuit, parce que j'entendais les pierres éclater et se fendre. J'ai voulu savoir pourquoi : on me dit qu'entre la température avoisinant presque cinquante degrés à l'ombre (car nous étions dans le désert) et celle du soir qui tombait presque à zéro, le choc thermique était la cause de ce phénomène. Je suis incapable de vous dire à quoi ressemblait l'hôtel et ce que nous y avons mangé. Par contre je n'oublierais jamais notre arrivée à Nice : quatre heures de l'après-midi, un ciel bleu, mais d'un bleu intense, un monde dans les rues qui m'étourdissait, les voitures qui klaxonnaient, un chahut dont vous n'avez pas idée. Comme je devais être gauche ! Imaginez une petite fille de 14 ans, une asperge gauche – car j'étais poids plume –, les yeux écarquillés, émerveillée, n'osant poser aucune question. Nous devions aller à Cannes retrouver mes trois frères qui y faisaient leurs études. Quelqu'un a dit à mon père qu'un de nos compatriotes se trouvait au sanatorium de Nice et qu'il serait bon de faire acte de charité en allant le voir. Selon toujours les dires de ce quidam, ce compatriote serait très malade et condamné à mort. J'ai traîné les pieds derrière mon père pour aller faire cette visite. Nous nous sommes rendus au sanatorium ; on nous a indiqué la chambre du malade, nous sommes arrivés devant cette chambre, et je me souviens qu'elle était marquée d'une croix rouge. On nous dira plus tard que le signe de la croix rouge désigne la chambre des condamnés à mort. Nous sommes rentrés dans cette chambre et nous sommes trouvés face à ce jeune compatriote de l'âge de mes frères, prénommé Nicéphore Dieudonné Soglo. Mon père n'a pas eu le temps de lui dire qui nous étions et que nous venions lui apporter notre compassion, qu'il nous a arrêtés poliment d'un ton ferme : « Merci monsieur, mais je ne suis pas venu ici pour mourir ». Cette rencontre aura une importance capitale plus tard dans ma vie et pourtant ce jour-là, j'étais rompue de fatigue et ivre de toutes ces nouvelles choses que je découvrais ; aussi serais-je bien incapable de vous décrire la personne qui était alors en face de moi. Une chose est certaine, je n'ai jamais oublié la voix, ni l'audace – ou même disons l'impertinence selon moi – de la phrase prononcée à mon père.

Cannes nous attendait. Cannes, où mes trois frères étaient internes au Lycée Carnot qui était dirigé à l'époque par le proviseur Garrinot. Ils nous attendaient avec impatience et moi, j'étais tout aussi impatiente de leur sauter au cou. Mes seigneurs, je ne les reconnaissais presque plus, ils s'étaient, – le mot est peut-être un peu fort – métamorphosés, surtout Léopold. J'avais laissé une chrysalide et je retrouvais un papillon. Comme il était beau, grand, fort, bien découplé, un véritable sportif ! Il était de loin l'être chétif, petit, que j'avais laissé !

Nous apprenions mon père et moi que Désiré et Léopold étaient désormais des footballeurs accomplis. Le seul qui n'avait pas tellement changé, c'était notre aîné Désiré Magloire Dieudonné. Christian était devenu une armoire à glace. Petit, il était plutôt boulot, traînant toujours soit dans la cuisine, soit dans le garde-manger à la recherche de quelque chose à grignoter. À présent, il était devant moi, plein d'assurance, autoritaire. Il venait de passer avec brio son baccalauréat et, avec Désiré l'aîné, ils allaient partir à Paris au Lycée Lakanal. Pour l'instant nous étions tout à la joie des retrouvailles. Tous parlaient presque en même temps et je me rappelle lorsque, sur leur insistance, papa décida de les amener dans un magasin qui s'appelait « Si Grand » ; c'était un magasin de prêt-à-porter masculin. Ils voulaient que papa renouvelle leur garde-robe. Effectivement, à première vue, leurs vêtements étaient étriqués, un peu élimés sur les bords et manifestement ne leur convenaient plus. Il fallait voir la tête du personnel de ce magasin lorsqu'ils ont vu entrer, oh j'exagère, une horde de nègres, car n'oublions pas, nous étions en 1948, et à l'époque peu de nègres circulaient dans les rues de Cannes. À ce moment-là, la télévision n'existait pas ; à la radio on entendait parler du débarquement des troupes de Noirs américains, des sacrifices des tirailleurs sénégalais, mais peu de Français avaient vu ces Nègres. C'est vrai que nous assistions à des scènes assez cocasses, surtout lorsque des femmes venaient nous toucher et, en reculant, disaient « mais ça ne déteint pas », puis touchaient nos cheveux et s'écriaient « mais c'est doux comme du duvet ! ».

Me voilà loin de la boutique « Si Grand » et de l'ahurissement du personnel en voyant débarquer la famille Vieyra, d'abord très méfiant, se demandant si mon père était à la hauteur de la situation, devant mes frères tout émoustillés de se transformer en Apollon. J'entendis certains vendeurs dire, en voyant mes frères appeler papa : « mais il ne peut pas être le père de ces enfants. » C'est vrai, c'est vrai que papa semblait plus être le frère de ces enfants plutôt que leur père. En effet, il n'avait que dix-huit ans de plus que son fils aîné. Quoi qu'il en soit, tout le monde fut satisfait. En voyant leur sourire, je me disais que Papa les avait contentés, que tout était parfait. Mon père paya cash, rubis sur l'ongle. J'imagine bien que, le soir venu, le personnel a dû parler de « ces Nègres qui ont débarqué dans leur boutique ». Oui, la France après la guerre était un pays formidable où les gens avaient la joie de vivre. Les stigmates et les séquelles de la guerre étaient encore visibles, puisque les denrées se faisaient rares et nous avions tous des tickets de rationnement pour le pain, le sucre, le beurre, le chocolat et l'huile. On parlait encore du marché noir. Nous étions accueillis dans les maisons comme des héros parce que mon père avait des kilos de café et de cacao brut. N'oublions pas qu'à l'époque, le café qu'on faisait provenait des graines de chicorée, un vrai jus de chaussettes ! Et boire du vrai café, quel bonheur ! Je connais des Africains qui ont fait toute leur scolarité rien qu'en vendant les kilos de café qu'ils avaient rapportés d'Afrique. Il restait à Papa à accomplir une dernière tâche : aller rendre visite et remercier le correspondant de mes frères qui s'appelait Monsieur Guillon, directeur de la Caisse d'épargne de Cannes. Nous voilà donc à l'étage de la Caisse d'Épargne, face à la famille Guillon : des Français ordinaires. Lui était petit, un pur Méridional, jovial, accueillant, mais très respectueux de l'argent. Sa femme était boulotte : de longs cheveux torsadés qui entouraient sa tête comme un chapeau qui la coiffait ; douce, oh oui, maman Guillon ! Ils avaient deux garçons : Laurent et Louis. Laurent était très grand, maigre, un peu voûté pour son âge je crois, 24 ou 25 ans et il faisait sa médecine à Marseille. Loulou comme l'appelait sa mère était en première au Lycée Carnot. L'accueil fut délirant, je ne sais plus combien de kilos Papa a laissés à maman Guillon, bien dix, du *corned-beef*, du cacao brut, du beurre en boîte : c'était des produits que mon père avait rapportés d'Afrique. Et sésame ouvre-toi : papa avait de l'argent, ce qui était extrêmement rare après la guerre car la France sortait de la Seconde Guerre mondiale totalement épuisée. Rappelez-vous, Edgar Pinay, ministre des Finances de la France recevait régulièrement des chèques des Américains, c'était l'époque du plan Marshall : c'était l'aide financière que la puissante, la grande et riche Amérique, victorieuse de la Seconde Guerre mondiale, apportait aux pays européens vaincus et appauvris. Mon père annonça aux Guillon qu'il avait envie d'acheter une maison en France. Le lendemain matin, Monsieur Guillon nous fit visiter plusieurs petites villas au Cannet, à la Bocca, des villas qui étaient manifestement dans les moyens de papa. Mon père en retint deux et nous prîmes le train pour Paris.

En fait, notre destination n'était pas Paris, mais les Hautes-Pyrénées où nous attendait la famille du Commissaire Morelle, ami de mon père. Ce commissaire et sa femme avaient été envoyés à Cotonou et y avaient passé presque toute leur carrière. Ils étaient hélas morts tous les deux ; la femme, si j'ai bonne mémoire était allemande, ce qui avait créé beaucoup de difficultés au commissaire pendant la guerre. Et quand elle prit fin, leurs enfants en souffraient encore.

Nous voilà donc à Bise, un 15 août. Bise est un petit village des Hautes-Pyrénées, la ville la plus proche étant à une trentaine de kilomètres. N'oubliez pas qu'à l'époque, il n'y avait pas de voiture, pas de taxi, à fortiori de bus. Il fallait utiliser ses jambes. Nous y avons débarqué en pleine festivité et avons fait connaissance de Tantine, la tante de Jean et Denise, les enfants du Commissaire Morelle, deux orphelins. Tantine était l'archétype de la campagnarde qui n'avait jamais quitté son village, elle avait le teint cuit et on comprendrait plus tard pourquoi elle était un véritable cordon bleu. Tantine, ah la cuisine de Tantine ! La cuisine française à la mode d'autrefois. Le repas cuit au feu de bois. Ce repas qu'on préparait de bonne heure le matin, qu'on apprêtait, qu'on faisait mijoter et Tantine disait : « Christian si tu veux manger, va me chercher du bois. » Et avec quel plaisir et quelle rapidité, on allait chercher du bois ! On ne se le faisait pas dire deux fois. Mais ce 15 août, nous avons tellement mangé que nous étions tous totalement abrutis de victuailles, de cidre et, lorsqu'à 17 heures on nous a dit qu'il y avait un concours de crêpes, on n'en revenait pas ! Eh bien oui ! On en a mangé, Jean a gagné, après avoir avalé une trentaine de crêpes. Et cela faisait longtemps que mes frères et moi avions déposé les armes !

Ces vacances à Bise furent une merveille. Et moi qui découvrais un fruit défendu : la pomme ! Je me réveillais à 6 heures du matin dans le potager où il y avait des fruitiers et je me gavais de pommes. Bien entendu, à ce régime-là, il ne fallait pas être sorcier pour savoir que la suite ne pouvait qu'être catastrophique. Il fallut appeler tout de suite le médecin parce que j'étais prise d'une indigestion carabinée. Je suis restée à la diète pendant trois jours. Cela ne m'a pas dégoûtée des pommes, mais cela m'a assagie. Les bonnes choses ont toujours une fin. Le mois de septembre est arrivé à grand galop. Il a fallu s'atteler à la rentrée scolaire. L'événement majeur de ces vacances à Bise et de ce mois de septembre fut l'acquisition par mon père d'un domaine à Bise : un château. Papa avait préféré ce rêve fou à une bonne petite villa sur la Côte d'Azur. Mais mon père n'avait pas les moyens d'entretenir un château, surtout dans l'état où il se trouvait. Et puis nous étions tous désolés, car papa s'était amouraché de la sœur du commissaire, une vieille fille comme on le disait dans le temps, puisqu'elle n'était pas mariée et qu'elle avait dépassé la quarantaine d'années. L'acquisition de ce mémorable château a donné lieu à des joutes oratoires à l'église de Bise. Il y avait d'un côté les partisans de mon père, et de l'autre ceux qui trouvaient et le disaient haut et fort que c'était une hérésie qu'un Nègre achète un château français, même délabré et sans aucune valeur. Plus tard, nous avons tous appris avec tristesse que papa avait vendu le château qui avait été transformé en colonie de vacances. Adieu donc les vacances, adieu Bise et les Hautes-Pyrénées !

La découverte de Paris, Cannes, les études

Nous voilà à Paris dans un hôtel situé rue du commerce dans le 14e arrondissement. Mes trois frères ont intégré le Lycée Lakanal et c'est là que nous attendait la plus grande surprise de notre vie. Un cousin qui était perdu pour toute sa famille, la nôtre, les Vieyra, et que nous retrouvions par miracle : Paulin Vieyra qui était parti à 12 ans avec le jeune Olivier – dont on avait entretemps appris le décès – et qu'on avait perdu de vue. Ça s'était passé pendant la guerre, si j'ai bonne mémoire, son lycée à Bordeaux avait été bombardé. La France était envahie. C'était l'exode ! Tous les Français, devant l'avancée allemande, fuyaient et prenaient la route. Paulin, comme la plupart des Français, quittait l'Ouest pour rejoindre le Midi et... voilà que quelqu'un dans l'hôtel venait de nous révéler que ce cousin se trouvait là ! Personne ne connaissait Paulin à part papa. Nous avions entendu parler de lui au passé. On le croyait mort. Son père, Terturien Vieyra, était l'oncle de mon père. Paulin se trouvait devant nous, mais il ne parlait pas, il était couché sur le dos, les yeux dans le vague, il ne répondait à aucune question. Manifestement, Paulin n'était pas là. Il fallut beaucoup de patience pour l'apprivoiser. Nous ne pouvions pas prévenir ses parents car à l'époque le téléphone n'existait pas. Petit à petit, par bribes, nous avons reconstitué l'histoire terrifiante de Paulin : aux premiers temps de la guerre, le proviseur prit la décision que tous les enfants retournent chez eux. Les petits Français ont retrouvé leurs parents ; quant à notre Paulin, ne sachant où aller, il a pris la route. Nous ne saurons jamais comment il a survécu un mois durant, venant du sud-ouest et se retrouvant en Ile-de-France dans une petite ville qui s'appelle Dourdan, où il finit par rencontrer un petit garçon de son âge, qui, curieux de voir un Nègre dans les rues de Dourdan, l'interpella : « petit, qu'est-ce que tu fais là ? D'où viens-tu ? que fais-tu là ? » Des questions d'enfants. Paulin montra son doigt. Le jeune Français le prit par la main, l'emmena chez lui et dit à ses parents : « je l'ai rencontré dans la rue, il ne sait pas où aller. » C'est ainsi que Paulin fut adopté par une famille blanche de Dourdan qu'il appelait "papa et maman blanche". Cette famille, comme beaucoup d'autres sans doute, ne sachant rien de Paulin, s'occupa de lui, paya ses études, et ne faisait aucune différence entre leur fils et lui. Et Paulin put poursuivre ses études et choisir par la suite la voie cinématographique.

Nous lui devons plusieurs films dont les thèmes se rapportent surtout au Sénégal, sa patrie d'adoption. On peut notamment citer : *L'Afrique à Moscou* (1957), *Le Sénégal au festival national des arts nègres* (1966), *Voyage en Toubabie* (1987). Le retour du fils prodige fut un moment magnifique, très poignant et d'une simplicité rare. Quand Paulin était enfin rentré au bercail, il avait retrouvé sa famille, et l'avenir pouvait de nouveau lui sourire. Mais il restera à jamais marqué par cet épisode en France pendant la guerre. Je ne peux pas dire que je le connaissais vraiment. J'ai passé quelques jours avec lui à Dakar ; je ne l'ai jamais vu gai. Paulin avait toujours un air pensif, accueillant oui, jovial non ; alors que son père était un homme très jovial. Il a malgré tout marqué son époque par son œuvre cinématographique[4].

---

[4] Béninois de naissance et Sénégalais d'adoption, Paulin Soumanou Vieyra est considéré comme le précurseur du cinéma africain. Il est né le 31 janvier 1925 à Porto-Novo, alors au Dahomey (aujourd'hui au Bénin) et mort le 4 novembre 1987 à Paris et repose au cimetière de Bel Air à Dakar au Sénégal. Réalisateur, critique, écrivain et historien, on lui doit une trentaine de documentaires et un seul long métrage, *En résidence surveillée*. Premier Africain diplômé de l'Institut des hautes études cinématographiques (IDHEC), aujourd'hui FEMIS, il tourne en 1955 *Afrique-sur-Seine*, film culte qui marque les débuts du cinéma africain. Aujourd'hui encore, le Prix Paulin Soumanou Vieyra initié par la Fédération africaine de la critique

*

Les vacances étant finies, mes frères rentrés au Lycée, de mon côté je reprenais le chemin de Cannes où j'étais inscrite au Collège Capron des jeunes filles de la ville. J'étais la première Africaine, mais quelques mois plus tard arriva Béatrice Walkoff, ses frères Eugène et Emmanuel étant inscrits au Lycée Carnot de Cannes. J'étais en 5e classique et Béatrice en 4e moderne. À l'époque, la voie royale c'était le latin et le grec. On pensait que nous étions les plus brillants puisque nous faisions latin ou grec. De nos jours, je crois que ce sont les mathématiques, la physique, la chimie et l'informatique. Plus tard, est arrivée dans la même classe que moi une Camerounaise, Dora Ekambi. Ensuite les sœurs Montanary, Amélie, Marie-Joseph, Blanche, leur frère Jean. Marie-Joseph était en seconde, Blanche en 3e, toutes deux au collège Capron ; Amélie la grande sœur était dans un Lycée Technique de jeunes filles à Cannes et Jeannot était au Lycée Carnot avec mes frères. Béatrice Walkoff et moi avions pour correspondants M. et Mme Guillon. Nous passions toutes nos vacances de la Toussaint, Noël, Pâques et quelquefois les grandes vacances chez les Guillon. Les Montanary avaient de leur côté leur correspondant.

Nous eûmes des moments merveilleux à Cannes ; il y avait le festival de Cannes et nous voyions défiler tous ces grands acteurs : Brigitte Bardot, Gina Lollobrigida, Clark Gable que les gens appelaient "cartable", son nom étant difficile à prononcer. On déambulait sur la croisette, et les films ne nous disaient absolument rien. C'est à Cannes que j'ai revu Nicéphore Dieudonné Soglo qui, guéri, avait retrouvé sa place au Lycée Carnot. Léopold avait le même âge que lui, et la même passion du football. C'est Léopold qui venait me prendre au collège pour m'emmener chez mes correspondants pour signer les bulletins et nous les rapportions au collège ; ainsi nous étions surveillées et nous devions rentrer à l'heure. Et à chaque fois, Léopold venait me chercher accompagné inévitablement de son alter ego Nicéphore Dieudonné Soglo. Béatrice en profitait pour sortir en même temps que moi. Manifestement on sentait que c'était une véritable corvée pour

cinématographique est décerné aux talents émergents et au cinéma de belle facture artistique. Plus de détails sur : http://www.psv-films.fr.

mon frère de me prendre tous les dimanches pour m'amener chez maman Guillon alors qu'ils avaient envie avec Nicéphore Dieudonné Soglo d'aller jouer au football ou d'aller voir un match. À ce moment-là, Cannes avait une très grande équipe de première division avec le fameux Benbarek[5], un Marocain noir qui, selon les aléas du moment, pouvait être applaudi par les foules comme un génie ou d'autres fois être hué : « Négro retourne chez toi ! Singe ! » N'importe quoi ! Ainsi vont les jeux du cirque. Mais bien sûr, pour moi en cette période, tout était merveilleux, le ciel était bleu, le mistral, les cigales qui chantaient, l'Esterel… c'était la Provence d'après-guerre. Quelle nostalgie ! C'était superbe tout simplement, et j'étais heureuse de vivre dans un cadre grandiose. L'hiver pour nous n'existait pas. Je n'ai jamais mis ni manteau, ni pull-over, ni socquettes, ni bas. Je ne savais pas ce que c'était le froid. De temps en temps soufflait la tramontane ou le mistral. Pour montrer que c'était l'hiver, il y avait un monsieur qui vendait des marrons chauds et je mettais souvent Béatrice en colère – elle était mon aînée de trois ans et je devais l'appeler Dada – en disant « bonjour monsieur le marronnier » ; elle ne supportait pas beaucoup ces sorties et n'appréciait guère mon sens de l'humour. À l'époque j'étais très taquine.

[5] Larbi Benbarek (1917-1992) : footballeur franco-marocain qui eut la plus longue carrière en équipe de France de 1938 à 1954.

Il est vrai que je travaillais bien et on avait de bons professeurs. Il y avait une bibliothèque. J'adorais lire et je lisais tout ce qui me tombait sous la main. Je me suis beaucoup enrichie au Collège Capron. Je me souviens du jour où Papa m'avait mise au Lycée et avait rencontré la directrice. Celle-ci m'avait appelée et quand je suis allée la voir, j'ai baissé les yeux, elle m'avait interpellée : « mademoiselle, il faut regarder les gens en face lorsqu'on vous parle. » Du tac au tac j'avais répondu : « chez moi, une fille bien élevée baisse la tête quand une grande personne s'adresse à elle, on lui parle avec respect. Je dois m'incliner devant vous, c'est l'éducation que j'ai reçue ».

Elle me dit « d'accord », et je me suis retirée. Sur le coup, j'avoue que je n'en ai tiré aucune conclusion, rien, j'étais une petite fille de 14 ans, j'étais dans un monde qui n'était pas le mien. À Cotonou, mon père avait déjà des amis blancs, et je n'avais pas été surprise en arrivant en France, contrairement aux Français qui nous regardaient comme venant d'une autre planète. En revanche, j'avais été surprise peut-être par la phrase de la directrice. Les années ont passé.

Puis il y eut "la vague ivoirienne", avec Marcelline Lobhouët et Désirée Djibo dont la mère était dahoméenne. Toutes deux furent inscrites dans ma classe. Leur frère était au Lycée Carnot. Ils étaient très proches du pouvoir de Félix Houphouët-Boigny[6] et à l'époque la Haute-Volta[7] faisait partie de la Côte d'Ivoire. Cette vague ivoirienne a drainé un autre regard. On les appelait les enfants des planteurs ; un de leurs compatriotes, Tano, se faisait passer pour le fils d'un roi nègre ; on les sentait manifestement à l'aise par rapport à nous car ils étaient tous boursiers de leur État.

Mon frère Léopold eut son bac. Lui aussi suivit ses grands frères au Lycée Lakanal à Paris ; en revanche, Nicéphore Dieudonné Soglo, une fois son bac en poche, s'inscrivit à la faculté de droit de Nice. Il avait trouvé un logement à Cannes avec son ami Quashie. Les frères Quashie ! Comment ai-je pu

---

[6] Homme politique ivoirien (1905-1993), premier président de la Côte d'Ivoire. Il dirigera son pays de 1960 au 7 décembre 1993, jour de sa mort. Leader charismatique, il a rayonné sur l'Afrique et sur le monde.

[7] Actuel Burkina Faso.

les oublier ? C'était le trio : Léopold, Léonidas et Nicéphore, tous trois de redoutables footballeurs, surtout Quashie. Il jouait merveilleusement bien.

La grande sœur, Félicité, était aussi au Lycée Technique de jeunes filles et le grand frère, à Reims. Les Quashie étaient togolais et tous étaient brillants. Quashie faisait sa médecine à Marseille. Nous nous retrouvions naturellement pendant les vacances. Nous, nous séjournions chez nos correspondants, mais eux louaient un appartement. Après Léopold qui était parti, ce serait bientôt mon tour.

Le temps du baccalauréat, Nicéphore faisait des allers-retours Nice-Cannes, ce qui était coûteux. De plus, la maladie qui l'avait accablé quelques années auparavant et qu'il croyait définitivement disparue ne lui avait laissé qu'une trêve. Il allait de nouveau récidiver et, cette fois, il fut envoyé au sanatorium de Vallauris.

J'ai oublié d'évoquer les Kaiser : Bernard Kaiser était un jeune professeur agrégé d'histoire-géographie installé à Cannes avec sa famille. Il avait une villa en haut du boulevard Carnot où il habitait avec sa femme Renée et sa petite-fille Chantal. Nicéphore l'admirait beaucoup et lui était fier de Nicéphore parce qu'il était un de ses meilleurs élèves. Il invitait souvent Nicéphore chez eux. Je me souviens que Bernard Kaiser nous a fait rencontrer le peintre Picasso qui nous a montré son mouton à quatre pattes. Nous avons passé une journée entière avec Picasso ; il aimait la culture nègre, il nous parlait de l'art nègre, et nous, on n'avait qu'une idée en tête : nous échapper pour aller nous promener comme deux jeunes amoureux plutôt que d'écouter le lyrisme débridé de Picasso sur l'art nègre. Mais Picasso était têtu et il ne voulait pas nous laisser partir. Nous avons eu droit à la visite de l'exposition de l'art et du génie de Picasso. On n'y comprenait rien. Ensemble, Kaiser et Picasso nous expliquaient la beauté de l'art nègre, art qu'il avait beaucoup copié. Nous n'étions pas conscients de qui était Picasso, tellement nous étions ignorants, méconnaissant totalement l'importance du peintre que nous avions depuis deux jours en face de nous et qui nous avait invités à sa table. Nous n'avons pas saisi l'opportunité de lui réclamer un autographe, ou même un tableau, rien du tout. En fait, la fortune nous a échappé ; il est vrai qu'à l'époque il n'était pas connu, il n'avait pas cette notoriété qu'il eut plus tard.

Mon père fut envoyé pour un stage en Touraine, plus précisément à Saint-Pierre-des-Corps. Nous y passâmes donc l'été 1950 en famille ; papa était revenu avec Béatrice et mon petit frère Albert. Puis vint la rentrée scolaire de septembre 1950 qui me rendait un peu triste et amère parce que je quittais Cannes pour Rennes. Triste, je l'étais, car Béatrice ne pouvant être admise à Cannes, mon père m'avait en quelque sorte sacrifiée, moi. Bien entendu, sans rien me demander. Ce qui me consolait, c'était d'être de nouveau avec mon petit frère Albert. L'épisode Rennes fut dramatique : quelle différence de température entre la Bretagne pluvieuse et la Côte d'Azur ! J'ai passé plusieurs mois à l'infirmerie du Lycée de Rennes pour cause de rhumatismes articulaires aigus. Je n'ai pas eu malheureusement l'occasion de vraiment connaître mes professeurs et mes camarades bretonnes, car à la fin du trimestre il fallut sérieusement envisager de m'envoyer dans une autre ville. Les autorités médicales avaient décidé que j'avais besoin de bains de boue ; c'était la grande vogue à l'époque. Les rhumatismes articulaires aigus se soignaient avec le salicylate, médicament qui avait pour inconvénient de fatiguer le cœur. Très vite on m'a diagnostiqué une tachycardie, c'est-à-dire un souffle au cœur qui s'accélérerait très vite.

À l'automne, je me suis retrouvée à Paris. Un ami étudiant de mon frère Désiré, qui travaillait comme stagiaire dans le service du fameux professeur Lenègre de l'époque, m'y fit admettre. J'étais entourée d'un aréopage d'internes et tous étaient là à me regarder comme si j'étais une extraterrestre. Moi, je les regardais totalement surprise, gênée comme si j'étais un curieux animal. Du coup, je ne crois pas avoir dit un seul mot. On me posa des questions auxquelles je ne pus répondre et, après une auscultation minutieuse, le verdict tomba : faiblesse au cœur, trop grande poussée pour son âge ; j'étais condamnée à avaler ces fameux comprimés de salicylate. Puis j'ai fini par avoir mon bac.

*

Mon état s'était empiré, mon père étant retourné au Dahomey, les nouvelles sur ma santé l'alarmaient. J'étais la seule fille parmi quatre garçons, j'avais toujours été un peu plus choyée que mes frères qui, d'ailleurs, l'ont toujours bien accepté. Papa, très inquiet, demanda à Christian de s'occuper vraiment de sa petite sœur et lui donna une procuration en bonne et due forme. Ce faisant, il bafouait les droits d'aînesse de Désiré. Malgré toute l'affection qu'il avait pour lui, il ne pensait pas qu'il était à même de s'occuper de sa petite sœur. Christian, comme tous les seconds, avait le défaut des cadets. La nature, contrairement à son grand frère, l'avait doté d'une belle carrure. En le voyant à l'époque, les gens disaient « quelle belle armoire à glace ». Il était très clair de peau et avait des traits très fins. Mais pour moi, c'était un grand frère tyrannique, dominateur et totalement invivable bien entendu, alors que Désiré me laissait un peu plus libre de mes mouvements. Christian était en permanence en train de me surveiller. Je ne devais pas sortir. À ce moment-là, il était fiancé à la fille Chokki et je devais obligatoirement, avec le pauvre Albert, passer mes vacances avec elle. Je lui en voulais terriblement parce que, considérant à juste titre peut-être qu'Albert fréquentait souvent les dancings et s'occupait peu de ses études, il écrivit à Papa et lui demanda de le rapatrier à Cotonou. Cette nouvelle fit sur nous tous l'effet d'une bombe : comment notre frère pouvait-il décider d'envoyer le dernier de la famille tout seul avec une belle-mère qui ne nous avait jamais aimés et un père qui était sous la coupe de cette femme que nous avions toujours détestée ?

L'avenir nous donnera tous raison. Albert, comme Désiré et Léopold, était un grand footballeur. À Cotonou, laissé un peu à lui-même, il s'était inscrit dans une équipe de football et cultivait ainsi sa passion. Nous ne saurons jamais ce qui est arrivé ; un jour de match de football au stade René Pleven à Cotonou, alors qu'il venait de marquer un but, il prit de plein fouet un coup de tête violent d'un adversaire. Il tomba, ne se releva pas : il avait cessé de vivre. Le pauvre papa se serait bien passé de cela : après avoir enseveli quelques années plus tôt le dernier né, il venait d'enterrer un second fils. Nous tous, y compris mon fiancé Nicéphore Dieudonné Soglo, fûmes choqués, et nous adressâmes une lettre à Christian pour lui dire que nous trouvions sa démarche totalement inexplicable car, en connaissance de cause, il avait envoyé son petit frère à la mort. Sa réponse nous accabla, Nicéphore et moi. Pauvre Christian, il avait subi une grosse opération au cours de laquelle, à l'époque, eu égard aux connaissances médicales, on lui avait enlevé tout l'estomac et on l'avait remplacé par un estomac de mouton, je crois. Christian n'a pas été heureux dans sa vie. Il s'était marié avec une secrétaire dont les parents étaient paysans dans les Yvelines à Mantes-la-Jolie. La mère était bulgare je crois. Il avait bien entendu rompu ses fiançailles avec la fille Chokki. Il régnait en maître, autoritaire et sans partage sur sa villa de Mantes-la-Jolie. Les beaux-parents vivaient avec lui. Il appelait sa belle-mère Man, elle lui tenait tête plus que sa propre fille. Maggy en effet était comme l'appelleraient plus tard mes enfants « L'écho ». Elle obéissait au pied et à la lettre à toutes les demandes de son mari. Je n'ai jamais entendu Maggy répondre négativement à Christian. Il avait plaisir à la maltraiter. Elle ne se plaignait jamais. Il y avait entre ce couple une atmosphère sado-masochiste. Malheureusement, elle ne donna pas d'enfants à mon frère et comme disaient plus tard les mauvaises langues de la famille, sa docilité et sa patience ont payé. Christian lui a laissé une grande part de son héritage. Mais celle qui a recueilli presque la totalité après le divorce de Maggy et Christian, ce fut Françoise sa secrétaire, qu'il n'a jamais épousée. Elle était moins docile que Maggy. Étant la secrétaire de Christian à l'UNESCO, elle était au courant de toutes ses affaires et, de ce fait, elle le connaissait parfaitement. Inutile de parler de Françoise, je ne l'ai jamais acceptée. Autant j'affectionnais Maggy, même si par ailleurs je la trouvais trop soumise ; autant je trouvais Françoise sournoise. Elle n'était même pas nette sur sa personne, et fort mal habillée. Nous nous sommes souvent posé la question de savoir pourquoi Christian si beau, si élégant, le vrai gentleman anglais qui allait s'habiller à Londres, l'avait épousée. Saura qui pourra ! Il lui légua presque la totalité de sa fortune, un magnifique appartement dans le 13e arrondissement de Paris et un manoir dans le midi de la France. Maggy n'eut droit, en tant qu'épouse divorcée, qu'à sa pension alimentaire qui, paraît-il, était conséquente. Christian partit très vite, il avait un cancer de l'estomac ; ce corps étranger qu'on lui avait mis avait fini par s'infecter et était devenu cancéreux. Il est mort à l'hôpital de Villejuif, et fut incinéré à Paris comme il l'avait demandé. Après quelques flottements pour savoir à qui allaient échoir les restes de l'héritage, Françoise, ignorant que son compagnon avait laissé un testament, s'était rapprochée de moi pour que j'apporte l'urne à Cotonou pour l'enterrer à côté de ses parents dans sa terre natale. Mais quelques jours après, elle rayonnait de joie en apprenant par le notaire que c'est elle qui héritait de la totalité des biens de Christian. Elle m'a longuement téléphoné pour me dire que Christian avait décidé dans son testament qu'il reposerait dans le nord, dans la ville de sa compagne Françoise, et que Christian avait écrit qu'il ne voulait pas aller à Cotonou pour que sa tombe soit abandonnée car, ajouta-t-elle, « la tombe de Gratien n'était pas bien entretenue ». Je crois qu'entendre le nom de mon père « Gratien » me fit sortir de mes gonds. J'étais furieuse, je lui dis que c'est grâce aux efforts de Gratien qui a envoyé son fils en France et payé toutes ses études qu'elle pouvait maintenant s'approprier toutes les richesses de Christian. Que si Christian n'avait pas été complexé jusqu'aux os, à en oublier que même Nègre, il descendait d'une des plus grandes familles du Dahomey, il ne se serait jamais acoquiné avec une femme parce qu'elle avait la peau blanche, sortie de rien, incapable de lui cirer les chaussures. Sur ces entrefaites, j'ai raccroché. Depuis lors, toutes les tentatives faites par

Françoise pour se rapprocher de moi sont demeurées vaines. À l'heure actuelle, j'ignore totalement ce qu'elle est devenue.

Retour aux amours de mon enfance ; et l'arrivée aux Petites-Brosses

C'est sur la Côte d'Azur au Lycée des jeunes filles de Nice que j'ai terminé ma seconde année de baccalauréat. J'ai oublié de mentionner que j'étais boursière du Dahomey. Mais après mes études secondaires, la bourse ne m'a pas été renouvelée. Et en cette année 1954, je me retrouvais à Nice dans une pension de jeunes filles sans ressources, ne sachant pas comment j'allais débuter mon année universitaire. En même temps ou à côté, j'étais déjà engagée avec Nicéphore Dieudonné Soglo qui, en cet automne 1954, se trouvait une fois de plus malade et avait été envoyé en soins à Saint-Hilaire-du-Touvet en Isère. L'avenir paraissait bien sombre et j'étais sans nouvelles de mes frères qui étaient à Paris. J'étais dans une pension où j'avais été acceptée, disons, par charité, car j'avais dû mettre en gage tous les bijoux en or de ma mère. J'y fis la connaissance d'une vieille dame célibataire, institutrice retraitée, mademoiselle Merle, qui habitait Montceau-les-Mines en Saône-et-Loire. Elle fit preuve d'une gentillesse extrême et de bonté : elle paya ma pension sur la simple promesse de la lui rembourser dès que ma bourse serait rétablie. C'est dans ces circonstances qu'une autre éclaircie vint : les frères Koffi. Les frères Antoine et Omer Koffi, dahoméens comme Nicéphore, mais expatriés au Togo, étaient arrivés en France dans le même navire que Nicéphore en 1946 et ils s'étaient inscrits ensemble au Lycée de Cannes. Je les connaissais très bien. C'était des gens délicieux, d'une éducation parfaite. Antoine était dévoré par la timidité, mais extrêmement brillant. Je ne me rappelle plus très bien des études faites par Antoine, mais Omer, qui était très proche de Nicéphore, fit plus tard des études d'agriculture à l'école de Grignon[8] dans les Yvelines. Les deux frères étaient très pieux,

---

[8] École nationale supérieure d'agronomie fondée à Thiverval-Grignon dans les Yvelines en 1826. Une des plus anciennes écoles d'enseignement supérieur agricole de France.

des catholiques pratiquants. C'est ainsi qu'Omer écrivit à Nicéphore pour lui dire qu'une de ses amies blanches cherchait une fille au pair. Et voilà que je reçus une lettre de Lyon de mademoiselle Marie-Thérèse Jacolin m'invitant à venir tenir compagnie à son vieux père de 70 ans. Elle me disait que je n'avais qu'à assurer deux ou trois après-midis dans la semaine, ce qui me laisserait la possibilité de suivre mes cours à la faculté catholique de Droit de Lyon.

*

C'est ainsi que, à cause de mes faibles revenus, je pris le bus pour Lyon après avoir fait mes adieux à mademoiselle Merle et au personnel de la maison de retraite. À l'arrêt de la gare routière de Perrache à Lyon, m'attendait une petite dame. La première prise de contact manqua de spontanéité d'un côté comme de l'autre. Marie-Thérèse Jacolin voulait d'emblée en faire trop. Elle se montrait trop chaleureuse, trop curieuse, posant mille questions. Bref, la pauvre dame faisait tout pour me mettre à l'aise. Nous voilà dans l'autobus qui devait nous amener à Caluire-et-Cuire dans la banlieue de Lyon où habitait la famille Jacolin. Le trajet fut long car il nous fallut prendre un tramway, ensuite un autre bus qui nous déposait à la Montée des soldats. On marcha encore au moins trente minutes. Je peinais avec ma valise. Marie-Thérèse, de temps en temps, m'aidait. On s'engouffra dans une petite porte et enfin, on se retrouva dans le parc du château qui s'appelait les Petites-Brosses. Je saurai plus tard qu'il s'étendait sur une superficie de neuf hectares. J'ai encore traîné vingt à trente minutes ma valise qui n'était heureusement pas trop lourde, pour atterrir dans ce qu'on appelle la souillarde, ensuite la cuisine, puis un petit couloir qui nous menait dans une salle où se trouvait un vieux monsieur, correctement habillé et coiffé d'un chapeau de feutre. Un vieux poêle chauffait la salle. Nous étions au mois d'octobre si j'ai bonne mémoire. J'ai déposé ma valise, j'ai salué le maître du château, monsieur Henri Jacolin. On fit connaissance, il avait l'habitude des Africains. Il évoqua très rapidement la relation qu'il avait avec eux : chaque mois, il les invitait tous à manger un riz au poulet.

Les Petites-Brosses

Marie-Thérèse voulut me montrer ma chambre. Je remarquai au bas de l'escalier un énorme poêle vert, très joli, fait avec des céramiques énormes. Il pouvait contenir une dizaine de kilos de bois pour chauffer toute une partie de la maison. Toutes les chambres étaient ouvertes. Il y avait bien des radiateurs, mais ils ne fonctionnaient pas. À l'étage, en montant les escaliers, nous prîmes le couloir de gauche et, après avoir laissé une première chambre, nous nous arrêtâmes à la deuxième : une chambre vaste avec une grande fenêtre qui donnait sur le parc. Il y avait des placards et, dans un coin, j'avais une cuvette et des seaux pour faire ma toilette ; cela signifiait qu'il n'y avait pas de salle de bain ni d'eau courante. Après avoir déposé ma valise et rangé mes affaires, je descendis pour savoir ce que l'on attendait de moi aux Petites-Brosses. Je devais, trois ou quatre après-midis par semaine, m'occuper de monsieur Jacolin parce que Marie-Thérèse sa fille, ces après-midis-là, consacrait son temps à enseigner à une certaine catégorie de filles lyonnaises les arts ménagers et surtout l'art de ne point gaspiller.

Mon rôle consistait, lorsqu'il descendait de sa chambre vers quatre heures de l'après-midi, à lui faire du thé, lui faire grignoter quelques biscuits et à lui tenir compagnie. Ce monsieur était si affable et si instruit, – la grande bourgeoisie lyonnaise –, si courtois, respectueux des autres et matois. Ce n'est pas pour rien qu'il s'était fait une colossale fortune comme lui-même se prêtait à le dire, en partant de rien ; mais à ce moment-là, je ne connaissais pas la vie de la famille Jacolin.

J'allais vivre là, avec eux, pendant quatre ans, de 1954 à 1958. J'avais vingt ans et j'allais passer quatre magnifiques années aux Petites-Brosses. J'allais m'épanouir, prendre conscience de moi-même, je me sentais vraiment en famille, j'étais entourée et Marie-Thérèse m'aimait vraiment comme sa fille. Cela dit au passage, son père, à un moment donné, s'était inquiété en se demandant si elle n'allait pas me laisser une partie de sa fortune. Petit à petit je m'installais, devenais la fille de la maison, et je fis connaissance de toute la famille en commençant par Louise, une religieuse, ensuite Marie-Thérèse célibataire, Jean, le fils aîné qui s'occupait de l'usine qui brodait la soie, une usine qui faisait partie intégrante du château, André – ah ! André –, celui qui avait fait la guerre et qui avait été fait prisonnier, grand agriculteur près de Bourges dans le Cher, et Paul le chanceux qui s'était marié avec l'héritière des parfums Lautier Fils de Grasse. Avec sa femme Marguerite la Méridionale, posée, sûre d'elle parce que son père avait beaucoup d'argent et les enfants de jolies brunettes. Mimi, habitant dans une aile du château avec son mari Albert Pujol et ses enfants ; elle en avait à l'époque trois. Mimi constamment dans la chambre de son père qui était l'avant-dernière des neuf enfants et qui arrivait à apitoyer son père. Enfin le dernier, Pierre, qui était prêtre. Il y avait neuf enfants dans la famille et il y avait deux autres religieuses que nous ne voyions jamais parce qu'elles étaient cloîtrées. Tout ce monde faisait partie de la grande bourgeoisie lyonnaise, monsieur Jacolin père tenait à ce que l'on sache qu'il avait le "sang bleu". Sa femme, née Charmetant, était une grande héritière de colons propriétaires de grands vignobles en Tunisie.

Les années à venir allaient sonner le glas de toutes ces richesses car toutes les colonies se détacheraient de la France et deviendraient indépendantes et cela engendrerait beaucoup de pleurs, de sanglots même pour la perte de ces immenses domaines qui faisaient leur fortune. J'étais vraiment épanouie, j'étais heureuse parce que de nouveau je me sentais en famille et totalement en sécurité. La France pour nous en cette période c'était l'apprentissage de la vie ; il fallait se débrouiller seul, les parents étaient loin, ce n'était pas facile. Nous ne pouvions pas les prévenir rapidement : le téléphone n'existait presque pas. Ne parlons pas du portable, notre seul lien entre la France et l'Afrique, c'était la poste. Il fallait attendre un mois, deux peut-être pour recevoir une réponse ; à regarder de près, c'était la galère et les « déchets » étaient nombreux, beaucoup ne finissaient pas leurs études. Ceux sur lesquels au lycée on nourrissait les plus grandes promesses, une fois livrés à eux-mêmes dans les couloirs des facultés, n'arrivaient pas au port. Aussi pour moi, cette détente de quatre ans aux Petites-Brosses fut vraiment une bénédiction.

*

Je commençais mes études de droit, puis des stages chez les avocats se sont enchaînés, et je faisais par ailleurs des projets avec un homme qui était devenu tout pour moi. L'année 1954, nous nous sommes réveillés avec de la neige, c'était un des hivers les plus froids, les plus durs et les plus longs que la France ait connus. On en parle encore. Alors pour la première fois de ma vie, je voyais la neige ; il me fallait tous les matins traverser tout le parc du château, ouvrir la petite porte, prendre la Montée des soldats et enfin sauter dans le bus qui m'emmenait jusqu'à la place Bellecour et enfin à la faculté. Aux Brosses, j'étais devenue petit à petit incontournable ; ma présence juvénile avait transformé la maison. Papa, comme je l'appelais, avait une compagne pour l'écouter, avec laquelle il pouvait discuter, ce qu'il ne faisait jamais avec sa fille. Marie-Thérèse était cantonnée dans tout ce qui avait trait au ménage ; les relations entre le père et la fille étaient plutôt complexes et compliquées. Marie-Thérèse, comme tous ses frères et sœurs, vouvoyait son père, et celui-ci les tutoyait. Avec ma présence, des innovations arrivèrent dans la maison ; la première fut l'allumage des radiateurs pour chauffer la maison tellement il faisait froid, la deuxième fut l'instauration de la lessive qui se faisait dans la baignoire se trouvant à côté de la souillarde.

Ah j'oubliais Marie ! Marie était la femme de ménage qui venait tous les jours pour s'occuper de la maison ; elle habitait elle aussi les Petites-Brosses ; sa loge était à la porte d'entrée, elle habitait là avec sa fille Yota et son mari. Ils étaient Grecs. Nous étions à l'époque de la dictature en Grèce avec des colonels à la tête du pays et de nombreux républicains avaient fui le pays. Il y avait une forte colonie à Lyon, où ils avaient l'opportunité de trouver facilement du travail. Ils habitaient presque tous dans le quartier Belleville. C'était la période des bonnes grecques, ensuite nous aurions celle des Espagnols et des Portugaises. Marie était une paysanne grecque, elle n'a jamais très bien parlé français, mais elle n'a jamais oublié ses coutumes ; elle continuait comme faire se peut à vivre à la manière grecque. Le jour de la lessive était un grand jour : avec Marie nous lavions les draps qui se trouvaient à la souillarde. C'était vraiment une corvée. Il fallait ensuite étendre le linge sur le pré. Le repassage se faisait en deux temps, au fer et au charbon car les draps n'étaient pas repassés, mais pliés entre deux planches sur lesquelles on posait d'énormes barres de fer. Après cela on pouvait les ranger dans des armoires qui sentaient bon les fleurs. Nous n'avions pas de salle de bain, la seule salle de bain qui existait dans la maison était contiguë à la chambre de papa, et il ne s'en servait que rarement. Je ne m'y suis jamais lavée pendant quatre ans. Très vite, j'avais décidé qu'il me fallait mon bain journalier, et j'avais transformé la baignoire de la souillarde en une salle de bain où je descendais tous les matins pour me laver.

La cuisine se faisait dans une grande cuisinière à bois. Tout se faisait au bois.

Et les Petites-Brosses ne manquaient pas de bois. J'avais fini par décider papa à acheter un frigidaire, ce fut presque une révolution, ensuite une cuisinière au gaz. Les Petites-Brosses vivaient presque en autarcie, les seules choses que nous achetions à l'extérieur c'était le pain et une ou deux fois par mois à la sortie de l'église un rôti de veau ou de bœuf que nous mangions pendant un mois. On nous livrait tous les jours un litre de lait dans un petit seau. À part cela les Petites-Brosses avaient tout. Les potagers regorgeaient de tous les légumes de France et de Navarre. Nous avions des clapiers avec des lapins, des poulaillers, nous avions des œufs frais tous les matins. Et sur le tout, régnait en maître un Letton, ancien haut fonctionnaire, qui avait fui son pays, la Lettonie, envahie par les troupes soviétiques de l'Union des républiques socialistes et soviétiques (URSS) en 1940, date à laquelle ils mirent la main sur les pays baltes (la Lituanie, l'Estonie et la Lettonie).

Le parc était le lieu de magnifiques vergers. L'automne, nous avions des poires et des pommes que Marie-Thérèse entreposait dans la salle à manger qui était fermée et qu'on utilisait. L'été c'était le délice des cerises, des abricots, – mon Dieu quels abricots ! – des prunes ; c'était aussi hélas la période des confitures.

J'appris donc à faire des confitures et des clafoutis : c'était simple à faire et délicieux à manger. Vous prenez un moule, vous y coupez n'importe quel fruit vous ajoutez deux œufs battus, un tout petit peu de sucre, vous incorporez à ce mélange un petit bol de farine de blé, vous mélangez bien le tout et vous le mettez au four. Vous obtenez un bon clafoutis parce que fait avec des fruits frais. Pendant cet hiver 1954, Marie-Thérèse et moi sommes allées à Saint-Hilaire-du-Touvet dans l'Isère rendre visite à Nicéphore qui y séjournait. Notre visite qu'il n'attendait pas, puisque nous n'avions pas pu le prévenir, fut accueillie avec un sentiment mitigé. Il était heureux de me voir, mais pas en compagnie de Marie-Thérèse. Très vite il se détendit en apprenant que Marie-Thérèse ne restait qu'une nuit, ne pouvant pas laisser papa seul. Je sentis un soulagement chez mon fiancé qui se disait : « est-ce que je vais me retrouver seul avec ma belle ? » Saint-Hilaire-du-Touvet, c'était la montagne en plein hiver. Le village se trouvait en bas et il fallait grimper pour aller au sanatorium. L'après-guerre était la période où la tuberculose sévissait en maître ; c'était le cancer de l'époque. La gent estudiantine était frappée de plein fouet et beaucoup d'étudiants étaient en effet tuberculeux, certains très gravement. À ceux-là, on enlevait les poumons ; ils étaient considérés comme étant en sursis. Le sanatorium de Saint-Hilaire-du-Touvet avait cela d'inédit que les étudiants qui s'y trouvaient recevaient tous chacun dans leur cursus, les enseignements en droit, médecine, sciences, etc. Ils avaient les meilleurs professeurs et, pour les distraire, ils recevaient les meilleurs comédiens ou artistes de France. On leur diffusait les meilleurs films qui sortaient. Ils avaient presque l'exclusivité. Nicéphore passa donc deux ans à Saint-Hilaire-du-Touvet ; il en ressortit totalement guéri. Mais il n'était pas encore sorti d'affaire. Il fut donc envoyé en postcure à Sceaux dans la région parisienne où il resta en observation pendant un an. Il reçut encore certains soins et ce, jusqu'en 1958.

*

Ce fut ensuite le retour aux Petites-Brosses. La vie s'était petit à petit installée et j'avais des amis africains qui venaient me rendre visite. La maison devenait plus accueillante, plus vivante, de plus en plus d'Africains étaient reçus à la table des Jacolin.

Revenant d'un voyage à Besançon, mon frère Désiré s'arrêta aux Petites-Brosses pour me rendre visite. Cela faisait des années qu'on ne s'était pas vu. Il était là non seulement pour faire la connaissance de la famille qui m'hébergeait depuis plus de trois ans, mais aussi pour les remercier d'avoir accueilli sa petite sœur. Je connaissais depuis longtemps déjà la famille

Jacolin, les enfants, les cousins, les cousines, les petits-enfants, ceux des Chamelles en Tunisie. On ne parlait que de l'héritage qui s'en allait, d'une France qui s'en allait, et d'une nouvelle qui sortait des cocons, mais très lentement encore et qui effrayait certains pour qui rien ne sortirait de bon de cette future France qui pointait à l'horizon… J'étais fatiguée de traîner les commissions et j'étais sur le point d'exploser. Je poussai donc Marie-Thérèse à acheter une voiture, une 2 CV. Mais pour se faire, il fallait qu'elle passe son permis de conduire. Ah ! ce permis de conduire, quelle épopée ! Le premier moniteur terrorisait carrément Marie-Thérèse, elle n'y arrivait pas ; elle revenait de ses cours perturbée, doutant d'elle-même, ne sachant plus que faire. C'était la Cendrillon de la maison.

Petite, à cinq ans, elle avait eu une forte fièvre qu'on faisait baisser par des trombes d'eau froide. Cet atroce régime avait provoqué chez elle un strabisme et des difficultés à assimiler les enseignements. Du coup elle avait été retirée de l'école et envoyée dans une classe technique pour apprendre les arts ménagers. C'est une des raisons qui fit aussi qu'elle restât célibataire. En effet, le père Jacolin, lorsqu'un prétendant avait demandé la main de sa fille, avait refusé de payer la dot, la trouvant trop élevée sans se rendre compte de la cruauté de ses paroles, comme si Marie-Thérèse ne valait pas ce prix, et la mère d'ajouter : « nous garderons Marie-Thérèse pour s'occuper de nous pendant notre vieillesse ». C'est ainsi que Marie-Thérèse, si maternelle, si affectueuse, si bonne et douce, et qui aurait fait vraiment le bonheur d'un homme et des enfants, se retrouvait célibataire. Elle voulait se marier, elle voulait avoir des enfants, elle l'avait dit à plusieurs reprises, mais son sort était scellé, elle resta à jamais ce qu'on appelle « vieille fille » ; elle n'eut aucune vie sexuelle et mourut vierge. Elle passa sa vie à s'occuper de son papa, de ses frères et sœurs, et de ses neveux et nièces.

Jusqu'à mon arrivée aux Petites-Brosses, son horizon s'était arrêté aux dimensions du château donc aux Petites-Brosses et c'était tout.

Quant au permis de conduire, un jour elle rentra en larmes pour me dire qu'elle abandonnait l'idée de l'avoir et de le vouloir, que toute sa famille avait raison, qu'elle n'était bonne à rien. Je lui dis le lendemain : « on va aller voir ton moniteur », – je la tutoyais bien sûr –, elle ne pouvait pas abandonner, et le vieux Jacolin n'était pas très généreux, donnant avec parcimonie de l'argent à sa fille. À notre arrivée, je vis un monsieur qui manifestement avait pris ma pauvre Marie-Thérèse pour une tête de turc. C'est vrai qu'elle n'était pas jolie, c'est vrai qu'elle louchait, qu'elle n'était pas avenante, qu'elle n'avait presque pas de cheveux sur la tête, que toute son apparence n'avait pas de charme, mais quel cœur d'or, quel trésor caché qui ne demandait qu'à se donner ! Après quelques échanges avec ce moniteur, j'eus la conviction qu'il fallait qu'elle le quittât. Ce qui fut fait. Après avoir fait le tour des moniteurs pour savoir lequel aurait la gentillesse, la patience et la douceur d'être le futur moniteur de Marie-Thérèse, nous en trouvâmes un et elle fit rapidement de grands progrès. À la surprise générale, durant l'été 1957, notre Marie-Thérèse revint avec son permis en poche. La famille n'en revenait pas. Pendant des jours, on ne parla que de cela. « Marie-Thérèse a son permis de conduire, elle s'est acheté une 2CV. Marie-Thérèse, une véritable révolution. Marie-Thérèse a pris de l'assurance, Marie-Thérèse a changé du tout au tout. » Je comprends maintenant lorsqu'on dit que quand vous avez le volant, ça vous donne une puissance, une jouissance, comme une domination, le volant doit donner cette impression, car Marie-Thérèse petit à petit s'est mise à répondre à son père, Marie-Thérèse a su dire non à ses frères, Marie-Thérèse n'était plus la servante de ses belles-sœurs, c'était fini ; terminé. Moi-même, je ne la reconnaissais plus ; mais moi je n'étais pas de la famille, je n'étais que de passage.

« Tu sais ma petite Rosine, me disait-elle, nous allons voir André », c'était son petit frère, elle avait un faible pour lui. Elle aimait la femme d'André, elle faisait des projets de voyage, on irait voir les religieuses. Elle oubliait que j'étais fiancée, que j'allais partir. Elle avait accueilli une dame à qui elle avait loué en face du château une grande bâtisse, une dame qu'on appelait mademoiselle Marie Chanet. Elle était rentrée dans les ordres pour être religieuse. Malheureusement, sa santé, une grave maladie de cœur, l'en avait empêché. Elle dut reprendre la vie civile. Elle était membre d'un organisme religieux – dont le siège était situé à Lyon – qui s'occupait de filles en détresse, c'est-à-dire celles qui avaient des problèmes. Elle y allait donc tous les jours pour s'occuper de ces filles « en perdition ». Elle était très instruite, grande de taille, avenante, jolie et diaphane ; elle était maigre et parlait lentement. Les premiers jours, elle m'impressionnait. Mais très vite, elle s'attacha à moi et c'est peut-être grâce à elle que j'allais passer mes diplômes avec facilité. Très souvent, j'allais chez elle et elle me faisait bosser, elle ne laissait rien passer, rien du tout. Avant mon mariage, elle quitta les Petites-Brosses pour ouvrir une maison de retraite à Bourg-en-Bresse dans l'Ain : le pays des fameux poulets dits de Bresse. Puis je la perdis définitivement de vue. Jusqu'à ce que j'apprenne un jour sa mort.

J'avais continué ma correspondance avec mademoiselle Merle à Montceau-les-Mines et, en cette année 1957, je ne sais par quel miracle, le Dahomey m'accordait une bourse. Dès les premières allocations reçues, j'envoyai un mandat à mademoiselle Merle pour la remercier de tout ce qu'elle avait fait pour moi et pour la rembourser. J'envoyai un autre mandat à Nice dans la maison qui m'avait accordé son hospitalité et ils me renvoyèrent les bijoux de ma mère que j'avais mis en gage. Enfin je récupérais ce bien précieux, les seules choses qui me restaient de ma pauvre mère que je ne connaissais pas !

Je reçus une lettre assez étonnante de mademoiselle Merle qui, ma foi, m'écrivait-elle, avait mis en pertes et profits l'argent qu'elle m'avait avancé. Quant aux dames de la maison, elles étaient bien aises de me renvoyer mes bijoux car, disaient-elles, elles ne savaient pas comment les utiliser.

*

L'avenir s'annonçait sous les meilleurs auspices : je m'apprêtais à me marier avec l'homme que j'avais choisi. Il est vrai qu'il y avait un petit bémol : mon père s'opposait fermement à ce mariage. Il avait même écrit que lorsqu'il en aurait l'occasion « c'est à coups de fusil qu'il descendrait ce futur gendre ». Il n'en fut heureusement rien car papa fut conquis définitivement par Nicéphore qui le considéra d'emblée comme son père. Et aussi bizarre et curieux que cela puisse paraître, le courant passa entre les deux d'une façon extraordinaire.

Mais en ce début de 1957, nous n'en étions pas encore là. Papa était définitivement campé sur ses positions : il ne voulait pas de Nicéphore Soglo comme gendre. Il avait fait d'autres projets « grandioses » pour sa fille unique ; un mariage avec le capitaine Philippe Aho qui revenait d'Indochine et qui était son ami. Et il y avait aussi un autre prétendant sénégalais qui était l'ami de papa auquel on me prédisposait. Papa devait regretter de m'avoir envoyée en France parce qu'il n'était pas question que j'épouse les soi-disant prétendants de mon père. J'avoue que cette idée ne m'inquiétait absolument pas, moi je m'apprêtais à faire mes préparatifs de mariage, j'économisais car nous devions payer notre mariage, je faisais mon trousseau. Il n'était pas question à l'époque de liste de mariage ; monsieur Jacolin m'avait demandé ce que je voulais, je l'avais laissé libre de son choix. Il m'offrit un service de table du Pays basque. Je finis par dénicher une couturière à Lyon, fis les boutiques pour voir quel tissu je prendrais, et j'avoue, par moments, Marie-Thérèse m'agaçait : elle voulait m'imposer ses goûts de grande bourgeoise comptant sou par sou.

J'ai appris beaucoup aux Petites-Brosses : à tenir une maison, à économiser, à ne pas gaspiller et ce, jusqu'aujourd'hui. Ça m'a marquée, ça m'a laissé une empreinte indélébile. Je n'arrivais pas à jeter un drap usé. On le coupait au milieu, on recousait les deux extrémités ensemble et enfin on ourlait la partie qui était au milieu ; quand, à la fin, le drap n'en pouvait plus, on le découpait pour en faire des torchons. Aux Petites-Brosses, rien ne se perdait, tout se transformait. Je l'ai entendu dire à sa fille de 58 ans, Marie-Thérèse, elle qui était comme une mère pour moi : « je t'ai entendue téléphoner, ça coûte cher, tu me gaspilles l'argent, tu aurais dû écrire, une lettre aurait coûté 10 centimes ». Ça, c'était les Petites-Brosses. Pendant les quatre ans où j'ai vécu dans ce château où rien ne manquait, le propriétaire portait le même costume, le même manteau d'hiver, le même chapeau et avait la même voiture Peugeot. Il avait acheté à Marie-Thérèse un manteau de mouton qu'il prenait pour un manteau de fourrure alors qu'il avait une fortune colossale. Monsieur Jacolin, de temps en temps, se fâchait. Sa troisième fille, Marguerite, très brillante, et qui était fiancée, rompit ses fiançailles pour rentrer dans les ordres. Et là, il accusa le coup : trois filles religieuses.

Il était allé voir Mgr Guerlain, le patriarche de l'Église, et s'attendant à ce que ce dernier lui tresse des couronnes, il fut plutôt accueilli froidement : « mon cher Jacolin, il n'y a pas de quoi vous féliciter pour avoir fait trois religieuses et un prêtre sur neuf enfants ».

*

Les souvenirs foisonnent. Les quatre années aux Petites-Brosses furent des années studieuses où j'appris la vie, et où je compris parfois avec un sentiment de malaise et de peur ce que c'était qu'une grande famille, une très grande famille bourgeoise. Et même si ce n'est pas comme aujourd'hui, c'était le lieu où l'on parlait d'argent ; où l'argent était roi. L'argent était là, on en parlait d'une façon bourgeoise, on en parlait, mais ça ne devait pas suinter. Il fallait rester discret ; il y avait toujours cette correction entre gens bien élevés. Pas de brutalité, pas d'effet d'annonce. Monsieur Jacolin vouait aux gémonies ces parvenus dont les enfants roulaient en grosses cylindrées, allaient à la faculté en manteau de fourrure avec des montres Rolex. Pour nous, les vacances étaient forcément des vacances studieuses. Pour cette autre France, il promettait un avenir cinglant et une décadence assurée. Il n'avait pas de mots assez durs pour ces parvenus dispendieux qui gaspillaient l'argent à tout va. Pour preuve, il exposait les événements de mai 1958 où la France avait failli basculer dans le fascisme. Monsieur Jacolin, d'une mine prémonitoire, sous-entendait qu'il avait prévu tout cela.

Quoi qu'il en soit, il avait décidé de partager ses biens entre ses enfants de son vivant.

Périodiquement, les mères supérieures, ses filles, demandaient des comptes. Il n'arrêtait pas de fulminer contre l'exigence des religieuses qui lui envoyaient des demandes d'explication concernant leur héritage, notamment à la mort de madame Jacolin qui avait apporté la majorité des biens, sa dot. Et c'était grâce à cette dot que monsieur Jacolin avait pu ériger sa fortune. Naturellement les religieuses demandaient ce qu'était devenue la communauté car elles étaient héritières d'une partie de cette communauté. Il y eut une grande réunion familiale parce que Monsieur Jacolin voulait partager ses biens de son vivant pour que les enfants ne paient pas trop de frais de succession. La fortune étant importante, il décida de construire des immeubles dans le parc immense du château et de mettre le tout, y compris le château, en société immobilière. Ainsi, en quelques années, on construisit "Chinon Chenonceau" et de magnifiques immeubles de grand standing. Chacun des neuf enfants – y compris les religieuses – choisit des appartements dans ces différents immeubles.

La discussion avait donc lieu non pas sur le partage équitable de la fortune – tous les enfants étant héritiers à parts égales –, mais sur la quotité disponible dont jouissait monsieur Jacolin conformément à la loi. Il pouvait en faire ce qu'il voulait. Aussi donc Jean, Paul, André, Mimi et Pierre le prêtre étaient tous unanimes pour dire que Marie-Thérèse, la cadette célibataire, ne pouvait pas venir réclamer quoique ce soit sur la quotité.

Sept enfants sur neuf étaient présents et ce fut une réunion houleuse où c'était « chacun pour soi et Dieu pour tous ». Dans cette ambiance, ma pauvre Marie-Thérèse ne faisait pas le poids. Présente à cette réunion, je me permis à ce moment-là d'intervenir et plaider la cause de Marie-Thérèse : ce n'était pas le lieu de faire des diatribes passionnées avec trémolo dans la voix, mais de parler de droit, et rien que de droit. J'étais à l'aise, c'était ma profession. J'ignore comment, mais je réussis à les convaincre que Marie-Thérèse, dans la situation où elle se trouvait, avait plus besoin que quiconque d'une part de cette quotité disponible. Avec l'éducation qu'elle avait reçue, ses frères et sœurs pourraient être tranquilles, elle ne les traînerait jamais devant le tribunal. Par ailleurs j'insistai sur le fait que depuis des années, Marie-Thérèse avait été considérée comme la domestique de la famille et qu'elle avait été grandement exploitée par son père, ses frères et sœurs. C'était cela la grande bourgeoisie française. Le vieux laissa à Marie-Thérèse le château et ses dépendances, ce qui représentait une grande part et, je suppose, les moyens pour l'entretenir et vivre correctement. De plus, tous savaient que d'une façon ou d'une autre, à sa mort, Marie-Thérèse laisserait tous ses biens soit à ses frères et sœurs, soit à ses neveux et nièces. Je crois que ce dernier argument acheva de les convaincre tous. Et devant le notaire, Marie-Thérèse eut gain de cause. Ainsi prenait fin l'épisode du partage de la succession du seigneur des lieux.

*

Je m'acheminais tout doucement vers la date fatidique de mon mariage. Mon frère Désiré vint me rendre visite à son retour de Besançon où il était parti avec sa troupe de théâtre dans laquelle jouait Marpessa Dawn[9], la future héroïne d'*Orphée Negro*. Désiré était féru de théâtre, c'était chez lui une véritable passion. Je me réjouissais de le voir. Et comme de bien entendu, il me raconta le coup de foudre qu'il avait eu pour une jeune Franche-Comtoise qu'il avait décidé d'épouser. Je me méfiais des coups de foudre de mon grand frère. Il n'était pas à son premier coup d'essai et surtout pour moi, le coup de foudre signifiait exactement ce que ça signifiait : quelque chose de brutal qui peut vous tuer et qu'il fallait éviter à tout prix. Je lui fis part de mon sentiment en lui disant que, pour moi, le mariage était une chose importante. À l'époque, j'ignorais comme on dit tous les dessous des cartes. J'apprendrais quelques années plus tard que Josiane – c'est le nom de ma future belle-sœur – avait été mariée une fois et venait justement de divorcer ; qu'elle était la fille d'un militaire fraîchement démobilisé de la Seconde Guerre mondiale, et que sa mère avait une petite fortune. Bien plus tard, la famille Vieyra apprendra véritablement la vie des beaux-parents de mon frère. Pour le moment, Désiré avait l'air heureux, mais j'avais préféré lui parler de mes pressentiments. Et ce n'était pas pour le dissuader du mariage. Je le connaissais. Je connaissais ses coups de cœur et quand c'était ainsi il n'y avait pas moyen de l'arrêter.

---

[9] Marpessa Dawn : de son vrai nom Gypsy Marpessa Menor, née le 3 janvier 1934 à Redstone Township (États-Unis) et morte le 25 août 2008 à Paris, est une actrice, danseuse et chanteuse américaine naturalisée française, surtout connue pour avoir interprété le rôle féminin principal du film *Orfeu Negro*, un film au succès mondial, primé de la Palme d'or en 1959 au festival de Cannes et de l'Oscar du meilleur film étranger en 1960.

Je me tus et lui fis part des préparatifs de mon futur mariage avec la promesse de lui communiquer la date, espérant sa présence pour m'amener à la mairie. Il partit pour Paris en me promettant d'aller rendre visite à son futur beau-frère qui était en postcure à Sceaux et qui était aussi pour lui une vieille connaissance. Car c'était ensemble qu'ils avaient pris le bateau en 1946 et débuté leur scolarité au lycée Carnot de Cannes.

Enfin vint le jour tant attendu.

Mon mariage avec Nicéphore Dieudonné Soglo et le voyage de noces

L'avant-veille du mariage fut une journée mouvementée comme pour toute future mariée, et j'étais plutôt dans tous mes états. Rien ne marchait correctement à mes yeux et comme je le voulais. Je finis par m'apaiser à l'arrivée de mon futur mari. Mais je n'étais pas au bout de mes peines, car monsieur Nicéphore Dieudonné Soglo avait tout simplement oublié les alliances à Sceaux. Il fallut demander à mon autre frère Christian Gaétan Vieyra de nous envoyer en express les deux anneaux laissés par le futur marié sur la table de la chambre.

Enfin, le 2 juillet 1958, par une belle journée d'été – le général de Gaulle venait d'être nommé par le président de la République René Coty Premier ministre pour diriger le destin d'un pays jusqu'aux prochaines élections –, je me trouvais donc à la Mairie de Caluire-et-Cuire à Lyon. J'étais entourée de Monsieur Jacolin et de sa fille Marie-Thérèse, des amis africains avec lesquels je faisais mes études à la faculté de Droit, des amis de Nicéphore, M. et Mme Kaiser et leurs enfants Chantal et Jean-Louis, de Jean Dugrip, dentiste à Paris, des frères Omer et Antoine Koffi, d'amis d'enfance de Nicéphore et d'amis de la famille Jacolin. Mon frère Léopold était présent, Christian n'avait pu venir et s'était excusé dans un télégramme très élogieux à Nicéphore, sans toutefois un seul mot pour sa petite sœur. Quant à Désiré, loin de nous à Paris, il ne put non plus assister à mon mariage. Mais mon beau-frère Saturnin était bel et bien là. J'allais oublier la famille de Mimi Magnon-Pujo avec ses cinq enfants dont Guilaine et Patrick qui furent, avec les deux enfants Kaiser Chantal et Jean-Louis, mes garçons et demoiselles d'honneur.

Mariage avec Nicéphore

Ce fut une cérémonie très simple, une après-midi. En sortant de la mairie, j'étais devenue madame Soglo et nous prîmes juste une collation dans le magnifique parc des Petites-Brosses. La vraie cérémonie eut lieu le lendemain, le 3 juillet, à l'Église de Caluire-et-Cuire. C'est après cela que nous avons organisé un magnifique banquet dont tout le monde a gardé un souvenir inoubliable. Nous étions dans la région lyonnaise, renommée pour sa gastronomie et au menu figuraient des quenelles au brochet, quel délice ! Tout un art pour les faire, et une joie pour les yeux, les voir gonfler dans l'eau puis servies dans une bonne sauce à la béchamel, vinrent ensuite des poulets de Bresse – ils étaient eux aussi réputés car élevés à l'air libre avec du maïs jaune de la Bresse –, bien dorés, juteux et fondants dans la bouche avec une saveur unique. De plus, le repas de noces s'embellissait de légumes venant du potager, des légumes frais cueillis le jour même et avec une saveur toute particulière, fine, rien de commun avec les légumes achetés au marché. Enfin, pour couronner le tout, une pièce montée avec deux jeunes mariés sur le haut du gâteau. Cette pièce venait directement du meilleur pâtissier de Heillecourt. Elle était faite de framboises, de fraises des bois, de myrtilles, le tout enrobé dans une glace fait maison bien entendu, le tout nappé d'une crème fouettée.

Le champagne avait été généreusement offert par papa Jacolin. Il y eut un ban pour les nouveaux mariés et aussi pour le patriarche de la maison et sa fille. Mon frère Léopold nous fit un beau discours court, bien sorti. Après, nous nous éparpillâmes dans le magnifique parc des Petites-Brosses pour prendre les photos d'usage. Il faisait un temps magnifique. De ces étés que nous ne verrions plus jamais. Le ciel était bleu, il nous parvenait un souffle d'air, le Rhône n'était pas loin du château juste "de l'autre côté du coin" et de la Saône, comme diraient les Américains. Cette journée a passé comme un éclair, si vite. J'étais entourée des gens qui nous aimaient vraiment. Il fallut nous dépêcher pour faire nos adieux à tout ce beau monde que nous laissions derrière nous pour prendre le train à la gare de Lyon-Perrache à destination du Jura. Plus précisément dans des Gîtes de France, où nous devions passer notre voyage de noces.

La campagne de la France des années 1958 était d'une pauvreté que nous découvrions. Ce fut un véritable choc pour nous. Notre logement simple et propre n'avait ni douche ni toilette. Il fallait se contenter de se laver dans les cuvettes avec de l'eau recueillie dans le puits ; mais le pire qui a vraiment gâché les quinze jours que nous avons passés avec les paysans fut la corvée des « chiottes ». Tous les matins, il fallait jeter notre seau dans le fumier qui n'était pas très loin de la maison, le laver, le rincer et le remettre dans notre chambre.

La bru de la maison avait notre âge. Elle en paraissait cinquante. Elle était vieille avant l'âge, la peau burinée par les intempéries, une véritable bête de somme. Ils travaillaient à partir de cinq heures du matin jusqu'au coucher du soleil et ce n'était pas fini. Nous étions en été, avec les orages de saison, il fallait être constamment sur le qui-vive pour finir de rentrer la récolte, le foin pour le bétail. Ils ne prenaient jamais de vacances. Dès le moindre coup de tonnerre, tout le monde était debout car il fallait absolument sauver le foin. Quel travail harassant, pénible ! Pas valorisant pour un sou. Le propriétaire avait des vaches laitières et tous les matins, la coopérative qui était dans les environs venait chercher le lait. Nous avons beaucoup appris sur les paysans en cet été 1958.

Il n'y avait guère de distractions ; et c'est ainsi que le tour de France passant dans la ville à côté, nous voilà en train d'admirer les coureurs du Tour de France de 1958.

Nous ne regrettâmes pas du tout notre départ de Lons-le-Saunier pour l'Auvergne. C'était un petit village qui nous abrita cette fois-ci. Le propriétaire de notre gîte était l'unique commerçant du village et faisait office de boucher, d'épicier et de boulanger. Le logement était au premier étage, juste l'essentiel, une grande chambre, une petite cuisine, une douche et des toilettes ; le tout très propre. Les villageois étaient très aimables, et manifestement, contrairement à ceux du Jura, ils avaient eu l'occasion de rencontrer des Nègres. En effet, le célèbre établissement d'agriculture de Grignan formait les futurs agriculteurs de France. Le hasard faisant bien les choses, nous y avions rencontré l'ami de toujours de Nicéphore, Omer Koffi, qui finissait ses études d'agriculture.

Les Auvergnats ont la réputation en France d'être des gens économes. En ce sens, ils sont souvent comparés aux Écossais dont l'avarice est légendaire. Mais on y mangeait bien, en Auvergne. Il y avait surtout de la bonne charcuterie. Nous avons appris à aimer les saucisses, le saucisson à l'ail, le saucisson sec, ne pas oublier les fameux boudins indispensables pour le repas de Noël. Le propriétaire était avenant. La femme du propriétaire m'apprit à faire mijoter la blanquette de veau, mais ne réussit pas à me faire apprécier le beefsteak saignant. De très bons moments.

Cet été 1958 fut particulièrement chaud dans toute la France. Nous fîmes plusieurs excursions à la découverte de Clermont-Ferrand et de la rudesse de la montagne.

Nous reçûmes sur notre nid perché, comme l'appelait Omer, outre Omer lui-même, plusieurs de ses collègues de Grignan.

Comme le temps passe vite quand on est heureux ! … et pourtant nous le savons, le temps est immuable. Éternellement.

Après le mariage, Paris nous ouvre ses bras

Il fallut, les bonnes choses ayant une fin, regagner le nord, c'est-à-dire l'Île-de-France, en quête d'un logement pour la prochaine rentrée universitaire. La cité universitaire d'Anthony nous ouvrait donc ses portes. Nous étions dans le bâtiment D dans un studio comportant tout le nécessaire pour la vie d'un jeune couple. Décidément, la chance nous souriait. Ce fut en effet les retrouvailles avec des « cothurnes » de Saint-Hilaire-du-Touvet et de la postcure de Sceaux. Yves Barbé et sa femme Claude, étant parents d'une petite fille, jouissaient d'un logement un peu plus grand que le nôtre. Les Kaiser, René et Bernard, avec leur fille Chantal et leur second enfant Jean-Louis, habitaient à Sceaux dans une villa. Bernard, premier professeur agrégé d'histoire et de géographie de France fut promu directeur de Lycée. Nicéphore s'était inscrit à Sciences Po et terminait son deuxième cycle de doctorat à la Sorbonne. Moi, je me mettais en quête de trouver un stage chez un avoué. En effet, à l'époque, aussi paradoxal que cela puisse paraître, les avocats faisaient leur stage chez les avoués, un corps qui était incontournable. Nul plaignant ne pouvait se présenter devant le tribunal sans passer par l'étude d'un avoué. C'étaient les professionnels de la procédure. Il y avait les avoués des tribunaux et ceux de la cour d'appel : les avoués d'Instance avaient été supprimés et incorporés aux barreaux.

*

Nous étions à l'automne 58 et c'est ainsi qu'après moult et moult déconvenues, j'atterrissais à l'étude de maître Raoul Imbona. On m'avait bien précisé au palais de justice de postuler surtout chez Raoul et non chez André, qui étaient frères, mais de caractères diamétralement opposés. Raoul était grand, un peu timide, très avenant, cachant sous son apparence beaucoup d'humanité. Tous les stagiaires africains ou antillais atterrissaient invariablement chez Raoul Imbona. Il était très professionnel, très rigoureux, n'admettant aucun laxisme, grand travailleur, toujours à l'heure et prenant difficilement de vacances. Il était en conséquence un peu regardant sur les bords en ce qui concerne l'ouverture de sa bourse. En fait, il n'était pas très généreux. Madame Thérèse Imbona par contre, très vieille France, originaire du Nord, était une riche héritière propriétaire d'un immeuble dans le 17e arrondissement. Elle était à la tête d'une très nombreuse famille, ainsi se suivaient Édouard, Geneviève, Stéphane, Marc, Carmen et le dernier avec lequel j'étais souvent. Madame Imbona comptera beaucoup dans ma vie plus tard.

Périodiquement, comme un rituel tous les ans avant les vacances, madame Imbona recevait tous les stagiaires de son mari. J'ai beaucoup appris chez Me Imbona : d'abord à connaître et à aimer le travail bien fait, ensuite à recevoir un client, à prendre note des problèmes du client, l'écouter, le conseiller, savoir faire preuve de beaucoup de psychologie. Pour moi qui étais novice, cette formation était importante : un client qui vient voir un avoué, c'est parce qu'il se sent plus ou prou dans des difficultés énormes ou en pleine crise : ça peut être une querelle entre voisins ou une question d'argent, mais le plus souvent c'est une question familiale. Son couple est en plein désarroi. Il est à la croisée des chemins de sa vie, précisément au moment où il doit prendre une décision, une décision capitale pour tout son avenir. Il faut y aller vraiment avec beaucoup de tact, de doigté et d'humanité. Lorsque cette personne est en face de vous, dans la majorité des cas, elle n'a pas encore pris sa décision. Elle compte donc sur vous pour prendre une décision où il en va de toute sa vie familiale. Il faut savoir la mettre à l'aise en faisant retomber toute la tension physique et morale. La personne qui est devant vous est à bout de force et prête à commettre l'irréparable. Elle est furieuse, son débit est saccadé et elle est en colère contre l'humanité entière bref, tout va mal. C'est dans ce métier que j'ai appris non seulement le don de l'écoute, écouter les gens, mais aussi les laisser parler, les laisser se vider littéralement. En quelques minutes, j'exagère peut-être, cette personne vous raconte sa vie pêle-mêle. La pratique va vite m'enseigner qu'avec cette personne-là, tout n'est pas perdu.

En revanche, celles qui viennent vous parler avec froideur, avec l'air détaché, comme ayant déjà tout convenu et tout réglé, vous demander si on ne peut pas faire autrement, puisque c'est la loi, pour leur permettre d'arriver à leur fin et gagner leur procès coûte que coûte. Celles-là vous donnent du fil à retordre. Avec les premières, vous pouvez arriver après quelques rendez-vous à les convaincre de remettre à plus tard leur décision de divorcer en commençant par une séparation de corps ou en préparant bien le dossier pour la première entrevue devant le juge, car c'est la première étape de la conciliation. Tous les antagonistes sont face à face dans le cabinet du juge. Cette première entrevue est d'une importance capitale, toute la suite de la procédure avec les aléas, les âpres discussions, dépend de cette première entrevue. Dans le cas où elle se passe mal, rien ne va plus, et tout est perdu.

Jeune mariée presque sans expérience, j'ai pourtant très vite appris le métier.

J'ai toujours voulu être avocate et je crois sans fausse modestie que non seulement je m'y trouvais bien, mais aussi que j'étais très appréciée. Très vite au Palais de justice, dans la salle des pas perdus, j'étais reconnue. Je n'étais pas la seule Négresse, oh non ! Je me débrouillais très bien, le statut de stagiaire était difficile, nous étions mal payés, et en plus du Palais de grande instance, nous avions tous les tribunaux d'instance ; il y en avait vingt. À cette allure j'étais devenue championne : je connaissais toutes les lignes de métro et toutes les lignes d'autobus. C'était vraiment épuisant. Je connaissais la place de l'Europe par cœur, la rue St Lazare ainsi que la gare St Lazare puisque le cabinet Imbona se trouvait rue de Liège au deuxième étage. Je prenais le métro à Anthony, il me déposait soit à la gare St Lazare où je devais continuer par la rue St Lazare qui était une rue qui montait, soit bien après deux correspondances en venant d'Anthony, j'arrivais au métro à la station Liège pour emprunter la place de l'Europe et arriver rue de Liège.

Rosine Vieyra prête serment.

Au cabinet de Me Imbona, la secrétaire, Ghislaine Merit, fille unique de petit-bourgeois, était une jolie brunette aux yeux bruns. Un accident d'enfance l'avait privé de quatre doigts à la main droite et ne lui avait laissé que le pouce. Grâce à une volonté farouche et une bonne rééducation, elle arrivait à écrire parfaitement et correctement avec son seul pouce. Elle faisait preuve de dextérité pour coincer son stylo entre le creux et le pouce pour être comme les autres. Elle s'occupait de tout, tout à fait normalement. Après une dizaine d'années chez Me Imbona, un beau jour, elle nous annonça la bonne nouvelle qu'elle partait pour le Béarn. Elle quittait définitivement la région parisienne, ayant vendu sa propriété, et partait s'installer à Pau. Se sentant un peu seule dans la région parisienne, elle avait trouvé une bonne place chez un avocat à Pau qui avait le mérite d'être aveugle. C'est là qu'elle rencontra son mari et que, seconde bonne nouvelle, elle nous apprit qu'elle avait enfin trouvé le bonheur dans les bras d'un certain monsieur Sargousse. Contrairement à elle, ce mari avait une nombreuse famille et comme tout béarnais, il s'avérait très chaleureux, toujours en train de plaisanter avec beaucoup de gouaille, et savait apprécier la bonne chère.

Nous connaissons le Roi Henri IV et sa légendaire “poule au pot” tous les dimanches pour les Français ; eh bien, les Béarnais sont très vivants et aiment la bonne vie. Ils ne sont pas du tout coincés. De fait, ayant été tout de suite adoptée par cette famille, mademoiselle Merit s’épanouissait.

Nous lui devons notre première voiture, une Renault 4 que nous avons acquise grâce à nos maigres économies en seconde main. Un cousin à elle partant pour Tahiti nous l’a laissée à un prix très abordable. Cette voiture a changé notre vie puisque grâce à elle nous pouvions facilement amener nos deux enfants à la crèche.

Monsieur Sargousse était plus âgé que sa femme, il la laissa veuve quelques années plus tard. Elle est toujours à Arudy. Nous lui avons rendu visite. Elle est toujours entourée par la famille de son mari. Lors de nos vacances dans le sud-ouest, nous sommes allés la voir et elle nous a gavés d’un bon plat béarnais, la gastronomie française n’est plus à démontrer ! Sa dernière lettre date du 15 janvier 2015.

*

Avec Nicéphore, on se quittait le matin pour se retrouver le soir. Il était en train de terminer son année à Sciences Po lorsque la loi-cadre de Gaston Defferre pour les colonies fut votée. L’homme de Brazzaville tenait enfin sa promesse en accordant aux colonies une autonomie qui permettait à certains de ses ressortissants d’intégrer les grandes écoles françaises : l’École normale supérieure (Normal Sup), l’École nationale d’administration (ENA), etc. Parmi les étudiants dahoméens, Nicéphore et deux Camerounais, Mpandjo et Ekoka, furent admis après un bref test à l’ENA rue des Saints-Pères. Il fut envoyé à Rouen pour son stage obligatoire. Stage sanctionné par un rapport noté. Il me laissa donc un temps seule à Anthony, mais je dus bientôt le rejoindre. Je fis donc mes adieux à l’étude de Me Imbona et me rendis à Rouen, la Normandie, pays de l’humidité. Nous étions logés dans une banlieue où on venait de construire un immeuble social, et ça se voyait. Cet immeuble n’était pas beau, vite construit, vite achevé, sans aucune beauté, sans aucune verdure, alors que nous étions en Normandie.

L'immeuble gris des banlieues grises. Il était temps que j'arrive. Mon mari n'en pouvait plus ; seul dans cet appartement qui sentait le chou gras avec des voisins pieds-noirs chassés d'une Algérie en pleine guerre, aigris d'être redevenus ce qu'ils n'auraient jamais cessé d'être – c'est-à-dire de simples ouvriers – alors qu'à Alger ils étaient bombardés "grands entrepreneurs en bâtiment" avec à leur service plein de « bougnouls » qu'ils commandaient. On apprit qu'ils étaient d'origine italienne avant d'émigrer en Algérie où ils étaient devenus pieds-noirs, c'est-à-dire français bon teint. Après deux conversations, nous comprîmes que nous n'avions rien de commun avec ces gens qui cachaient leur racisme viscéral, ne cessant de nous répéter : « vous, vous n'êtes pas comme ces gens-là ».

*

Je fis toutes les études de Rouen et des alentours pour trouver un stage. Je me rendis vite compte que les Normands étaient des gens très fermés et me rappelaient un peu les Lyonnais. Le pays était riche. Les fermes normandes cachaient leur jeu sous un aspect terne ne suscitant ni envie ni jalousie. Ces fermiers étaient en fait cossus. Les vaches normandes sont réputées, l'herbe est verte et grasse et il pleut abondamment. C'est le pays du bon fromage, du bon lait et de la bonne chère. Les repas normands avec leurs trous normands sont de réputation mondiale. En tant que stagiaire de l'ENA, Nicéphore était souvent invité. Il m'arrivait de le suivre. On accueillit quelques amis en Normandie dont les Picot, Clara et Roger Picot venant nous rendre visite à moto. J'y gardai aussi ma nièce Gimbo à la naissance de son petit frère Phary. Sur son acte de naissance, il est écrit Gimbo qui signifie en mahi (une langue du Bénin) "petite, menue". C'était le surnom que sa famille avait donné à ma mère quand elle était petite. Ce surnom s'était vite transformé en Kimbo et enfin Kim (Kim Novak). Maintenant tout le monde l'appelle Kim.

Je m'ennuyais beaucoup en Normandie, il pleuvait abondamment, le ciel était toujours gris, ce n'était pas gai. Je ne trouvais rien à faire. Au cours d'une visite chez mon gynécologue Robert Hersilie, il m'annonça une bonne nouvelle : j'attendais un enfant. Du coup, je ne trouvais plus le ciel de Normandie gris, sombre et ennuyeux. Ma vie du jour au lendemain se transformait. Le stage se terminait. Il fallut se mettre en quête de trouver un logement dans la région parisienne car Nicéphore devait retourner rue des Saints-Pères. Décidément la chance continuait à nous sourire. Mon frère Désiré qui habitait dans des immeubles de la France d'outre-mer à Fontenay-aux-Roses, avait terminé son stage et rentrait en Afrique. Les appartements étaient meublés. En attendant la venue de Nicéphore qui était resté à Rouen pour terminer son rapport, j'y emménageai. Et comme c'était l'époque des accouchements sans douleur, je fus inscrite à la clinique des Bleuets du Dr Roger Hersilie[10] dans le 11e arrondissement où les cours étaient obligatoires. Il fallait apprendre à se connaître, à savoir ce que c'était la vie d'un fœtus qui pendant neuf mois se développait et devenait un enfant. Il fallait apprendre à respirer, ne jamais paniquer à l'arrivée des contractions (et non pas les douleurs), ce qui faisait qu'accoucher devenait réellement un plaisir. J'accourus aux galeries Lafayette pour commander la layette du futur bébé et Dieu merci, maître Imbona me reprit dans son cabinet en tant qu'avocate. Nicéphore revint au début du mois de décembre après avoir achevé de rédiger et défendu son rapport devant ses professeurs pour décrocher son diplôme de fin d'année.

J'attendis en vain la livraison de ma layette qui malheureusement ne vint jamais. J'avais en effet oublié que nous étions à la veille de Noël et que tous les magasins du monde européen ne se préoccupaient que de la livraison et de la vente des jouets. C'est ainsi que j'accouchai sans layette et que je dus courir dans un magasin de Fontenay-aux-Roses pour parer au plus pressé. Le 18 décembre 1960, mon premier enfant frappait à la porte. Mon mari me conduisit dans la journée à la clinique des Bleuets. J'avais perdu les eaux, il devenait urgent que le bébé sorte. Quelques

[10] Le docteur Hersilie fit partie des médecins militant pour l'accouchement sans douleur par psychoprophylaxie, méthode obstétricienne innovante et initiée par le docteur Fernand Lamaze dans les années 50, notamment à la clinique des Bleuets, visant à la suppression de la douleur et, par là même libérant les femmes, leur rendant toute leur dignité.

heures plus tard arrivait mon premier enfant Lehady Vinagnon Mitou. Ce fut une véritable explosion de joie.

L'accouchement sans douleur est quelque chose d'extraordinaire ! Vous maîtrisez vos contractions, vous savez exactement ce qui va arriver et quand les contractions se font un peu plus pénibles, vous pouvez avec la respiration faire disparaître les douleurs. Grâce au miroir qui était installé sur la table d'accouchement, je vis apparaître les cheveux puis toute la tête de mon premier enfant. La suite fut très rapide : le bébé jaillit de moi avec force et se mit à pleurer. Son père était présent ; Lehady avait une touffe énorme sur la tête, il n'en finissait plus avec ses longues jambes et, une fois qu'il fut nettoyé, pesé, mesuré, nous eûmes la surprise d'entendre que nous venions de faire un bébé de 3,8 kg et mesurant 75 cm, un record, car la taille normale était 45 ou 50 cm. Nous étions naturellement fous de joie, c'était notre premier bébé. Je restai dix jours à la clinique des Bleuets. Lehady fut un enfant vorace, il n'avait jamais assez de lait maternel et il fallait souvent compléter par des biberons. À la clinique, je passais la nuit à le promener dans mes bras, ce qui n'arrangeait pas les sages femmes et les puéricultrices qui me prédisaient toutes des années difficiles. Nous quittâmes la clinique pour revenir à la maison où je faisais mes premiers apprentissages maternels. Le temps passa vite ; avec tous les petits soucis de la vie quotidienne, et les difficultés à trouver une crèche après mes trois mois de congés de maternité.

Nous eûmes recours à une dame qui habitait non loin de notre appartement et qui, malheureusement, après une semaine, s'avéra être odieuse : le bébé était mal soigné, il avait des plaques de brûlures aux fesses et commençait à dépérir parce que ne prenant pas souvent le biberon. Heureusement, il y a un Dieu pour les parents… une crèche venait de s'ouvrir à Châtillon à deux pas de la porte d'Orléans. Nous pûmes y inscrire Lehady. Nous l'amenions tous les matins puis venions le chercher obligatoirement à 18h30 ; très rapidement Lehady fut la coqueluche de la crèche : il était capable d'avaler à trois mois trois bols de purée. Souvent la directrice devait intervenir par crainte de voir apparaître une diarrhée. Heureusement ce ne fut jamais le cas, à croire que notre fils avait un estomac solide ! À cette époque, l'assistante sociale était très pointilleuse, il fallait lui amener les enfants tous les trimestres pour vérifier les vaccinations. Lehady eut la vaccination contre la tuberculose, la coqueluche ; tous les vaccins étaient obligatoires pour les enfants. C'était inscrit sur le carnet des bébés et c'était au vu du carnet que les allocations de maternité nous étaient réglées.

*

Cet été-là nous partîmes en vacances en Vendée à Saint-Jean-de-Monts. Là encore Lehady fut la vedette. On avait annoncé qu'un couple arrivait avec un enfant de huit mois et en fait, c'était le repas de trois adultes qui nous était servi : Lehady appréciait tout particulièrement les tranches de thon, les pommes de terre, le riz, tout ce qu'il y avait sur la table faisait la fête de notre fils. Le couple Hardy avait une fille de trois ans ; tous les repas se transformaient en doléances du genre : « je t'en prie, prends une cuillérée pour grand-maman », « prends une cuillerée pour grand-papa ». La séance était très pénible ; mademoiselle n'avait pas faim et ne voulait pas ouvrir la bouche, c'était « je t'en prie ma chérie ». À tous les repas, c'était la même litanie. Le nôtre n'avait pas de problèmes ; c'est ainsi qu'il décrocha la médaille du plus beau bébé de l'été. Tous les jours son père l'amenait à la plage et ils s'amusaient comme de jeunes fous à se rouler dans le sable. L'été passa vite ; nous reprîmes le chemin de la capitale et du travail. Je tombai très vite enceinte de mon second enfant qui vint au monde à la Clinique des Bleuets le 4 novembre 1961, mais ce fut plus pénible que pour Lehady. Ganiou avait trois semaines d'avance, il frappait à la porte à juste titre ce qui prouve qu'il avait un instinct de vivre extraordinaire. En effet, à sa naissance il avait le cordon ombilical autour du cou qui commençait à l'étrangler. Le docteur Roger Hersilie et la sage femme poussèrent un cri d'étonnement ; effectivement Ganiou était plus petit que Lehady, il faisait 50 cm, tous les muscles de ses bras et de ses jambes étaient dessinés comme un athlète, il était très noir, noir de jais, plus foncé que Lehady et, contrairement à son frère, il n'avait pas un cheveu sur la tête. Il poussa juste un petit cri et s'endormit. Il dormira ainsi pendant un mois et je vous assure que les séances de tétées et de biberons devenaient tout un problème parce qu'il refusait de manger. À bout de force, je dus m'adresser au docteur Roger Hersilie qui me dit de le laisser dormir : « s'il dort c'est qu'il n'aurait pas dû sortir de votre ventre, et quand il aura terminé son cycle normal, il mangera tout simplement ». Et c'est ce qui advint. Au bout d'un mois, Ganiou ouvrit ses immenses yeux noirs profonds et prit tout simplement ses tétées. Il grandit sans problème et, contrairement à Lehady qui fit de nombreuses tentatives pour se tenir debout et marcher, Ganiou, déjà solide et malicieux, le jour de son premier anniversaire, se leva d'un coup et se mit à marcher.

Été 1962, en visite aux Petites-Brosses.

II. Premier retour au Bénin, nomination à la Banque mondiale

En 1963, Nicéphore, ayant fini ses années à l'ENA, décida de rentrer avec sa famille au pays. Nous rentrâmes donc en plein hiver, il faisait un froid de canard en ce mois de mars 1963. Malheureusement l'avion d'Air Afrique qui nous ramenait au pays était réquisitionné par le président Maga et certains membres de son gouvernement. C'est ainsi que nous fîmes tout le tour de l'Afrique. Après la Côte d'Ivoire, nous atterrîmes au Ghana et nous n'avions rien mangé, pas de biberons : les enfants hurlaient et après moult et moult réclamations on nous servit un petit repas. C'est ainsi qu'à 20 heures, après douze ou quatorze heures de voyage, nous foulâmes la terre de nos ancêtres. Les enfants étaient épuisés et nous aussi. Bien entendu, lors de ce voyage, un incident malheureux survint : Monsieur Bertin Borna, ministre des Finances et de l'Économie du Dahomey pour lequel devait travailler Nicéphore Dieudonné Soglo, mon époux, en tant que conseiller, vint nous voir en classe éco où nous étions pour nous prier de venir saluer le président Hubert Maga. Les présentations furent houleuses, Bertin Borna présenta son futur collaborateur sorti de l'ENA et se tourna vers moi en disant « vous connaissez sa femme madame Rosine Vieyra » ; le président Maga enchaîna en ces termes : « Monsieur Soglo, je suis enchanté de faire votre connaissance, nous avons besoin d'hommes tels que vous. Je suis heureux de savoir que vous allez travailler dans le cabinet du ministre Borna, mais quel dommage que vous ayez épousé une Vieyra ». À ces mots, mon sang ne fit qu'un tour et j'affrontai le président Maga en lui disant haut et clair : « C'est bien à vous de critiquer un Vieyra, car vous êtes un ingrat, vous oubliez que vous êtes un simple instituteur, que c'est mon père qui vous a donné votre premier complet et que c'est lui qui a eu la malencontreuse idée de vous donner en mariage sa nièce do Rego ». Et lui de répondre : « Vous voyez comme elle me parle, c'est ainsi que ses frères m'ont abandonné sans aucun ménagement ». Le retour au bercail s'annonçait mal, mon père nous attendait. Nous restâmes chez lui pendant quelques jours. Enfin un appartement nous fut attribué « aux quarante logements », un immeuble fraîchement construit juste en face du palais présidentiel et non loin du Centre National Hospitalier Universitaire. Nous n'étions pas seuls. Tous les nouveaux cadres venus de France y étaient logés. Pascal Chabi Kao, la famille N'Diaye, Maurice Ahanhanzo Glèlè. Nicéphore avait une voiture de fonction et je dus trouver rapidement un travail au cabinet de Me Pierre Bourjac.

Le temps passa vite, et c'est à cette période que nous apprîmes avec stupéfaction l'assassinat de John Fitzgerald Kennedy. Il y eut plusieurs coups d'État dans le pays à cette époque. Nicéphore fut nommé gouverneur de la Banque mondiale, il était administrateur et voyageait beaucoup, il n'était jamais présent. Il resta même trois mois à Genève à l'Organisation internationale du travail où il fit la rencontre de Che Guevara qu'il invita à Cotonou. L'annonce de sa venue à Cotonou fut comme un tremblement de terre. Comment le pays pouvait-il accueillir un communiste pur et dur comme le Che ?

Au pays, la situation n'était pas du tout reluisante. Ça grognait de partout et de retour d'un voyage du Proche-Orient, d'Extrême-Orient et de France, le Président Hubert Maga fut contraint de démissionner sous la pression du mouvement populaire le 28 octobre 1963. Officiellement, il remit sa démission le 3 décembre 1963. Le Colonel Christophe Soglo prit la tête de l'État, mit en place un gouvernement provisoire comprenant les trois leaders Hubert Maga, Sourou Migan Apithy et Justin Tomety Ahomadégbé ainsi qu'une commission chargée d'élaborer une nouvelle constitution pour le pays. Après des élections générales, un nouveau régime fut installé en janvier 1964. Il sera dirigé par Sourou Migan Apithy et Justin

Ahomadégbé alors qu'Hubert Maga sera envoyé en prison. Mais bientôt, en décembre 1965, ce fut un nouveau coup d'État au Dahomey. Christophe Soglo, devenu général entretemps, revint au pouvoir et annonça la mise en place d'un gouvernement dit « civil ». En dehors d'un ou deux postes revenant aux militaires, tout le gouvernement compta de jeunes civils. Moïse Mensah fut nommé au ministère de l'Agriculture, Nicéphore Dieudonné Soglo au ministère de l'Économie et des Finances et, à l'occasion d'un remaniement quelques années plus tard, Christophe Soglo rappela Bertin Borna[11] dans son gouvernement en scindant en deux le ministère de l'Économie. Il laissa les Finances à Bertin Borna et l'Économie à Nicéphore Dieudonné Soglo. Ce dernier démissionna parce qu'il n'approuvait pas la séparation de ces deux ministères ; pour lui les finances et l'économie devaient aller de pair.

*

La démission de Nicéphore

La démission de Nicéphore signifiait pour notre famille le chemin d'un retour en France. Nous étions en 1967. Encore une nouvelle séparation. Je restai seule avec les enfants pendant quelques mois. Il fallut trouver un gîte à Cotonou puisque le logement mis à notre disposition en tant que ministre des Finances devait être remis à l'administration. Nous rejoignîmes la France, nous trouvant un logement à la Cité verte à Sucy-en-Brie dans le Val-de-Marne à quelques kilomètres de Paris. Je dus vendre mon cabinet d'huissier ; cela ne se fit pas rapidement, ce qui m'obligea à laisser Nicéphore et les enfants avec l'assistance d'une nièce de Nicéphore, Katy. Mais après quelques mois, je pus vendre mon étude à Maître Hazoumé et je retrouvai ma famille à Paris… pour assister aux émeutes de mai 68 où les étudiants cassaient tout. « Dix ans c'était trop », disaient-ils, et ils cassaient les pavés du Quartier latin pour en

[11] Bertin Borna fut ministre des Finances sous différents gouvernements du président Maga entre 1960 et 1963. Accusé de mauvaise gestion, suite au coup d'État d'octobre, il fut évincé.

faire des armes redoutables contre les policiers. Puis, les choses se sont calmées, de Gaulle s'en est allé et Pompidou a fait son entrée comme président de la République française. Pendant ces longues années, pour les vacances, on parcourait les routes de France. Ainsi, il nous fut donné de découvrir la Charente Maritime, la Dordogne, le Pays basque, ainsi que cette transhumance épuisante du mois d'août avec sa chaleur accablante et ses bouchons qui n'en finissaient plus ; et on parvenait épuisé au gîte à des heures tardives. Nous avons gardé un souvenir cauchemardesque de ces vacances sur les routes de France.

En 1972, c'est par les radios que nous apprenions encore qu'un coup d'État militaire avait eu lieu au pays. Le Dahomey avait alors acquis la réputation du pays des coups d'État militaires. Cette fois, c'étaient des militaires se disant marxisants qui avaient pris le pouvoir. À leur tête, le capitaine Mathieu Kérékou. Une nouvelle ère s'ouvrait. Nous étions baignés de slogans du genre « À bas l'impérialisme », « Ehuzu dandan » et autres. En 1974, ce fut la proclamation de l'école nouvelle. Après leur deuxième année d'université, les étudiants subissaient obligatoirement une formation dite militaire, dite patriotique et révolutionnaire, avant d'aller sur le terrain, c'est-à-dire avant d'aller en mission d'enseignement pour une année et cela sans aucune formation *ad hoc* ou pédagogique. Toutes les manifestations populaires étaient interdites. On débaptisa puis confisqua les établissements scolaires de confessions religieuses. On emprisonnait à Ségbana, une ville située dans le nord du pays, à 750 kilomètres de Cotonou ou « au petit palais » ou dans les geôles « politiques » de l'hôtel PLM Alèdjo à Cotonou. Le régime s'enfonçait de plus en plus dans des dérives autoritaires, les arrestations allaient bon train ainsi que les slogans. La chasse aux sorcières battait son plein et on abattait en quelques heures les arbres centenaires qui longeaient les artères des villes. L'une des plus grandes avenues de la capitale économique fut rebaptisée avenue Sékou Touré[12]. Une forêt sacrée dénommée Sodjèatimè à Cotonou avec des arbres

---

[12] Sékou Touré (1922-1984), président, dictateur de la Guinée Conakry, Modèle et ami de la révolution dahoméenne.

centenaires fut détruite ce qui déchaîna la colère de la population. Tous ceux qui n'étaient pas d'accord avec le régime marxiste-léniniste étaient arrêtés, gardés à vue, torturés et certains en ont aujourd'hui encore les séquelles ; les familles furent disloquées. L'autre alternative était qu'ils quittent le pays. Ils étaient alors qualifiés d'exilés volontaires et leurs biens, meubles et immeubles, étaient saisis par le régime militaro-marxiste. Aussi, des jeunes qui se déclarèrent communistes se mirent-ils en action ; ils le payeront très cher. Certains furent arrêtés et envoyés à la prison-bagne de Ségbana à 750 kilomètres environ de Cotonou, d'autres furent enfermés au « petit palais » à Cotonou. Leur détermination fut telle qu'ils poursuivirent la lutte contre le régime jusqu'en 1989-1990. En décembre 1989, c'est sur leur initiative que le président Mathieu Kérékou reçut des jets de pierres lors d'une de ses sorties à Cotonou. Il dut alors se réfugier à l'intérieur de l'Église St Michel. C'étaient les prémisses d'un compte à rebours pour le régime militaro-marxiste.

*

Durant cette période des années 70, on faisait face à une véritable chape de plomb qui s'abattait sur le pays… On se méfiait de tout et de tout le monde. Revenue entre-temps au Bénin, je me résolus de nouveau à prendre encore le chemin de l'exil en 1972 en emmenant mes deux enfants. Je ne pouvais pas me résoudre à envoyer mes enfants à l'école nouvelle.

Ce fut très dur : les enfants avaient grandi. Ils étaient en pleine crise d'adolescence et leur père allait leur manquer cruellement. Ils furent admis dans des lycées français sans aucun problème grâce à la réputation du Collège Père Aupiais du Dahomey, l'un en troisième et l'autre en quatrième.

À Paris, notre logement boulevard des Batignolles était petit, mais coquet. Une fois encore je repris la direction du cabinet de Maître Imbona. Ces années seront particulièrement dures. Il me fallait être très sévère envers les enfants. À force de travail, j'ai pu les envoyer à Barton, une ville réputée en Angleterre, pour l'apprentissage de la langue anglaise afin qu'ils maîtrisent l'anglais comme une langue maternelle. Le départ en vacances me libérait et me permettait de m'adonner pleinement à mon travail d'avocat et pendant les vacances judiciaires du mois d'août de cette année-là, je remplaçais plusieurs confrères qui partaient en vacances. Tout cela m'épuisait. J'étais tout le temps dans le métro ou dans le bus. Je faisais les vingt arrondissements de Paris qui avaient tous des tribunaux d'Instance ; le Tribunal de Grande Instance était au Palais de Justice, sans parler des tribunaux de commerce. C'était très éreintant, mais à la fin de l'été, j'avais bien gagné ma vie et je pouvais ainsi attaquer la rentrée scolaire sans problème. Les enfants ne manquaient de rien. Je n'avais pas la télévision, je n'avais pas les moyens ; à l'époque on n'en louait pas. C'était un drame pour les enfants surtout pour leurs cousins les Olory Togbé. Tous les week-ends, les enfants s'enfuyaient donc pour aller voir ma cousine en banlieue. Les enfants refusaient le changement qui advenait dans leur vie. Heureusement, pendant ces années, et malgré son absence physique de père, Nicéphore s'arrangeait pour être présent par le courrier. Il nous écrivait tous les jours : tous les jours, je recevais une lettre. Il nous parlait de sa vie, il ne me cachait rien. Il me disait qu'on ne pouvait se retrouver qu'en allant à la messe. Or il y avait longtemps qu'il avait abandonné les pratiques religieuses et ne mettait plus les pieds à l'église. Aussi, lorsqu'il m'annonça dans une lettre ce besoin subit de reprendre ses pratiques religieuses, j'avoue que j'ai eu quelques inquiétudes. Mais je m'inquiétais surtout pour lui quand il me parlait de rodéos dans les camps militaires, de discussions nocturnes avec ses compagnons, du délabrement physique et surtout moral dans lequel s'enfonçait petit à petit le pays.

*

En 1975, le pays changea de nom. Nous étions devenus République populaire du Bénin, ce qui, vu de l'extérieur, prêtait à confusion et créait un problème d'identité : en effet, une ville nigériane s'appelait Benin City, ville du puissant pays de l'Afrique de l'Ouest qui est notre voisin le plus proche.

Les lettres étaient lues à haute voix sur mon lit envahi par mes deux enfants, je leur lisais le courrier de papa. Il m'arrivait de sauter quelques phrases parce que pénibles pour les enfants surtout lorsqu'il me parlait des maris qui prostituaient leur femme et les envoyaient sur le trottoir. Nous apprîmes avec effarement, tristesse et honte que le président Mathieu Kérékou avait jeté sa femme dénudée sur le trottoir la soupçonnant d'adultère alors qu'elle attendait un enfant de lui. Cet épisode fut la chose la plus dramatique et honteuse que j'aie vécue en tant que femme. Nous n'étions hélas pas au bout de nos peines car le rubicond avait été franchi. On commençait à sentir que les choses ne pourraient durer…

L'affaire Kovacs

En 1977, Nicéphore Dieudonné Soglo déposa un rapport sur l'affaire Kovacs du nom de Louis Kovacs, un Français gérant de société et fournisseur de matériels et de fournitures de bureau à l'État dahoméen depuis 1962. Une affaire de corruption au plus haut niveau de l'État, entretenue par des responsables politiques qui financeront le coup d'État militaire du 26 octobre 1972. Cette situation aboutira à la mise aux arrêts et à la condamnation de l'instigateur de ce complot, le capitaine Janvier Assogba, et à l'assassinat odieux quelques mois plus tard de son compagnon, Michel Aïkpe. Le dossier fut confié à l'inspecteur des Finances Nicéphore Dieudonné Soglo. Il faut noter que plusieurs collègues de mon époux, inspecteurs des Finances, dont Paul Gonzalves et Octave Jean-Marie Roko, s'en étaient déchargés. Il accepta le dossier et après moult et moult péripéties, le nom d'Adrien Houngbédji fut cité. Adrien Houngbédji était alors avocat au barreau de Cotonou. Constitué dans le dossier Kovacs semble-t-il par Me Bertin Borna, il avait ramené d'un voyage qu'il avait fait à Dakar un dossier intitulé : « Escrocs et prévaricateurs : Affaire Kovacs ». Il remit le dossier à Nicéphore Soglo. Cet acte conduisit la mise en prison de l'avocat. Fort heureusement, réalisant un coup digne des meilleurs films policiers, Me Adrien Houngbédji parvint à s'enfuir en se déguisant, a-t-on alors soutenu, en femme. Puis il fut caché dans le coffre d'une voiture pour traverser la frontière entre le Bénin et le Nigeria et prit ensuite le chemin de l'exil pour le Gabon. De fil en aiguille, Nicéphore Soglo découvrit que l'instigateur de la prise de pouvoir de 1972 n'était autre que le capitaine Mathieu Kérékou qui avait obtenu la coquette somme alors de quarante millions[13] de M. Kovacs à qui disait-il, une fois arrivé au pouvoir, il rembourserait rapidement les millions que le Bénin lui devait. C'est ainsi qu'il confia le dossier, par naïveté ou ignorance, ou fort d'une trop grande assurance politique, pensant que personne n'oserait le montrer du doigt, lui, président de la République populaire du Bénin.

Plus tard, nous apprîmes que Pascal Chabi Kao[14] aurait déconseillé le président Mathieu Kérékou de remettre le dossier à l'inspecteur général Soglo. Il aurait dit en substance : « je connais Nicéphore, il ira jusqu'au bout. »

En effet, l'inspecteur général Soglo découvrira la vérité : M. Kérékou était dans le coup d'État qui avait chassé le président légalement élu Justin Ahomadégbé Tométy. Il avait mis en prison, dès le coup d'État, les présidents Ahomadégbé et Maga. Le président Apithy qui était à l'extérieur du pays au moment du putsch les y rejoindra quelque temps après.

Le régime marxiste-léniniste fut très dur. Tout le monde était épié. Plus on sombrait dans la dictature, plus le pays s'enfonçait dans la misère. C'était aussi l'époque où les fonds publics disparaissaient et les gens laissaient un mot au régime disant *« j'ai pris ma part et je m'en vais ».* Bientôt, bien entendu, on s'achemina vers la descente aux enfers ; l'État ne pouvait plus assurer ses engagements : il devait six mois de salaire aux fonctionnaires. Aussi les citoyens répliquèrent-ils par des grèves perlées, massives et successives. Les enseignants restèrent six mois en grève, la santé et toute l'administration étaient également touchées par ces grèves, rien n'y échappait ; l'État béninois vivait au ralenti.

*

Ainsi pendant l'été 1977, alors que j'étais seule chez moi à Paris, les enfants partis en vacances, j'entendis sonner à ma porte. Il était neuf heures et demie, dix heures du soir. J'ouvris la porte : c'était mon mari. Il se tenait sur le seuil. Il avait les traits durs et visiblement tirés, on sentait un homme qui manifestement avait

---

13 40 millions de francs CFA, ce qui était une somme considérable.

14 Cadre supérieur béninois très proche du Président Maga et du président Kérékou.

beaucoup souffert. Je lui ouvris les bras, et je ne lui posai aucune question. Il était trop tôt, il fallait lui laisser le temps de s'accoutumer à sa nouvelle vie. Quelques jours plus tard, il me raconta ce qu'il avait vécu sous le régime barbare et inhumain de Mathieu Kérékou. Il ne comprenait même pas comment il avait pu sortir légalement du pays. On lui avait octroyé ses trois mois de congés. Il resta donc à Paris. Les enfants étaient alors à Barton en Angleterre. Après quelques jours de repos et de reprise de contact avec une autre réalité, mon mari se détendit et nous pûmes parler de nouveau de l'avenir.

Je laissai tout : il y avait bien longtemps que j'avais pris des vacances. Nous partîmes en vacances au Duché du Luxembourg. Pendant quinze jours, nous étions dans une auberge avec gîte et couvert. On se promenait beaucoup à pied bien sûr, nous visitâmes presque tout le Duché en car et parfois, lors de nos longues marches, nous nous retrouvions même en Allemagne, sans jamais être inquiétés.

Après cette parenthèse, il fallut rentrer en France, reprendre le train-train habituel. Les enfants revinrent de Barton, les retrouvailles furent vraiment très bruyantes et très joyeuses, papa était de nouveau parmi nous. Malheureusement Nicéphore tomba malade, je l'emmenai à l'hôpital Sainte-Anne où il fut accueilli par le Professeur Mazard qui s'occupa vraiment bien de lui et détecta encore un disque qui s'était déplacé ; était-ce à la suite des rodéos ? Il resta donc quelques mois de plus avec nous. Il était en congé de maladie. Le gouvernement paya les frais d'hospitalisation, mais quelques jours après sa sortie de l'hôpital, il apprit que le maigre salaire qu'on lui versait avait été coupé ; pour quelle raison, on l'ignorait. Ne recevant pas de réponse, Nicéphore décida de rentrer au pays en octobre 1978.

La mort de mon père

Nous nous trouvâmes à nouveau seuls, les enfants et moi. Un peu plus tard, Nicéphore nous annonça qu'il avait été nommé par le gouvernement béninois « *alternate* »[15] à la Banque mondiale. Une autre fois, dans une lettre, il m'informa

[15] Remplaçant, suppléant.

de la maladie de papa qui allait être évacué sanitaire par l'Organisation commune Bénin Niger (O.C.B.N.) vers l'hôpital de Villejuif dans la banlieue parisienne. Les nouvelles étaient mauvaises, très mauvaises : selon le diagnostic du professeur Odoulami, papa souffrait d'un double cancer du foie et du pancréas. Quelques semaines plus tard, j'accueillis effectivement mon père à l'hôpital de Villejuif. J'avertis mes trois frères : Désiré à Abidjan, Christian se trouvait en mission à Abidjan et Léopold à Yaoundé. Je les prévins de la terrible nouvelle et les informai qu'ils devaient s'attendre très bientôt à perdre leur père. Papa décéda quelques jours plus tard au mois de décembre. J'étais à son chevet ; il a eu le bonheur de voir et d'embrasser ses petits-enfants, Lehady, Ganiou et Fari qui étaient présents. J'ai eu pour ainsi dire la tristesse de cueillir son dernier soupir. J'étais en train de lui caresser les cheveux quand il décida de partir définitivement. Tanti Philo, sa compagne, qui était arrivée en même temps que lui en France et qui était avec moi cette nuit-là, pour je ne sais quelle raison, quitta la chambre et, instinctivement, je tentai de l'empêcher de sortir en lui disant « à ton retour il ne sera plus là ». En vain. C'est effectivement ce qui arriva. Mon père décéda avec moi : nous étions tous les deux, sa fille et lui ; sa compagne était absente. Mes deux frères Désiré et Christian arrivèrent deux jours plus tard, les formalités de décès furent faites.

Nous habillâmes papa dans son plus beau costume. Mon père a toujours été très coquet, et nous avons fait en sorte qu'il le soit en partant pour sa dernière demeure. Grâce à Désiré, qui était cadre à la société panafricaine de transport aérien Air Afrique, le corps fut rapatrié à Cotonou. Malheureusement, pour une ténébreuse affaire de révolver entre Désiré et mon oncle Grégoire Agbalè qui était en prison depuis des années, mes deux frères aînés, interdits de séjour dans leur pays par le régime de Kérékou, ne purent venir au Bénin enterrer leur père. Heureusement que Nicéphore était sur place, il s'occupa de tout et de la place de la tombe au cimetière d'Akpakpa à Cotonou. Ceci se fit non sans mal, Nicéphore n'ayant pu mettre la main sur ce papier d'achat que nous ne retrouvâmes que bien plus tard dans les affaires de papa. Mon mari dut se battre pour que papa puisse être enterré au cimetière d'Akpakpa à côté de sa femme. L'enterrement fut très simple, mon cousin le curé Bonaventure Vieyra fit comme à l'accoutumée un magnifique sermon. Toute la famille Vieyra était présente à cette occasion. Mon frère Léopold était là. Je refusai de donner à manger aux gens comme ils avaient pris l'habitude qu'on le fasse, mais nous distribuâmes des sandwichs et à boire. Je n'allai pas aux cérémonies familiales. C'est Mamy[16]qui me représenta en assistant jusqu'au matin aux cérémonies qui débutèrent comme d'habitude la nuit.

*

Après l'enterrement, j'entrepris de boucler les bagages de Nicéphore et m'envolai à Paris où m'attendaient les enfants. À partir de ce moment-là, tous les jours, on attendait, on ne voyait rien venir, et puis tout finit par arriver en plein mois de mars 1979. Enfin, il débarqua à Paris. J'avais envoyé les enfants en pèlerinage au Mont-Saint-Michel avec Christophe Barbet, un ami de la famille. Mon mari passa en coup de vent pour prendre son avion pour Washington.

---

[16] Mamy est la mère de Nicéphore Dieudonné Soglo.

III. Washington, et les années américaines

À peine était-il arrivé à Washington, que je recevais un SOS : *« arrive vite, j'ai besoin de toi »*. Cela tombait bien, les enfants étaient absents. Je pris donc un billet qui me faisait passer par Londres où j'y restai une nuit. Le lendemain j'étais à Washington. Il vint me chercher à l'aéroport John Fitzgerald Kennedy. Il logeait dans un hôtel d'où il pouvait se rendre à pied à son bureau. Je fis connaissance avec la capitale fédérale des États-Unis. Le lendemain, par un beau matin d'avril, nous nous réveillâmes sous une tempête de neige comme il en arrive rarement à Washington qui dura presque quinze jours, tant et si bien que le Potomac[17] fut totalement gelé.

On affrontait donc la neige ; je fis aussi connaissance avec le 118 Street of Columbia qui est le siège de la Banque mondiale avec ses 13 étages. Les administrateurs étaient logés au 13e étage. Je fis connaissance avec le staff de Raza qui était absent. En effet, nous apprîmes que si Nicéphore n'avait pas rejoint son poste dès sa nomination, c'est parce que Raza n'avait pas fait le nécessaire auprès de l'administration pour que l'*alternate* rejoigne son poste. Raza, contraint de le faire, s'était trouvé une mission et n'était pas là pour accueillir son remplaçant. C'est donc un conseiller de nationalité somalienne qui accueillit son *alternate*. Mon mari était vraiment désemparé car son anglais comme le mien était un anglais très scolaire. Or, tout était écrit en anglais, et il ne savait pas comment se débattre dans la paperasserie administrative. Il comptait sur mon expérience en

[17] Fleuve des États-Unis d'Amérique traversant la ville de Washington (District of Columbia (DC)).

tant qu'avouée pour voir clair dans ses documents. Raza, de Madagascar, ayant occupé son poste pendant huit ans, lui succédait désormais le Béninois Nicéphore Dieudonné Soglo puis ce serait le Congolais André Milongo. Dès mon arrivée, j'exigeai que tous les documents concernant la prise de service de l'*alternate* nous soient remis en français, et je demandai à être reçue par le directeur du personnel Monsieur Paymans. Il me reçut avec cordialité et vu ma détermination de ne pas lâcher prise, il me remit tous les documents de prise de service de l'*alternate*. Les agissements de Raza avaient failli faire perdre trois mois de salaire à Nicéphore par simple refus de signer le document idoine. Il a fallu batailler avec Paymans, mais je n'ai pas lâché prise. J'ai dit devant Paymans que si on ne lui payait pas ces trois mois, j'allais alerter la presse et que je ne me gênerais pas. Le directeur du personnel m'a reçue cinq sur cinq ; le salaire de mon mari a été payé et on lui a conseillé d'ouvrir un compte. Finalement, on lui établit tous les documents nécessaires. Bref, il prit possession de son poste et on nous conseilla une agence immobilière pour trouver un appartement. Nous avons préféré le Maryland à la Virginie et nous y avons trouvé une villa : c'était du provisoire. Quant à moi, je n'étais pas encore installée à Washington puisque les enfants n'avaient pas terminé leur scolarité en France.

J'ai donc dû laisser le nouvel *alternate* seul dans la villa avec la promesse ferme que toute la famille serait réunie en été. Par chance, Nicéphore voyageait souvent puisqu'il avait 24 pays africains sous son administration. Le temps passa donc très vite et au mois d'août 1978, Lehady ayant passé avec brio son bac, nous voilà tous en partance pour Washington avec Mamy qui nous avait rejoints. Le mobilier que Nicéphore avait fait faire au Bénin nous était enfin livré. Le mois d'août pour les staffs de la Banque mondiale et le Fonds monétaire international est un mois très chargé puisque c'est à ce moment-là que les experts préparent les rapports pour la prochaine session annuelle à Toronto. Il y a un principe à la Banque et au Fonds chaque année : l'*annual meeting* se tient dans un pays membre de ces organismes et tous les quatre ans au siège, c'est-à-dire à Washington. Ainsi donc au mois de septembre, j'assistai en ce qui me concerne à mon premier *annual meeting* à Toronto, capitale fédérale du Canada. Alors que les maris travaillaient d'arrache-pied, leurs épouses étaient invitées à visiter la ville et ses alentours et c'était donc tout naturellement l'occasion de faire des achats. J'ai donc visité, avec d'autres, Toronto, qui m'a séduite par sa luminosité, par ses jardins spacieux très nombreux. La ville était très verdoyante, mais ce qui m'a le plus surprise, c'est le nombre d'Asiatiques. En effet, à cette époque, lorsque vous débarquiez à Toronto, vous aviez l'impression d'être dans un pays asiatique, alors que nous étions bien au Canada. Bien entendu, le lieu le plus visité – qui est une curiosité –, ce sont les chutes du Niagara. Nous commençâmes par visiter le côté canadien où, selon moi, la nature est la plus préservée. Les Canadiens ont eu la bonne idée de ne pas toucher à la beauté sauvage des chutes ; par contre, le côté américain est plus bétonné car ils ont voulu apprivoiser l'impétuosité des chutes et c'est dommage, vraiment dommage. On vous fait passer par des couloirs, on vous vêtit d'un imperméable avec bottes pour vous épargner d'être mouillé par les pluies des chutes. C'est en effet en ces lieux que fut tourné le film *Niagara* joué par la merveilleuse actrice Rita Hayworth[18]. Ce séjour à Toronto se termina par un malheureux incident : la disparition de tous mes avoirs dans mon sac. Alerté, le service de sécurité retrouva très vite les voleuses et l'affaire fut rondement menée, et par bonheur, je récupérai tout mon argent.

La découverte des États-Unis

Pendant cette période aux États-Unis, je dois dire que nous prîmes largement le temps de visiter notre nouveau pays. Nous avons donc découvert la Louisiane, la Virginie où il y eut de sanglantes batailles lors de la guerre de Sécession. Nous avons visité Botticelli, la fameuse demeure du Président Thomas Jefferson. L'été passa ainsi très vite, ce qui ne nous empêcha pas de trouver une nouvelle villa, toujours dans le Maryland, mais plus spacieuse que la première et avec un vrai garage.

C'est le moment de noter que lors de notre arrivée, la Banque mondiale nous avait distribué un fascicule de *well come*

---

[18] Selon moi, un navet géant.

qui nous indiquait le comportement à adopter dans ce nouveau pays. Par exemple, on nous interdisait formellement, en cas de panne de voiture survenue sur la route, d'aller frapper à la porte d'habitants pour y chercher secours. Cette sorte d'imprudence pouvait vous coûter la vie ; le mieux était de rester sagement au bord de la route après avoir mis les feux de détresse et les triangles de signalisation. Neuf fois sur dix, une voiture de police viendrait à votre secours, mieux encore, en s'assurant très bien, on venait immédiatement vous dépanner car il était interdit de rester plus d'une heure en panne au bord de la route au risque d'avoir une contravention.

Nos nouveaux voisins étaient moins racistes que les premiers qui ne se gênaient pas de nous dire que nous n'avions rien à faire là et que nous devions retourner chez nous. Comme acte de bienvenue, une famille guinéenne nous réserva un accueil digne d'un chef d'État. Alpha et Rama Bah. Lui était dans le staff de la Banque mondiale et elle cadre de l'USAID[19]. Le couple avait deux charmants garçons. À ce repas de gala, nous fîmes la connaissance de la colonie africaine de Washington, l'ambassadeur de la République populaire du Bénin, Thomas Boya, et sa femme, ainsi que d'autres. À cette occasion aussi, on nous présenta une Afro-Américaine Herschell Challenor qui avait fait sa thèse au Bénin et qui, en la circonstance, avait rencontré notre compatriote Spéro Stanislas Adotevi. Leur liaison alla assez loin puisqu'ils se fiancèrent. Malheureusement le mariage n'eut pas lieu.

Nous gardâmes des relations durables avec le couple Bah. À leur retour dans leur pays, la Guinée Conakry, Rama Bah fut nommée ministre dans le premier gouvernement du président Alpha Condé. Quant à Alpha, son mari, il est actuellement député à l'Assemblée nationale de son pays. Herschell fut haut fonctionnaire de l'administration du Major (Maire de Washington D.C.). Nous sommes toujours restés en contact avec ces amis. Les dernières nouvelles remontent aux fêtes de fin d'année 2014.

---

[19] USAID : Agence gouvernementale américaine d'aide au développement United States Agency for International Development.

J'ai également connu Anne Woollcombe, c'était une ancienne amie de mon frère Léopold avant son mariage. Elle était interprète à Washington. Elle voyageait beaucoup et lors d'un de ses voyages en Inde, elle avait adopté une petite hindoue. Puis elle se sépara de son mari. Elle vit désormais au Canada. Aux dernières nouvelles, elle était malheureusement devenue aveugle.

*

Je m'installais petit à petit, Ganiou fut inscrit à l'école française de Washington pour passer son bac, Lehady à l'université de droit Paris-Panthéon-Assas à Paris. Mon neveu Lucas, le fils de mon frère Léopold, nous avait rejoints. Je dus donc dire adieu à mes collègues du barreau de Paris et à ceux avec qui je travaillais au cabinet. Consciencieuse, avant mon départ pour le nouveau monde, j'ai distribué mes dossiers à mes différents collègues. Et je devais régler les affaires administratives : en effet, je devais m'acquitter des cotisations pour ma future retraite pour mes droits de plaidoirie en tant qu'avocat ainsi que d'autres cotisations parce que j'étais inscrite au barreau de Paris. Il me fallait donc naturellement prévenir le directeur de notre caisse des avocats pour lui dire que je ne pouvais plus payer mes droits de plaidoirie puisqu'absente du territoire français. Par contre, je devais obligatoirement régler mes cotisations à l'ordre en tant qu'inscrite comme avocate.

À Washington, je me mis en quête de trouver des cabinets avec lesquels je pourrais collaborer ; il était clair que mes diplômes et mon titre français d'avocate n'impressionnaient pas mes collègues américains. De guerre lasse, je décidai de m'inscrire à la faculté de droit Georges Washington. Mon diplôme de droit en poche, je m'empressai de m'inscrire au barreau de Washington. Ce fut encore une nouvelle expérience de travail. La façon de travailler des Américains n'a rien à voir avec celle des Français. La concurrence est ici permanente et il y a un véritable travail. Les Américains sont malades de travail parce ce travail forcené leur procure le billet, et le billet vert c'est le « sésame ouvre-toi ». Il y a une compétition permanente et le droit américain, qui est un droit accusatoire, n'a rien à voir avec le droit français qui est un droit inquisitoire. Je dus donc faire un effort fantastique pour effacer de ma mémoire tous les acquis de plusieurs années. Ce fut très dur. Effectivement, l'avocat américain est presque un dieu. Il est entouré d'un tel respect dont nous, francophones, n'avons aucune idée. Me vient en mémoire un exemple qui va parler de lui-même. En quête d'achat d'une villa, nous avons laissé un chèque de 5000 dollars à la dame qui devait nous aider à trouver la maison de nos rêves. Après plusieurs visites, ne trouvant toujours rien, nous lui demandâmes de nous retourner les 5000 dollars. Notre surprise fut grande lorsqu'elle nous répondit un non catégorique, disant que cet argent lui appartenait. Par bonheur, nous avions fait la connaissance d'un avocat américain Me Leval. Nous lui téléphonâmes pour lui raconter notre déconvenue et, quelle ne fut pas notre joie quand, quelques heures plus tard, notre chèque de 5000 dollars nous fut restitué ! Ceci ne montre-t-il pas combien les avocats américains sont redoutables et redoutés ?

Nous avions droit à ce qu'on appelle « *Home live* » : retour au pays tous les deux ans et tous les quatre ans en classe affaires. Je fis donc une visite au Bénin pendant le mois d'août car tous les mois de septembre la Banque était en session. Je pus partir au Bénin laissant seul Nicéphore rédiger son rapport annuel. Nous avions pu enfin acheter une villa et nous étions chez nous, une magnifique villa dans une « *outlet* » (une rue qui se fermait d'elle-même), une rue dénommée Lamplighter. Nos voisins étaient merveilleux. Au début de l'automne, nous faisions des barbecues. Chacun apportait quelque chose, et c'est à cette occasion que j'ai pu faire découvrir et goûter les mets africains. Ils furent très appréciés. Nous étions bien aux États-Unis, et la vie y est facile pour les gens qui ont les moyens : les magasins sont ouverts vingt-quatre heures sur vingt-quatre. Vous pouvez faire vos courses à minuit. Cela m'est arrivé à plusieurs reprises et, de surcroît, en tenue de soirée ! Le client est roi aux États-Unis et, lorsque vous avez acheté un produit, surtout des vêtements, quelques jours plus tard, vous pouvez les ramener parce que ça n'a pas plu à votre mari ou à une autre personne, sans aucun problème. Certaines personnes en abusaient. Vous allez faire des achats, vous pouvez goûter à tout, aux fruits, et j'ai vu certaines personnes apaiser leur faim ;

on ne vous dit rien, l'essentiel c'est de manger dans le magasin, vous vous gavez sans payer. Il y a une facilité de vie extraordinaire pour les gens qui en ont les moyens. Rien d'étonnant alors que vous preniez plusieurs jobs. Les Américains vivent de crédits. Vous pouvez avoir jusqu'à 56 cartes de crédit. Vous êtes très mal vu aux États-Unis quand vous payez cash. En effet, que ce soit à Giant ou à Safeway, ils vous accordent automatiquement des cartes de crédit de leur maison qui vous permettent d'être plus souvent chez eux, sans qu'on ait rien demandé. C'est le pays de la consommation tous azimuts. En effet, lorsque j'ai voulu acheter une voiture sur Rockville Pike, une grande avenue la ville, il y avait un concessionnaire de voitures ; mon choix s'est porté sur une Pinto rouge et j'ai demandé combien elle coûtait. Le personnel s'approche et me demande mon nom, il me demande si j'ai un emploi, je réponds par la négative, mais je rajoute qu'en revanche mon mari travaille à la Banque mondiale. Il me demande son nom, et je le lui donne : Nicéphore Dieudonné Soglo. Il tape sur son ordinateur et me répond : mais vous n'avez besoin de rien, emmenez la voiture, votre mari est à la Banque mondiale. Je suis repartie avec ma voiture sans rien payer parce que Nicéphore avait droit à des crédits, parce que travaillant à la Banque mondiale. Cette voiture fit le bonheur des enfants lorsqu'ils revenaient de Montréal, ils sillonnèrent presque toute la région à bord de la Pinto rouge et, à notre départ de Washington, ils l'emmenèrent au Canada.

Voyages en Corée et en République populaire de Chine

Je rentre de *home live*, l'annuel meeting de cette année 1985 ayant eu lieu à Séoul en Corée du Sud. Nous devons nous absenter au moins pour plus d'un mois car le principe était bien établi qu'après l'*annual meeting*, nous devions prendre nos vacances en Chine. Dans ces conditions, il n'était pas question de laisser Mamy chez l'ambassadeur Thomas Boya ; elle-même avait le mal du pays et voulait retrouver les siens. Elle s'envola donc pour le Bénin, et ainsi nous pouvions avoir l'esprit tranquille. Nous partîmes pour Séoul. Séoul fut une découverte car c'est une ville souterraine. Cela se comprend du fait de la guerre entre les deux Corées : la Corée du Nord et la Corée du Sud. Le Nord, soutenu par les Soviétiques et la République de Chine, et le Sud, par les Occidentaux avec en tête les Américains. Visiter la ville souterraine était un plaisir. J'ai découvert le savoir-faire des Coréens du sud : vous coudre sur mesure des chemises brodées avec vos initiales en 24 heures et à prix modique. Inutile de vous dire que nous ne nous en sommes pas privés mon mari et moi ! Moi, j'ai opté pour des chemisiers pour mes jupes et mon mari pour des pantalons pour ses costumes. J'ai découvert aussi des boutiques où je pouvais me faire faire sur mesure des chaussures avec des peaux d'anguille. C'est la première fois que je voyais cela : des chaussures en peaux d'anguille. Pour moi qui ai toujours mal aux pieds, ça été un bonheur d'avoir ces chaussures, j'avais l'impression d'être constamment avec des pantoufles aux pieds… J'ai donc craqué et me suis fait faire plusieurs paires de chaussures. Séoul est une ''ville américaine'' remplie de « *boys* ». Tous les taxis ou presque étaient destinés aux Américains avec un tarif spécial, c'est-à-dire deux ou trois fois plus cher que les autres. J'en ai fait la triste expérience. Un jour, comme j'avais raté le car qui devait me ramener à l'hôtel, j'ai pris un taxi. Et quand je suis arrivée à l'hôtel, il m'a été demandé de payer un prix exorbitant que j'ai refusé de payer. Le chauffeur m'a ensuite poursuivie jusqu'à la réception et là nous nous sommes expliqués et j'ai dit que le chauffeur était dans son tort car il aurait dû m'expliquer que c'était en fait pour les « *boys* ». J'ai finalement eu gain de cause et j'ai payé mon trajet à un tarif normal.

*

À la fin de notre séjour à Séoul, nous sommes partis en vacances en Chine. La Chine venait de découvrir les célèbres statues faites en terre cuite de Xi'an. Il y avait un monde fou, c'était extraordinaire, fantastique. Il y avait là toute une ville où les figurines représentaient la population : l'armée, les paysans, les hommes, les femmes, les médecins. Tout était bien conservé. Nous avons passé la matinée à visiter Xi'an, émerveillés devant un tel prodige. Mais la Chine de cette année-là nous réservait encore bien des surprises. Transports aériens toujours en retard, avec des avions soviétiques datant de Mathusalem. À bord de ce coucou, on se serait cru en Afrique parce qu'il y avait des voyageurs avec des cochons, des dindes, des volailles et lorsqu'on parvenait à décoller, c'était avec une certaine appréhension, et à l'atterrissage, c'était une salve d'applaudissements pour les passagers heureux d'être arrivés à bon port et en vie.

Il faut dire que cette découverte de Xi'an drainait beaucoup d'Européens en Chine.

Nous prîmes un train de nuit qui me rappelait les romans de Tolstoï. Et nous arrivâmes enfin dans une campagne où nous devions être logés : l'hôtel qui devait nous accueillir avec d'autres touristes, allemands, américains et français, venait d'être construit. Nous retrouvâmes nos bagages sous la pluie. À nos protestations, un monsieur nous répondit sèchement « *go to bed* »… et nous tendit un flacon qui était censé nous protéger contre les moustiques qui pullulaient dans les chambres.

Ah ! La Chine de Mao Tsé Toung ! Au restaurant on nous mettait les marmites directement sur la table. Nous n'étions pas morts de faim, mais presque. Inutile de protester car vous n'aviez aucun interlocuteur. Nous rencontrâmes à cette occasion des Allemands qui nous racontèrent comment ils avaient été logés dans un camp militaire et comment, le lendemain, ils furent réveillés au son du clairon ! Ce qu'il faut voir à travers ces exemples et cette expérience, c'est que, au vu de son infrastructure, la Chine n'était pas du tout prête à accueillir autant de touristes.

Néanmoins, certaines visites restent encore gravées dans ma mémoire : nous avons été subjugués et en admiration devant l'immense place Tien An Men et par la visite de la cité interdite. Comment redire toute cette splendeur de la cité interdite ? Nous sommes restés éberlués par la vue d'un immense bloc de pierre qu'on avait amené devant la statue. Et tous, d'une même voix, nous avons demandé comment ce bloc était arrivé là ? Nous savons tous que dans les temps anciens, que ce soit celui des pyramides ou de la grande muraille, tout était édifié grâce au travail acharné des hommes car il n'y avait pas encore toutes les technologies modernes. Le guide nous répondit le plus simplement du monde que l'empereur aurait menacé les travailleurs : si le bloc de pierre n'était pas à sa place, il leur couperait la tête à tous. L'architecte eut l'idée géniale d'attendre l'hiver, puis la tombée de la neige et, avec la venue du verglas, ils purent exercer une pression et faire glisser le bloc jusqu'à l'endroit indiqué par l'empereur. Nous avons été aussi impressionnés par le nombre de bicyclettes en Chine et dans la capitale, nous qui étions dans un bus de touristes, nous passions notre temps à crier « vous allez le cogner, attention ! », et ces sorties devenaient un véritable cauchemar. Bien entendu le chauffeur riait. Nous n'avions eu aucun accident et lui ne comprenait pas notre réaction. Nous fîmes encore une autre découverte, cette fois-ci tellement angoissante que nous passâmes notre temps à nous serrer les uns contre les autres. C'est lorsque nous prîmes le métro. Nous n'avions jamais vu autant de monde de notre vie. C'était une telle bousculade pour rentrer dans ces wagons que nous nous attrapions les uns, les autres, pour ne pas lâcher prise et surtout pour ne pas être coincés par la fermeture des portes car sur le quai il y avait ce qu'on appelle "les bâtons" qui étaient là pour contrôler cette foule chinoise envahissant les wagons des métros.

Pour finir, ce premier contact avec la Chine millénaire fut tout de même une grande déception.

Oh, elle se rattrapera très vite quelques années plus tard, mais ça, c'est encore une autre histoire !

La mort de Mamy

Nous rentrâmes à Washington oubliant ces vacances qui ne s'étaient pas bien passées. Nous n'étions pas reposés. À notre arrivée, à peine nos bagages déposés dans une maison vide – puisque Mamy était absente –, le téléphone sonna. Mon mari répondit et resta un bon moment sans aucune réaction, le combiné à la main ; intriguée, je lui pris le combiné des mains et j'entendis Odile Kiniffo me répéter ce qu'elle venait de dire à Nicéphore ; elle commença ainsi : « il est vrai qu'on doit un jour enterrer sa mère, c'est la nature et c'est donc avec douleur et peine que je vous annonce la mort de Mamy ». J'étais muette, Nicéphore n'avait pas bougé, on aurait dit une statue, il ne prononça aucune parole et se dirigea tranquillement vers l'escalier qui menait vers notre chambre. Je remerciai Odile et lui demandai quelques détails notamment si elle avait souffert, si elle était tombée malade. Si oui, l'avait-on hospitalisée au Centre National Hospitalier Universitaire ? Où était le corps ? Enfin bref, j'étais bouleversée et ne savais que dire. J'appréhendais de me trouver plus tard devant Nicéphore, je n'ignorais pas les liens très forts qui existaient entre sa mère et lui, lui qui était enfant unique, elle l'avait tellement choyé que son père avait dû intervenir tout de suite car Nicéphore était son aîné. Et c'est ainsi qu'il avait décidé, pour son bien, disait-il, de l'envoyer chez des amis, loin de sa mère qui le gâtait trop. Malheureusement cette idée s'avéra désastreuse. Quelques mois plus tard, lorsque Mamy, en manque de son fils, alla lui rendre visite, elle le trouva agonisant. Les personnes chez lesquelles – surtout la femme – ils avaient mis son fils étaient tout simplement des bourreaux d'enfants. Nicéphore était devenu pratiquement le boy, et de surcroît on le laissait sans manger et sans soin. La mère retrouva de justesse son enfant en vie et le ramena au bercail après avoir dit vertement à ces parents indignes ce qu'elle pensait de leurs agissements. Je suppose que l'entrevue entre la mère et le père a dû être houleuse. N'oublions pas que c'est papa qui avait eu la bonne idée d'envoyer son fils dans cette famille pour qu'il devienne un homme. Nicéphore ne parla jamais de cet épisode de sa vie jusqu'aujourd'hui. Je suppose qu'il l'a enfoui profondément dans son subconscient. Tout ce que j'en sais, c'est Mamy qui me l'a raconté comme elle m'a confié d'ailleurs sa vie de première épouse d'un mari polygame et sa peine de ne plus avoir d'autres enfants. Nicéphore n'était pas son aîné, avant lui elle avait eu une fille, Delphine. Elle parla longuement et à plusieurs reprises de cette petite fille jolie, gaie, sautillant et chantant. Elle me décrivit avec des sanglots dans la voix le jour de sa mort. Elle venait d'être à nouveau enceinte de Nicéphore. Elle me raconta cette tragédie ; c'était une belle journée, elle avait lavé la petite Delphine, elle était en train de l'habiller quand, dit-elle, elle sentit Nicéphore bouger dans son ventre. Toujours selon elle, la petite s'arrêta net de danser, elle se plaignit d'avoir mal à la tête, s'ensuit une crise et quelques heures plus tard, elle rendit l'âme sans avoir repris connaissance. Mamy ne me parla pas de sa douleur et j'ai compris ce silence, je l'ai respecté. Ella ajouta simplement qu'après Nicéphore elle n'eut plus d'enfant, et que, de guerre lasse, elle avait décidé de ne plus honorer la couche de son mari, tout en continuant de lui préparer à manger et de rester la première épouse de Philippe Soglo.

Je rejoignis Nicéphore dans notre chambre et je trouvai les mots pour le consoler. Je décidai de le laisser tranquille, et je devais affronter une autre épreuve car il me fallait prévenir les enfants qui étaient à Montréal. Je pris donc le téléphone pour leur annoncer la terrible nouvelle. Leur Mamy "tant adorée" était partie ; c'est Ganiou qui prononçait ce doux mot pour parler de sa Mamy, tant il entretenait une relation véritablement fusionnelle avec sa grand-mère. C'était toujours extraordinaire de voir ces deux-là ensemble. Me revient en mémoire la scène où Ganiou, bébé, assis dans sa chaise narguait Mamy en lui disant : « Mamy, je compte jusqu'à 3, à 3 si tu ne m'as pas donné ma banane, je saute dans le vide ». À trois ans, Ganiou était fantastique, c'était un enfant très tonique, les yeux toujours malicieux et rieurs, il ne tenait pas en place, il passait sa journée à démonter ses jouets rien que pour voir comment ils étaient faits, il riait, puis se fâchait n'arrivant pas à les remonter. Il inventait de nouvelles choses à faire tous les jours, souvent des bêtises, à en épuiser tout le monde sauf Mamy qui ne se lassait pas d'être avec lui. Et Dieu sait qu'il lui en a fait voir de toutes les couleurs !

Au bout du fil, il n'y eut ni cri ni sanglots, mais un long, interminable et terrifiant silence. Je leur appris notre départ dès le lendemain pour Cotonou. Lors de cet événement malheureux, nous fûmes beaucoup soutenus et nous eûmes de nombreuses manifestations d'affection de la part de notre entourage : le staff de la Banque fit une stèle en bronze au nom de l'administrateur qui venait de perdre sa mère. Et finalement, nous prîmes l'avion pour le Bénin.

*

Au pays aussi, beaucoup de manifestations chaleureuses nous attendaient, le gouvernement était représenté par le ministre de l'Économie, Barnabé Bidouzo. La famille Philippe Soglo est une grande famille de vingt enfants. Le père, Philippe, polygame, en tant que prince de Houawé[20] était fonctionnaire au Togo ; il avait commencé comme greffier au tribunal d'Atakpamé puis avait gravi tous les échelons pour devenir à la fin de sa vie chef de subdivision. Il épousa donc quatre femmes, toutes togolaises. La première, Mamy, Amah Bouka – c'est un nom éwé, princesse née à Badou[21]dans le Litimé, pays du cacao et du café –, apporta une considérable dot à son mari. La seconde, Berthe Ezin, eut un mariage digne d'un film d'Hollywood. En effet, elle était promise dès sa naissance selon la coutume à un monsieur assez âgé qui entretenait la famille par ses largesses en attendant que la petite devienne une femme. Manque de chance pour ses parents, elle refusa catégoriquement d'épouser cet homme. Celui-ci n'insista pas, mais demanda à être remboursé. Hélas les parents ne purent le faire. Ce sont nos coutumes détestables. Hélas aussi, ce monsieur coriace voulait bien perdre la femme, mais pas son argent. Il poursuivit donc les parents devant les tribunaux. Lors de l'audience où se présentèrent l'objet du délit, Berthe Ezin, ses parents et le prétendant éconduit, c'est Monsieur Philippe Soglo qui était greffier. Lorsqu'il entendit les doléances du prétendant éconduit, il interrompit les plaidoiries par un ressort en s'adressant au président du tribunal en ces termes : « si la jeune personne ici présente veut bien de moi, je suis prêt à rembourser la dette ».

Je dois m'arrêter un instant pour dire que mon beau-père Philippe Soglo était un bel homme, bien découplé avec une belle tête d'Aboméen et à l'époque, ce qui ne gâte rien, avec une certaine instruction. La belle n'eut aucune hésitation, elle accepta de l'épouser sur le champ et l'élu remboursa aussitôt. Par la suite, Berthe Ezin lui donnera neuf enfants dont l'aîné est son excellence l'ambassadeur Saturnin Soglo ayant pour épouse

---

[20] Agglomération du Bénin proche de la ville historique d'Abomey située à 120 kilomètres environ au nord de Cotonou.

[21] Ville du Togo, pays voisin du Bénin.

Marguerite Marche, Guy, son frère épousera une authentique princesse, Élise Assogba, les jumelles Félicienne Dolou (décédée depuis, épouse du professeur Odoulami) et Félicie Yaya, Hyacinthe, Marcellin l'enfant terrible n'ayant jamais épousé les nombreuses mères de ses enfants, Viviane, madame Frédéric Adousso, Agathe, madame Agonvonon et Jeanne, madame Aitchédji. Tous ces frères et sœurs eurent de nombreux enfants. Ensuite il y avait Maria, la troisième épouse, fille d'un riche chef traditionnel. Son apparition dans la maison des Soglo fut une véritable épopée.

Tout cela est véridique, mais pouvait sembler un peu fleur bleue et très sentimental ! Mamy, lorsque sa coépouse en faisait trop, en lui « vendant presque ses enfants », répliquait d'une façon acerbe, « oui, mais moi je n'ai pas été achetée ». Comme quoi nous voyons bien que les dessous de la polygamie n'étaient pas aussi roses qu'on pourrait le croire. Ceci est tellement vrai que grand-papa de Bohicon, comme nous l'appelions, juste avant de mourir, appela ses enfants et leur défendit d'avoir plusieurs épouses, la polygamie étant selon lui un fléau. En fait, si je comprends bien, il avait plutôt souffert d'avoir plusieurs épouses.

Décidément, nous n'en avons pas fini avec les histoires rocambolesques de la famille quand la troisième venue, Maria, rentra dans la famille d'une manière digne d'un film. Elle débarqua un jour, chargée comme un mulet, en disant qu'elle venait pour épouser Philippe Soglo – authentique ! Nicéphore, qui était encore à la maison, dit qu'il a tout fait pour la mettre dehors, mais rien n'y fit. Elle s'incrusta et expliqua les raisons de sa curieuse venue en ces termes : « je suis fille de chef, je suis riche, mon père aussi, j'ai été mariée à deux reprises et je n'ai jamais eu d'enfants. Consulté, le devin de mon village m'a dit exactement ceci : "il y a un monsieur dahoméen à Atakpamé qui est greffier, épouse-le et tu auras des enfants". Voici donc la raison de ma venue dans cette maison et je ne m'en irai pas ». Monsieur Philippe Soglo l'accepta et elle s'installa dans la maison. Eh oui, le devin avait raison : elle eut quatre enfants avec son mari. Malheureusement, seul l'aîné Pius, marié à une Française, Lorraine, avec deux filles, et qui habite présentement Thionville en France, a survécu. Les trois autres moururent en bas âge. Enfin, concernant la dernière épouse, son histoire est des plus funestes et je préfère me taire sur ces secrets de famille. Elle s'appelait Adjoua, elle eut neuf enfants : la première prénommée Reine deviendra madame Bio, la deuxième Immaculée fut madame Pierre Boni, médecin militaire connu à Cotonou, propriétaire d'une clinique renommée qui porte son nom. Puis il y eut Perpétue, épouse Dagba, Bertille, la pauvre Bertille qui épousa un Ivoirien. Alors qu'elle attendait des jumeaux, elle eut un grave accident de travail dans lequel elle perdit les enfants et qui la laissa infirme. Après Bertille, il y eut Berthe qui mourut très jeune, elle fut enlevée par une leucémie foudroyante. Ensuite Françoise, madame Razak, enfin Marie-Madeleine, la magnifique, la belle, la séduisante Marie-Madeleine, quelle jolie femme ! Tous les hommes étaient amoureux d'elle, elle laissa de nombreux cadavres derrière elle. Elle finit par épouser elle aussi un Ivoirien et, après une maladie où on lui fit une perfusion à l'hôpital d'Abidjan, elle nous fut enlevée d'une manière foudroyante par le sida. Lors de la transfusion sanguine à Abidjan, la carence des services sanitaires conduisit à lui administrer du sang contaminé. Marie-Madeleine nous fut enlevée très rapidement dans des souffrances épouvantables. C'était poignant de la voir s'accrocher à la vie en s'agrippant de toutes ses forces à son grand frère Nicéphore Dieudonné Soglo, dit Fofó[22]. « Fofó, je vais guérir n'est-ce pas ? Fofó, dis-moi que je ne vais pas mourir ! » Comme si la décision dépendait de son Fofó. Elle nous quitta un beau jour après d'interminables souffrances. Enfin la mère de Reine eut un garçon après sept filles : Évariste, qui naquit à quelques mois de différence de mon premier garçon Léhady. À cette annonce, nous étions encore en France au début de l'année 1963, le grand frère se permit d'écrire à son père qu'il n'était pas raisonnable à son âge de grand-père de continuer à procréer. Une réponse cinglante de la part de papa nous parvint qui nous laissa pantois : « Mon cher fils, je me permets de t'écrire pour te dire que tu as l'air d'oublier que chaque organe doit servir à sa fonction » (sic).

[22] Fofó : diminutif par lequel ses 19 frères et sœurs appellent Nicéphore et qui signifie dans l'espace linguistique fon, goun, mina et yoruba "grand frère".

Effectivement, après Évariste, il y eut Jeanne et enfin Parfait, le tout dernier. Ceux-là ont le même âge que mes enfants.

*

Après cette petite digression sur l'histoire familiale, revenons à Mamy : nous eûmes une tâche oh combien difficile à accomplir : aller rendre visite à Mamy à la morgue de l'hôpital de Cotonou et préparer l'enterrement. Avant notre arrivée, la famille de Mamy était arrivée de Badou avec la seule sœur qui lui restait encore, tante Lucia. Je fus beaucoup aidée par les amis ; il fallut se rendre à Bohicon où devaient se dérouler les obsèques, pour rafraîchir la maison familiale. Bella de Souza, une ancienne amie d'enfance assura la chapelle ardente pour l'exposition du corps de Mamy. Il fallait s'occuper de la tombe, mettre des bâches, louer des chaises, s'occuper de la veillée. À la fin de la veillée, on distribuait de la bouillie avec des beignets et des sandwichs, il y avait un monde fou. Beaucoup de choses à faire, beaucoup de dépenses. C'étaient nos coutumes bien sûr, mais, pour ma part, je trouvais toute cette dépense d'énergie et d'argent totalement inutile alors que nous venions de perdre un être très cher. L'enterrement était prévu le lendemain matin. Et je devais faire face à tout car Nicéphore était totalement désemparé. Il se mouvait dans une espèce de halo et je crois qu'il ne réalisait pas qu'il ne reverrait plus jamais sa maman. Il est vrai que jusqu'alors, il n'avait pas encore vu son corps.

Ce sont sa petite sœur Lucia et une de ses cousines madame Glèlè, dite navi[23] de Gbégamey, qui s'occupèrent du corps après les cérémonies d'usage où on lui coupa les ongles et les cheveux ; elles l'habillèrent et m'interdirent de m'approcher d'elle tant qu'elle ne serait pas prête. En effet, selon la coutume, il était défendu à la bru de voir sa belle-mère nue. Quand enfin elle fut prête, Nicéphore, qui était resté dans une attente interminable à l'hôtel Sheraton, arriva et put enfin voir sa mère. À sa vue, il s'effondra. Dur et douloureux spectacle de voir un homme pleurer et pleurer l'être qu'il a le plus cher au monde, sa maman !

---

[23] Tante en fon.

Le gouvernement révolutionnaire du Général Mathieu Kérékou fit bien les choses, on nous attribua des motards pour dégager la route jusqu'à Bohicon. Nous y arrivâmes une heure et demie après. On exposa le corps et les cérémonies proprement dites pouvaient commencer. Mamy étant princesse, une nombreuse délégation était arrivée de Badou au Togo. Nous apprîmes donc, mon mari et moi, qu'elle aurait dû être enterrée chez elle et non pas chez son mari, mais, comme son unique enfant en avait décidé autrement et pour une question de convenance, on lui apprit alors qu'il devait racheter le corps selon la coutume éwé. Il accepta très volontiers. Les cérémonies furent superbes. Tous les gens de Badou avaient un foulard rouge : les hommes autour du cou, les femmes autour de la tête. Ils avaient apporté de Badou deux béliers immaculés qu'ils égorgèrent et dont ils aspergèrent le sang sur le sol, autour du cercueil et, malgré les réticences de son fils, un tout petit peu sur lui. Après cela, le prêtre pouvait intervenir, et fit une très belle messe concélébrée en l'église de Bohicon. Puis on s'achemina vers le cimetière où Mamy fut conduite à sa « dernière demeure ». Nicéphore fut très entouré et reçut nombre de témoignages d'affection.

*

Deux jours après l'enterrement de sa mère, Nicéphore retourna à Washington où l'attendaient ses dossiers. Je restai quelques jours de plus pour mettre de l'ordre dans les affaires de Mamy. Selon la coutume, on mit plusieurs pagnes dans son cercueil et il fallut distribuer le reste de ses habits. J'eus beaucoup de mal à convaincre la tante Lucia qu'elle ne pouvait pas partir avec tous les bijoux en or de sa grande sœur. Les discussions furent très dures et très pénibles pour moi, très décevantes parce que, pour la première fois, j'apercevais sous un nouveau jour qui m'était totalement inconnu la personnalité de tante Lucia que j'aimais beaucoup ; elle, qui était si jolie, si fine, si coquette. Je suis donc tombée des nues en voyant l'âpreté avec laquelle elle voulait absolument mettre la main sur les bijoux en or de sa sœur. Je repris quelques jours plus tard le chemin du retour avec en main les cassettes VHS des cérémonies de Mamy que je voulais montrer aux petits-enfants. Ils rentrèrent des fêtes de Noël et refusèrent catégoriquement de voir ces cassettes. Ils ne voulaient voir ni le corps ni le cercueil de leur Mamy. Nous insistâmes en vain, c'était peine perdue. Nous les sentions tellement ravagés par le chagrin que nous ne nous obstinâmes pas. On pensait que le temps allait faire son œuvre et effectivement, des années plus tard, ils purent voir les images des cérémonies de l'enterrement de leur Mamy.

Un vide énorme se creusa dans la maison lorsque je rentrais de la faculté, la maison était silencieuse, presque sinistre, Mamy n'était plus là pour m'accueillir, pour me dire qu'elle avait repassé le linge, qu'elle s'était évertuée à repriser les socquettes de son fils – et moi d'éclater alors de rire ! – elle me racontait aussi ce qu'elle avait vu à la télévision. À ma grande surprise, elle avait compris très vite l'anglais et me relatait ce qui s'était passé. Mais ce n'était pas tout, plus personne ne venait me voir lorsque je me sentais seule du fait des voyages de l'administrateur qui avait 24 pays à parcourir, plus personne ne venait pour me réchauffer, prendre mes mains dans ses mains, me masser les pieds et me dire la litanie des faits glorieux de mes ancêtres. Je me sentais orpheline pour la seconde fois et ce, à jamais.

*

Voyages à l'intérieur du continent américain

Nous profitâmes mon mari et moi de ce séjour de huit ans à Washington pour savourer nos vacances du mois d'octobre après l'annuel meeting du mois de septembre et visiter le Mexique et ainsi faire connaissance de la capitale Mexico. Une grande ville où la pollution due aux gaz d'échappement des véhicules, et à la fumée des usines, nous faisait plier en deux et nous obligeait à nous asseoir au bord du trottoir ; le Mexique est en effet un gros producteur de pétrole. Ce qui ne nous a pas empêchés de visiter les innombrables et magnifiques monuments de Mexico et alentours, de remarquer la robustesse et la bonne santé des Mexicains grâce aux *beans*[24] et aux *tacos* croustillants.

---

[24] Haricots, nourriture nationale consommée par les Mexicains, matin, midi, et soir. Ce sont des galettes de haricots bien cuisinées, bien assaisonnées (les Mexicains mangent beaucoup de piment).

Que dire de Phoenix dans l'Arizona ! Là nous sommes dans l'Amérique profonde où on vous sert d'énormes *beefsteaks,* les premiums, avec des *onion rings* ainsi que des pommes de terre spéciales en robe des champs, le tout agrémenté de beaucoup de cornichons, met dont les Américains raffolent. Nous sommes allés au Nevada, à Las Vegas, ville du jeu, de la lumière, des casinos, de tous les rêves, ville d'eau car il y a des fontaines partout, des jets d'eau et ce gaspillage engloutit presque le tiers du magnifique fleuve du Colorado qui traverse tout le pays et qui se déverse du côté de l'Atlantique. Las Vegas, le pays de la tentation où les Mormons de Salt Lake City viennent assouvir leur vice pour le jeu, les filles faciles, et le plaisir tous les week-ends. L'année suivante nous amena en Floride dans la ville de Miami où nous ne sommes plus avec les *Yankees,* mais avec les Méditerranéens : les Italiens. La différence se sent dès votre arrivée dans la manière de conduire des habitants. Autant dans le Nord, on respecte les feux et les règles de circulation des véhicules, autant en Floride on ne respecte rien. Attention chacun passe ! Nous sommes allés à la plage à Miami et nous avons été surpris par le bétonnage. En effet, tous les retraités des États-Unis ou presque viennent finir leur vie à Miami ou dans d'autres villes de la Floride en vertu du climat doux et chaud, et vous voyez tous les vieillards avec leurs canotiers ou panamas (sorte de chapeau). En Floride, vous pouvez aussi admirer de magnifiques villas cossues, avec chacune leur tas de sable, qui sont détenues par des richards.

*

Les vacances suivantes nous amenèrent en Louisiane à Saint-Louis la capitale, également capitale du jazz ; là nous sommes presque en France, c'est une autre façon de vivre, une nonchalance, une douceur de vivre. Il vous arrive encore de rencontrer des femmes noires comme au temps de l'esclavage avec leurs foulards. On prend son temps. Il y a la musique des Negro-spirituals, on chante beaucoup, Saint-Louis est gai. Nous avons visité les Cajuns, où nous avons pu nous régaler de crevettes roses et d'écrevisses fraîchement pêchées. Puis nous nous sommes abandonnés à une promenade sur le Mississippi avec les fameux bateaux qui dans le temps circulaient sur le fleuve avec des casinos et des dancings. Une autre attraction, toujours en Louisiane, fut la visite des cimetières. Le fleuve Mississippi étant omniprésent, on ne pouvait enterrer les morts dans la terre car l'eau les faisait immédiatement remonter à la surface. Toutes les tombes étaient donc mises sur des hauteurs dans des niches. C'était vraiment extraordinaire, une vraie curiosité, les gens laissaient libre cours à leur imagination, nous étions séduits ; nous avons pris beaucoup de photos. J'ajoute que tous ces voyages, nous les faisions en voiture. Enfin, nous prîmes l'avion pour la Californie, et en arrivant nous avons loué une voiture. Aux États-Unis, tout ce qui est business est bien fait, les Américains ont le don du business, le tout c'est d'avoir les moyens. Arrivés à l'aéroport, tout avait été réglé par notre agence. Après les formalités d'usage, nous nous dirigeâmes vers la société qui devait nous allouer la voiture. Nous avons pris le chemin de notre hôtel et sommes tombés sur la route la plus raide de la ville. Nous n'avons jamais eu aussi peur de notre vie et, quand nous avons retrouvé notre hôtel, tous les gens ont éclaté de rire lorsque nous leur avons raconté notre aventure. Nous sommes allés aussi à San Francisco. La Californie, ancienne colonie espagnole, est le grand rêve de tout émigré. N'oublions pas que ce fut le pays de la ruée vers l'or et des grandes haciendas. Dans notre hôtel, c'était la première fois que nous faisions connaissance avec la pédérastie et cela, très simplement, car devant moi les hommes de l'hôtel tournaient autour de mon mari, ce qui ne l'amusait pas du tout. Il fit comprendre gentiment, mais fermement, à la personne en question qu'elle se trompait sur son compte et la réponse nous laissa pantois : « Monsieur, ne vous fâchez pas, vous nous plaisez, vous êtes bel homme et nous nous excusons, nous nous sommes trompés, nous voulions passer un moment de plaisir avec vous ; par contre, est-ce que ça vous gênerait de venir prendre un pot avec nous ? » Nicéphore leur répondit qu'il venait juste d'arriver avec sa femme et que, lorsqu'il serait installé dans sa chambre, ce serait avec plaisir qu'il prendrait un pot avec eux. Et c'est ainsi que nous nous séparâmes sur ces mots. Après San Francisco, qui est une très belle ville, nous visitâmes Chinatown, et nous nous arrêtâmes déjeuner dans un restaurant italien perché sur le haut de la colline, où nous avons dégusté les meilleures pâtes de notre vie. Puis direction la plage où on nous avait indiqué une boulangerie tenue par un Français : on nous y servit les meilleurs croissants du monde ! À la question au propriétaire pourquoi il n'a pas ouvert une telle boulangerie dans la capitale à Washington ou à New York, il nous répondit : « je gagne déjà suffisamment ma vie et je n'ai pas l'intention de la gâcher en courant après plus d'argent et en m'épuisant ». Manifestement, ce Français n'avait pas le rêve américain. Nous visitâmes Los Angeles qui est une ville tout en longueur. Pour tout Américain, la Californie, c'est un mot enchanteresse, tout Américain rêve un jour d'aller passer quelques jours en Californie. C'est un pays superbe, riche, à l'économie florissante ; on dit même de la Californie que c'est la sixième capitale du monde. Nous sommes revenus enchantés, heureux, reposés, tout encore éblouis par les paysages grandioses que nous avons contemplés. De voir qu'un si beau pays puisse exister, et nous avons conclu avec les Américains que c'était un grand et magnifique pays : voir la Californie et mourir. Enfin ce fut le Texas qui est à cheval entre le Nord et le Sud et qui a délibérément balancé vers le Sud. Le Texas, pays du pétrole, pays des grandes compagnies. En effet, aux États-Unis si vous découvrez du pétrole sur votre sol, vous en êtes propriétaire. Et puis, nous étions curieux de voir des réserves d'Indiens. Nous fîmes la connaissance d'une Indienne qui s'occupait de la réserve et qui nous a très mal accueillis. Elle soupçonnait chez nous une curiosité malsaine et se montrait réticente. Mon mari lui expliqua avec douceur que nous aussi avions été victimes de quatre siècles d'esclavage et que nous voulions juste voir les lieux, la terre où habitait ce magnifique peuple indien qui s'est vaillamment battu pour sa liberté. À ces paroles, elle s'est adoucie, et nous a répondu « Madame, Monsieur, vous êtes déjà dans la réserve ». Le lieu où nous nous trouvions était traversé par les autoroutes à toute heure du jour ; elle nous emmena dans des coins où nous rencontrâmes ce qui restait des descendants de ce grand pays : quelques femmes vieillies avant l'âge, des hommes saouls, des vieillards saouls, avec pour seule activité boire ; ils n'avaient rien d'autre à faire. C'étaient des loques humaines. Voyant notre stupéfaction et notre désapprobation – ça se voyait qu'on n'était pas d'accord, on était contre l'esclavage, contre la disparition des Indiens –, elle se mit à nous raconter la vie des siens, l'exode de tous les jeunes robustes qui se sont instruits petit à petit, sa lutte permanente contre l'administration américaine pour accroître le budget des siens afin de ne pas les laisser mourir de faim. Nous l'écoutâmes avec beaucoup de gravité et de tristesse, puis nous prîmes congé d'elle et des siens sur une bonne poignée de mains.

*

Nous continuâmes sur les îles, avec une étape aux Bahamas, la destination préférée des secrétaires pour le week-end, paraît-il ! Et comme disait quelqu'un dans notre entourage, « c'est l'île où l'on trouve les esclaves les plus paresseux au monde » (sic). Effectivement, aux Bahamas, c'est à l'heure où les touristes viennent pour nager dans la piscine que le personnel vient justement nettoyer la piscine. Tout à l'avenant. Vous commandez une boisson et vous pouvez attendre deux heures avant de l'avoir et si vous avez le bonheur qu'on vienne vous la servir, ce n'est sûrement pas votre commande. Nous avons failli rater notre avion du fait de la paresse et de la nonchalance du personnel de l'hôtel et sommes partis sans avoir eu la possibilité de prendre notre petit déjeuner. Mais aux Bahamas, nous avons aussi découvert avec émerveillement les plus grosses et les plus vieilles tortues du monde. C'est le pays, je me souviens, où on mange beaucoup de produits de la mer, notamment des calamars, qui ne sont pas trop à notre goût, je dois dire. Nous avons ramené des coquillages : vous savez, ces gros coquillages où, lorsque vous les collez à votre oreille, vous entendez chanter les requins ou la mer... Nous quittâmes enfin les Bahamas, sans regret aucun.

Profitant de la fin des vacances de Noël, nous fîmes un saut d'une semaine en Jamaïque. À Kingston, la capitale, mais nous étions logés à Rio Ochs, l'hôtel donnait directement sur la plage et c'était la villégiature préférée des touristes. Nous étions vraiment très bien, la nourriture était bonne et nous avons apprécié et dégusté avec plaisir le gâteau à la banane. Nicéphore était considéré comme un roi nègre, tout le personnel venait nous rendre visite et, fait étonnant et surprenant même, c'est en Jamaïque que nous avons passé notre temps à retrouver des personnes que nous avions laissées au pays. La ressemblance était frappante : dans une boutique où nous sommes rentrés pour acheter des souvenirs, nous nous sommes écriés « mais c'est tante Joujou ça », tellement elle ressemblait à une tante que nous avions laissée à Cotonou. À Kingston, capitale de la Jamaïque, les gens nous interpellaient pour nous dire : « *You're from the motherland Gulf of the Guinea* ». On nous touchait, tout le monde voulait nous embrasser. Nous venions effectivement des terres de leurs ancêtres, nous étions vraiment émus, et tout le séjour en Jamaïque se déroula comme si on nous ramenait à nos racines, comme si toute la mémoire de ce que fut la déportation des Noirs nous visitait en permanence. Même aux États-Unis dans le sud profond, nous n'avions pas senti cette tristesse qui vous serrait le cœur de voir que nos frères de race, les Jamaïcains, n'avaient jamais accepté cette lourde et dramatique séparation. Nous quittâmes la Jamaïque le cœur lourd.

*

Nous ne pouvions pas quitter les États-Unis sans visiter l'un des plus grands pays d'Amérique latine, le Brésil. Nous débarquâmes à Rio de Janeiro. La baie de Rio de Janeiro est une des plus prestigieuses au monde, tellement impressionnante que lorsque l'avion entame son atterrissage, vous apercevez le Grand Christ qui vous accueille les bras grands ouverts. Cela fait un choc et, l'estomac noué, vous vous demandez si l'avion n'est pas en train d'atterrir en catastrophe. Nous étions au mois d'octobre et l'hiver venait de prendre fin. Tout était à visiter à Rio. Nous fûmes bien surpris quand, au restaurant, on nous servit du *cassava,* c'est-à-dire notre *èba*[25] et cela dans tous les meilleurs restaurants du Brésil. Bien entendu, c'est aussi le pays du *fechouada*[26].

---

[25] Pâte de farine de manioc servie au sud du Bénin et au Nigeria.

[26] Mets de haricots moulus avec de la tomate et de la viande, propre en Afrique aux descendants portugais, les Agoudas ou les créoles.

On ne peut pas quitter Rio sans monter dans le funiculaire qui vous amène sur la montagne proche du Christ. Très impressionnant, et non sans danger, il y a un monde fou. Rio, c'est Copacabana. Tout le monde va à Copacabana, il y a un mélange de races extraordinaire au Brésil. La plage n'est interdite à personne et cela donne une certaine illusion aux Brésiliens noirs – car il y en a beaucoup – : il me semble que le tiers ou plus de la population est d'origine africaine. L'apartheid n'est pas visible au Brésil, il est sournois, il est dans l'impossibilité tue pour des nègres à accéder à certains emplois. Au Brésil, les nègres n'ont pas accès au progrès. Aucun nègre dans les administrations. Vous ne verrez jamais au Brésil : « Interdit aux nègres et aux chiens », mais le manque de moyens financiers empêche les nègres de rentrer dans un restaurant, d'aller dans un hôtel, par contre, ils ont la liberté de danser, d'aller sur les plages ; cette illusion fait que le Noir brésilien aura bien du mal à prendre conscience réellement de sa condition de population inférieure. Ils ne se sont encore jamais soulevés alors qu'ils sont dans un état de misère dans les favelas qui sont des coupe-gorge où sévit une criminalité avec la drogue, la prostitution et que sais-je encore. Jamais la police ne rentre dans les favelas. Au fond, c'est le ghetto. Le Brésil est le sixième État émergent après la Chine, l'Inde, la Russie et la République d'Afrique du Sud. C'est le pays des grands footballeurs, Pelé, Santos. Ainsi, dans tous les quartiers nègres de Rio de Janeiro, vous verrez des enfants jouer au football même avec une orange, un citron ou des chiffons, car ils sont trop pauvres pour avoir un ballon. On ne peut aller au Brésil sans visiter Sao Paulo avec ses mille églises, Salvador de Bahia, la ville la plus noire du Brésil où on nous invita à un *candomblé*. Nous ignorions totalement la signification du mot *candomblé*[27]. Nicéphore était habillé en blanc, nous pénétrâmes dans une salle remplie de Noirs et de Métis. Toutes les teintes

[27] Le **candomblé** est une des religions afro-brésiliennes pratiquées au Brésil, introduite par les esclaves issus de la traite des Noirs entre 1549 et 1888. C'est un mélange de catholicisme, de rites indigènes et de croyances africaines, cette religion consiste en un culte des *orixás* (prononcé « oricha »), les dieux du candomblé d'origine totémique et familiale, chacun associé à un élément naturel (eau, forêt, feu, éclair, etc.)

de noirs que peut donner le mélange de la race noire avec d'autres races, blanche, asiatique, indienne, et nous assistâmes sous nos yeux ébahis à une cérémonie qui nous ramena chez nous au Dahomey. Nous entendîmes parler la langue yoruba et une vieille dame chantonnait devant un grand brasier, marmonnait en priant les mânes des ancêtres de venir honorer de leur présence cette cérémonie. À la vue de Nicéphore habillé en blanc, les gens se précipitèrent sur lui, la dame voulait lui parler. Ils étaient tous persuadés que mon mari était envoyé comme espion pour savoir s'ils continuaient à procéder aux rites dans les règles de l'art et, sous nos yeux, la prophétesse rentra en transe et ce faisant, elle se tourna vers un spectateur qui se mit aussitôt en transe. Elle se dirigeait vers nous lorsque Nicéphore me tira à lui en me disant « allons-nous en vite, car j'ai l'impression que c'est mon tour et je n'y connais rien aux rites yoruba ». Nous prîmes donc la fuite et, rétrospectivement, nous tremblions encore de frayeur à notre retour à l'hôtel. Cet épisode à Salvador de Bahia nous laissa comme un étrange sentiment de malaise et de gêne ; nous l'avions échappé belle !

*

Nous étions aux portes de l'Amazonie ; c'était l'ère du caoutchouc, les propriétaires gagnaient énormément d'argent en l'exploitant et, en pleine brousse, on avait construit la réplique exacte de l'Opéra de Paris, mais en beaucoup plus grand, avec des marches menant à l'hôtel de deux mètres ; c'était grandiose. Ah, le fleuve Amazone ! Au départ, le fleuve est de couleur bleu-vert et petit à petit, à cause des feuilles qui pourrissent, vous remarquez deux couleurs, le bleu et le noir, une verdure angoissante avec cette terrible impression de suffoquer, sans parler de la présence insolite des perroquets, il y en a de toutes sortes, de toutes les couleurs, magnifiques et rayonnants, aux couleurs très vives. Nous avons frôlé des piranhas. Nous sommes allés nous rincer les yeux et les oreilles à *Iguassou Falls* (les chutes), quelle merveille de la nature ! Nous avons pu admirer le colibri, surtout lorsqu'il plonge dans les chutes pour ramasser quelques insectes à manger. Cet oiseau formidable est capable de danser sans battre des ailes pendant quelques secondes. Et là nous avons rencontré une vieille dame qui a voulu absolument prendre des photos avec nous et qui parlait français. Elle voyageait seule. Elle venait de New York où elle était installée depuis soixante-dix ans. Nous étions surpris par le fait que, ayant vécu à New York depuis des décennies, elle était incapable d'aligner un mot en anglais. Elle nous répondit qu'elle était d'origine italienne, qu'elle était arrivée à New York à sept ans et que, vivant dans sa communauté franco-italienne, elle ne voyait pas la nécessité de parler anglais. Nous n'en revenions pas. On découvrait ainsi qu'on pouvait vivre en vase clos à l'étranger. Quelques années plus tard, j'ai pu découvrir cela aussi en Angleterre à Liverpool.

Ce séjour au Brésil fut un pur émerveillement. Nous étions heureux malgré ce que nous avions vu de la pauvreté dans les favelas de Rio de Janeiro, malgré cette inquiétude que nous éprouvions pour l'avenir de nos frères brésiliens, avenir qui nous paraissait sombre parce que sans éducation, sans prise de conscience et sans possibilité de développement. Mais il ne faut jamais désespérer de rien car la situation des Nègres Américains avait été pire, et force était de constater que le rêve de Martin Luther King avait bien fini par se réaliser puisque beaucoup de Nègres Américains eurent accès à l'instruction grâce aux quotas – dans les finances, les hommes d'affaires sont devenus prospères, des intellectuels ont fait Harvard, Yale – au point qu'aujourd'hui il y a un Noir à la tête de la plus grande puissance mondiale, Barak Obama, même si son père n'est pas descendant d'esclave, c'est un Nègre d'origine kenyane, mais pour les Blancs racistes du sud, cela importe peu. Après les terribles révoltes de Jackson et Birmingham où la police blanche a commis des exactions d'une violence inouïe contre les Nègres, une grande marche fut décidée par des Noirs. C'était le dimanche 7 mars 1965 à Selma dans l'Alabama ; marche qui les mena à la capitale fédérale, Washington D.C. Cette *freedom race* pour l'égalité de droits entre les deux communautés prit fin avec cette fameuse phrase « *I have a dream* » du pasteur noir Martin Luther King prononcée lors d'un grand rassemblement de tous les Nègres du sud qui avaient décidé de converger vers Washington. Le ministre de la Justice de l'administration Kennedy, Bob Kennedy, sous la décision de son frère président, envoya des troupes fédérales pour faire cesser ces brutalités policières. Comme nous le savons tous, John Fitzgerald Kennedy (JFK) paya de sa vie cette décision à Dallas, au Texas, dans l'horrible et inoubliable assassinat du Président en exercice des États-Unis d'Amérique. Cet acte crapuleux fut suivi de celui non moins crapuleux et lâche assassinat du pasteur Martin Luther King à Nashville dans l'État de Memphis. Mais tout le sang versé de ces Noirs et de certains Blancs ne fut pas vain. En effet, le successeur de JFK, Lindon Barnes Johnson, fit voter par le Congrès les lois mettant fin à la ségrégation, en proclamant l'égalité entre les Blancs et les Noirs et en accordant surtout le droit de vote aux Noirs. Mais comme nous le savons tous, les siècles et les siècles cumulés de ségrégation ont la vie dure. Il a fallu d'abord, lors d'un été chaud, les émeutes de Watts, puis les actions des Blacks Panthers, enfin le poing levé des athlètes noirs médaillés olympiques aux jeux de Mexico baissant la tête et refusant d'enlever leur chapeau lorsque l'hymne national américain retentit. Le monde entier vit ces images fortes et lourdes de sens qui écornèrent largement l'image et la gloire de la plus grande puissance mondiale.

Comme le temps file... Ce séjour à la Banque mondiale nous a ouvert d'énormes horizons. Nous avons beaucoup voyagé, beaucoup appris, nous avons mûri et c'est avec regret, je l'avoue, que nous quittâmes les États-Unis en juin 1988.

IV. Retour au Bénin, dans l'arène politique

Nous rentrâmes au pays sans les enfants. Le président Mathieu Kérékou était toujours au pouvoir. Je souligne cela parce qu'un incident va se produire lorsque nos bagages débarquèrent au port de Cotonou. D'abord ce furent le starter et le moteur de la Mercedes qui disparurent. Ensuite Kérékou ordonna que tous nos bagages soient fouillés par crainte d'armes que nous aurions dissimulées dans nos affaires. On y passa la journée. Les personnes qui faisaient cette sale besogne étaient très gênées, nous, nous étions parfaitement à l'aise et Nicéphore Soglo, toujours très disert, discuta avec eux tout le temps que dura la fouille.

*

Nous décidâmes de construire sur le terrain qui nous appartenait situé au quartier Les Cocotiers à Cotonou. Nicéphore avait entamé certaines constructions lors de fréquents séjours qu'il effectuait à Cotonou, et il m'avait parlé de la construction d'un garage. Il revint d'un voyage furieux parce qu'il n'avait pas reconnu sa parcelle, tout simplement parce que le garage ne se trouvait pas à la bonne place. L'architecte s'était totalement trompé ; mon mari avait bien essayé de lui expliquer comment était une villa américaine, mais sans plan.

Le pauvre n'avait jamais vu une villa américaine, il ne pouvait pas se l'imaginer. À notre arrivée, le premier geste de Nicéphore fut de faire démolir ce garage qui ne devait pas se trouver là. Heureusement, une fois encore la chance était de notre côté. Le père d'un ami des enfants, Monsieur Rabeharisoa dit Rabe, malgache et architecte de son état, nous conseilla de le modifier, de l'agrandir et d'en faire une grande salle de réception, ce qui fut fait. Nous l'appelâmes "la rotonde" et nous fîmes édifier le garage à sa place normale, mais hélas, à cause de ce malencontreux incident, nous n'avons pu suivre exactement le plan de la villa américaine même si, à l'intérieur, ça y ressemble quand même. J'avais défié mon cousin Cyrille Faboumy, brandissant la cravache de mes chiens, que je pendrais la crémaillère à Noël. Nous étions en effet arrivés de Washington avec deux dobermans, Sesmok et Mocka : les dobermans sont des chiens de race, ils sont redoutables et pour les rendre encore plus terrifiants, on leur coupe les oreilles pour qu'elles se redressent. Ce sont des chiens extrêmement dangereux, sûrs d'eux, n'aboyant presque jamais, de magnifiques gardiens. Nous étions sans gardiens, les Noirs ayant peur des chiens et nous-mêmes, nous n'en voyions pas jusqu'alors la nécessité. Pendant des mois, nous étions tranquilles sans aucune inquiétude. Malheureusement, ces chiens de race n'ont pas pu s'adapter au terrible climat tropical et nous avons eu de la peine de les perdre tous les deux. Comme je l'avais prédit, on termina la villa au mois de décembre et comme on dit, nous avons passé toute une nuit à couler la dalle car c'est le dernier acte du gros œuvre et cela, dans l'euphorie générale. Pour finir, nous avons arrosé la fin des travaux avec les ouvriers. Ce ne fut pas sans mal parce que nous avions eu plusieurs déconvenues : la première fut que tout ce que nous avions acheté comme matériel, notamment les portes, les loquets que nous avions ramenés des États-Unis, disparaissait et on les remplaçait par du matériel d'autres chantiers. Malheureusement pour le voleur, il fut dénoncé par un de ses compagnons qui nous le livra en nous indiquant son domicile et l'heure à laquelle nous pouvions le trouver chez lui. Nous y allâmes en effet de très bon matin et j'étais munie de la cravache des chiens. Nous frappâmes à la porte, il nous ouvrit et là nous remarquâmes que le compagnon n'avait pas menti, nous étions accueillis par un monsieur qui avait une belle radio, une belle table, une maison bien meublée. Manifestement, c'étaient nos matériaux volés qui avaient "acheté" tout cela. Je perdis mon sang-froid et le fouettai jusqu'au sang. Heureusement, Nicéphore vint à sa rescousse ; le mot de fin c'est qu'il nous remboursa intégralement tout ce qu'il nous avait pris : c'est tout ce que je demandais, car financièrement, nous étions à court. La seconde malheureuse histoire, ce fut la disparition du ciment. Là encore, grâce à la vigilance d'un autre compagnon, on nous avertit du vol de notre ciment. Prévenus, nous pûmes le déloger. Et de nouveau un matin nous sommes allés à Gbèdjromèdé[28] ; ce n'était pas facile, mais nous avons pu lui mettre la main dessus toujours avec mon bâton à la main, et on a été intégralement payé. On ne reconnaissait pas nos compatriotes, ils n'avaient qu'une chose en tête, vous voler. Au lieu de s'adonner à leur travail, ils passaient leur temps ou à s'absenter, ou en palabres. Il fallait être constamment aux aguets et rester sur le chantier 24h sur 24. Les ouvriers étaient toujours en retard ; je les entendais dire « nous n'avons rien dans le ventre, cette dame est là, elle ne nous donne pas à manger, et elle croit que nous allons faire son travail ». Ils oubliaient qu'ils étaient payés, et le plus grave c'est qu'ils me prenaient pour une étrangère ne comprenant pas de ce fait leur langue. Alors je leur répondis en fon, dans leur langue « vous n'aurez rien à manger et si vous continuer à saboter le travail, je ne vous paierai pas. Et vous pouvez toujours vous plaindre auprès du commissaire ». Ce fut une véritable panique car j'avais touché dans le mille. À partir de ce jour, les travaux allèrent bon train et, quant à moi, je fis preuve de plus de souplesse en leur apportant des marmites de bouillie avec des cacahuètes et même des sandwichs. Le plus dur fut la finition. Les fenêtres nous donnèrent beaucoup de peine, la pose de l'escalier, le carrelage des sols, les grillages, toutes les fenêtres du bas qui étaient sécurisées avec des barres de fer. Nous pûmes enfin emménager, tout notre garde-meuble était là. Bien sûr, il a fallu construire des penderies, puis des placards à la cuisine. Nous n'avions rapporté des États-Unis que la grande armoire vitrée de la salle à manger ainsi que l'armoire vitrée à bibelots du salon ; à part ça, tout le mobilier courant a été fait sur place. Nicéphore entreprit enfin de faire le jardin, il voulait que la maison soit noyée de verdure. Une grande

[28] Quartier populeux de Cotonou.

surprise l'attendait. Quand il a voulu s'attaquer au sol, il découvrit avec étonnement que le jardin était bétonné. En effet, le ciment que les ouvriers ne pouvaient pas voler et, pour que n'en disposions pas, ils l'avaient tout simplement enterré. Voilà les séquelles du marxisme-léninisme et du PRPB[29]. Il mit plus de trois mois à faire le jardin par un travail acharné avec ceux-là mêmes qui avaient eu l'idée machiavélique d'enterrer le ciment et, pour leur punition, il ne leur donna pas un sou. Il fit venir des arbres du voyageur et à six heures du matin, on était réveillé par le pépiement des moineaux. Afin que les chauves-souris ne dévastent pas tous les arbres, j'ai été obligée de mettre des filets pour les empêcher de les détruire, ce qui fait que tous les soirs, lorsque vous rentriez dans mon jardin, vous entendiez le crissement des chauves-souris.

*

De nouveau, j'étais à la recherche d'un bureau pour installer mon cabinet d'avocat, mais avant, il me fallait m'inscrire au barreau de Cotonou. J'entrepris des démarches et me rendis compte que c'était le parcours du combattant. Il était clair que mes confrères du barreau de Cotonou ne voulaient décidément pas de moi. Le bâtonnier du moment s'appelait Hélène Kèkè Aholou. On me demanda de démissionner du barreau de Paris et de produire tous mes diplômes, ce que je fis, je vous avoue, avec un pincement au cœur. C'est vrai, j'avais travaillé pendant trente ans au barreau de Paris, autant dire un bail, et j'avais décidé de vivre chez moi, adieu la nostalgie ! Je fis donc le nécessaire, mais toujours rien. J'attendais, les mois passaient.

La mort de grand-papa

Là-dessus intervint la mort de grand-papa de Bohicon à 92 ans en juillet 1989.

Les cérémonies funéraires eurent lieu bien entendu à Bohicon. Les dix-huit enfants étaient là. Trois mamans étaient encore vivantes : Berthe, Maria et Isabelle qui habitait la

---

[29] Parti de la Révolution populaire béninoise en 1975.

maison, car grand-papa de Bohicon avait été poussé par les hommes d'Église, dont Mgr Agboka et Mgr Assogba, et conseillé vivement pour sauver son âme : il devait nécessairement rejoindre les fidèles de l'église et, de ce fait, épouser une de ses femmes à l'église, ce qui lui donnerait accès à la table du Seigneur. Il prit subrepticement la décision, sans prévenir Nicéphore et d'autres enfants. Nous l'apprîmes trop tard et, quand ce fut fait, nous prîmes le chemin pour Bohicon. Nous exprimâmes vertement, avec des mots très durs, à ces prélats ce que nous pensions de leur comportement et de leurs agissements. On les traita de briseurs de famille. En effet, ce mariage venait de mettre fin au bonheur d'une grande famille qui vivait dans l'harmonie malgré la polygamie du père. Entre nous, je ne crois pas que Dieu n'ait jamais voulu cela. Selon la Bible, les apôtres étaient polygames et ils étaient les disciples du Seigneur Jésus-Christ. En effet, on assista avec peine et chagrin à la dislocation d'une grande famille. Papa, par ce geste sénile, venait de détruire tout ce qu'il avait lui-même bâti toute sa vie. Il dicta aux trois autres femmes qu'à partir de cet instant, elles devenaient ses sœurs. C'était vraiment les paroles d'un patriarche qui n'était plus lui-même. Maria alla chez son fils Pius, Berthe et Mamy partirent à Atakpamé. Mamy y resta quelque temps puis vint nous rejoindre.

La vie reprit son cours dans la tristesse et les questionnements : mais que s'était-il donc passé ? On assistait, semblait-il, au triomphe et à la victoire d'Adjoua devenue entre autres, à la suite de son baptême pour épouser papa : Isabelle. Nous apprîmes quelque temps plus tard que tout cela avait été manigancé par les trois mousquetaires Immaculée, madame Bony ; Perpétue, madame Dagba ; Françoise, madame Razack. L'aînée de cette branche, Reine, Madame Bio, avait refusé énergiquement d'y prendre part et avait prévenu sa mère et ses sœurs que, ce faisant, c'était à terme la destruction de la famille Philippe Soglo. Elle fut traitée de tous les noms et on alla jusqu'à lui dire, – surtout sa mère –, que son comportement était prévisible car il est de coutume que les aînés soient idiots et très influençables. Reine, malgré ce défaut dont la nature l'accablait, avait vu juste, car les prédictions de Reine s'avérèrent très vite exactes. Cette maison si gaie et si attrayante se vida d'un coup.

En effet, et contre toute attente, le vilain petit canard par qui le scandale était arrivé – c'est-à-dire Adjoua, qui s'était hissée au rang de première épouse, place usurpée – quitta elle aussi la maison de Bohicon laissant le pauvre vieux tout seul avec des petites bonnes. Interpellée, elle répondit qu'elle se sentait seule sans ses coépouses, aussi avait-elle décidé de rejoindre le domicile de sa fille Immaculée. Nous connûmes donc une très mauvaise période avec un spectacle affligeant et des plus désolants pour la famille Soglo. Le vieux papa, paix à son âme, pleurant tous les jours en regrettant le paradis perdu et en réclamant sans cesse son fils aîné. On partit donc plusieurs fois en catastrophe à Bohicon, – heureusement la route n'était pas aussi mauvaise et meurtrière qu'aujourd'hui – et chaque fois à notre arrivée, nous trouvions papa malheureux, seul parmi des petites bonnes venant de l'Akposso (Togo), et oubliant ce qu'il avait de si urgent à dire à son fils aîné. C'est dans ces conditions et dans cette atmosphère délétère que le vieux papa s'en alla. On l'enterra dans la dignité.

Il avait mis tous ses papiers en ordre et avait fait son testament. Nous n'étions pas surpris car, avant sa mort, il nous avait rassemblés pour nous parler de l'héritage qu'il laissait à sa progéniture. Grand-papa de Bohicon était un vrai prince. Il avait mené une vie de polygame certes, mais avec lui, j'aurais appris au moins que la polygamie n'est pas de l'anarchie et qu'elle impliquait des valeurs intrinsèques, surtout de franchise, car il n'y avait rien de sournois ; il a hissé la polygamie de nos ancêtres à une hauteur jamais égalée. Tous ses gendres l'ont loué et étaient d'une admiration sans pareille pour la majesté avec laquelle papa menait son petit monde. C'était beau à voir et c'était bien. Je n'ai pas connu la polygamie dans ma famille, mais j'ai appris à la respecter malgré ses tares, grâce à grand-papa de Bohicon. Le patriarche parti, Bohicon n'avait plus aucun intérêt et effectivement la maison est tombée dans l'abandon. Chaque enfant a récupéré sa mère. L'aîné Nicéphore, Mamy, chez la mère de Saturnin, ce ne fut pas l'aîné de cette branche qui prit sa mère chez lui, mais l'une des jumelles Dolou Félicienne, madame Odoulami. Ce fut un tollé général pour la famille. La pauvre Dolou en souffrit beaucoup, pourquoi je l'ignore, mais je pus subodorer la chose. Nos coutumes sont solides : la famille Odoulami accepta mal que la vieille soit dans la maison sous le toit de leur fils.

Dolou a dû beaucoup pâtir de commentaires désobligeants et que sais-je encore. Ce geste, récupérer sa mère qui était en pleine dérive, était pourtant bien un geste d'amour. Sa mère, dont le ciel venait de lui tomber sur la tête après des années de mariage et de bons et loyaux services en tant qu'épouse et mère, se voyait brutalement mise à la porte et devenir la sœur de son époux parce que celui-ci avait décidé de prendre en justes noces et à l'Église celle par qui le scandale était arrivé. Je suppose que ces périodes furent très dures pour les trois mamans, Mamy, Berthe et Maria. Elles durent le sentir comme une honteuse répudiation. Je sais, quant à moi, vu ma profession d'avocat, que j'ai tout fait pour entourer Mamy la première épouse, celle qui n'a eu qu'un seul enfant vivant ; elle n'était pas seule, et Maria était dans la même situation qu'elle. Papa s'en alla dans la tristesse et la désolation ayant vu toute l'œuvre de sa vie partir en fumée.

*

Après cela, les catastrophes s'abattirent sur la famille à un rythme effrayant. Et ce fut désormais le tour des mamans de nous quitter. Berthe mourut, elle fut hospitalisée quelques jours avant sa mort et, contrairement à la coutume, elle demanda à voir non pas son fils aîné, Saturnin, mais Nicéphore. Elle lui parla longuement. De quoi ? Je ne sais pas. Mais, c'est après son départ de son chevet qu'elle s'éteignit. Ce fut la goutte d'eau qui fit déborder le vase. Les enfants, ce qui est normal, je me mets à leur place, le prirent très mal au point de ne pas nous associer aux cérémonies coutumières où nous fûmes totalement absents. Comme la vie est tout de même bizarre ! Lorsqu'on pense que Berthe a fait de la vie de Mamy un calvaire, lui vendant (sic) les nombreux enfants qu'elle avait eus, soit neuf vivants ! Mamy, recluse dans sa chambre, pleura longtemps de tristesse, de chagrin, de n'avoir eu qu'un seul enfant et, quand elle me le confiait, Dolou venait dans la chambre pour lui dire « Nana je veux être ton enfant, veux-tu de moi ? » et tous les jours, elle venait bavarder avec Nana.

Cet épisode me rappelle Niobé[30]qui avait douze filles et douze garçons selon la légende. Niobé, avec une telle progéniture, s'enorgueillit de sa fécondité et de la beauté de ses enfants et osa défier les dieux. La légende dit que les enfants étaient superbes, filles comme garçons, mais les dieux grecs et romains n'acceptaient jamais que les mortels que nous sommes les défient. Zeus, chez les Grecs, et Jupiter, chez les Romains, décida donc de donner une bonne leçon à cette mortelle Niobé. C'est ainsi que sous les yeux hagards et meurtris de la jeune maman, Zeus tua à coups de flèches tous les enfants de Niobé et la précipita elle, en enfer. La comparaison s'arrête là, car tous les enfants de la mère de Saturnin, les neuf, ne sont pas tous morts de mort violente. Mais il y en a eu quand même trois.

Ensuite, ce fut le tour de Maria qui nous quitta. Elle eut une agonie très pénible, un arrêt vasculaire cardiaque (AVC). Elle rendit l'âme dans les bras de son fils unique Pius et fut enterrée comme Berthe à côté de Mamy. Il resta Adjoua, Isabelle. J'avais oublié un épisode. En effet, lorsqu'on nous avait appris la terrible nouvelle du mariage à l'église de Papa avec Adjoua devenue Isabelle, le fils aîné de la famille l'affronta et lui déclara ceci : « ta venue dans la famille de Philippe Soglo n'a apporté que des calamités, mais ce que tu viens de faire aujourd'hui risque de détruire une famille qui t'a accueillie et cela ne te portera pas chance. Tu vivras longtemps, tu seras maigre comme un clou, tu grelotteras de froid et on te sèchera au soleil. »Je m'étais retenue de rire à écouter cette sentence, mais… Eh oui ! Les dieux s'abattirent sur la pauvre Isabelle, une mort subite et terrible de la magnifique et belle Marie-Madeleine qui laissait trois enfants en bas âge suite à une transfusion sanguine, car elle fut emportée par le sida. Adjoua, Isabelle, vécut très longtemps comme l'avait prédit Nicéphore, mais les trois mousquetaires surent bien garder le secret. Une visite d'Immaculée – chez qui elle logeait – à son grand frère, nous alerta. Elle venait en effet lui demander d'appeler sa sœur aînée Reine pour qu'elles se réconcilient. En effet, ajouta-t-elle,

[30] Dans la mythologie grecque, Niobé est la fille de Tantale et l'épouse d'Amphion. Elle est la mère des « Niobides » à qui elle donne son nom, leur nombre et leur nom varient selon les traditions.

« Reine et moi ne nous adressons plus la parole et je voudrais s'il te plaît, Fofó, que tu l'appelles pour que nous puissions à nouveau nous parler parce que j'ai peur que maman s'en aille bientôt ». Nous sûmes ainsi que maman était très malade et le grand frère fit son devoir. Il réconcilia les deux sœurs. Je refusai d'assister à la réunion et je n'ai jamais su de quoi il en retournait.

Un beau jour, on apprit enfin que la quatrième avait rejoint ses coépouses. Ses enfants lui firent une magnifique cérémonie d'enterrement. Je crois que tout l'État lui-même était absent pour cause de raison d'État, par contre la première dame Chantal de Souza était bel et bien là et avait même accueilli à sa table certains dignitaires du pays et cela, à Bohicon. J'assistai avec le chef de famille, mon mari, à la messe d'enterrement à Bohicon et rentrai à la maison seule car le chef de famille devait amener le corps au cimetière et faire un discours comme pour les autres. Après quoi, il me rejoignit et nous prîmes la route de Cotonou sans aller au repas. C'est ainsi qu'on enterra la dernière maman de la famille Philippe Soglo.

*

La Conférence nationale des forces vives

Nous voilà en 1989, et on s'acheminait vers la Conférence nationale des forces vives. Au début de l'année, Nicéphore effectua un voyage en France pour consulter le Professeur Yves Pouliquen ; il avait des problèmes oculaires. Le jour de son arrivée, on enterrait à Porto-Novo le président Sourou Migan Apithy. À l'époque, les avions atterrissaient à Cotonou plutôt le matin. Il me rejoignit à Porto-Novo où avaient lieu les cérémonies funéraires. Pendant son absence, ont avait publié la liste des délégués qui devaient prendre part à cette fameuse conférence nationale, conférence décidée par la France parce que le pouvoir militaro-marxiste de Mathieu Kérékou avait atteint ses limites.

Les fonctionnaires et les étudiants se mirent en grève. Les instituteurs n'enseignaient plus, ils avaient six mois cumulés d'arriérés de salaires. Les rumeurs allaient bon train, on racontait beaucoup d'histoires plus ou moins vraisemblables : les femmes, paraît-il, se prostituaient pour nourrir leurs enfants, les instituteurs volaient la nourriture des femmes qui vendaient aux abords des écoles, un père se suicida parce que la dernière pièce qu'il avait donnée à son fils pour aller faire les courses s'était perdue dans le sable des ruelles de Cotonou. Un autre alla à la poste pour retirer un peu d'argent sur son compte épargne et on lui répondit que l'État était venu ramasser tout ce qui se trouvait à la poste. L'État était en cessation de paiement. Malgré la signature du premier programme d'ajustement structurel dès 1987, il n'y avait pas de changement visible. Il fallait, à présent, prendre le taureau par les cornes. La France de François Mitterrand posa des conditions préalables pour venir en aide au Bénin :

- abandon de l'option politique du régime qui était le socialisme scientifique avec pour guide notamment le marxisme-léninisme ;
- organisation d'une réunion de toutes les forces du pays dans un creuset que l'on nommerait conférence nationale, assises ou autres, peu importait la dénomination.
- proclamation d'une loi d'amnistie pour les opposants politiques de l'intérieur comme de l'extérieur ; et ceux-ci pourraient participer à la conférence

Ce fut dans ces conditions que, le 19 février 1990, après une forte pluie, la Conférence nationale des forces vives s'ouvrit dans la grande salle du PLM Alédjo à Cotonou. Personnellement, je n'y ai pas pris part.

Avant la conférence, en compagnie de madame Sikirath Aguemon, professeur de droit à l'Université, j'avais rencontré les jeunes communistes au Hall des Arts, toute une nuit. Toutes les deux, on voulait les persuader d'aller et de participer à cette conférence nationale. Nous avons bavardé avec eux très longuement et très tard dans la nuit sans réussir à les convaincre. La position des communistes était la suivante : cette conférence serait une réunion de plus dont les rapports finiraient dans les tiroirs. J'ai rétorqué que pour des politiciens, selon moi, la politique de la chaise vide a toujours été une position très mauvaise et totalement inopérante. Malheureusement, je n'ai pas pu les convaincre. Jean, Cocou Zounon, leader communiste du Parti communiste du Bénin (PCB), et les autres refusèrent catégoriquement d'assister à la conférence. C'était dommage car leur présence aurait été très bénéfique et peut-être aurait-elle donné une autre tournure aux résultats de ces assises.

Les assises débutèrent presque dans le chaos et le désordre. J'avoue que cela ne m'intéressait pas du tout. J'étais très citoyenne, mais la politique comme elle se faisait au Bénin ne m'intéressait pas. Il y a un paradoxe à croire que j'ai passé une nuit entière à tenter de convaincre les communistes et que moi-même je n'y adhérais guère. Le bâtonnier de l'époque, Me Hélène Kèkè Aholou, fut nommé membre du bureau provisoire présidé par le doyen Salomon Biokou. Cette instance conduisit le vote pour l'élection du présidium de la Conférence dirigé par Mgr Isidore de Souza qui fut le grand maître de la Conférence nationale des forces vives secondée entre autres par Maître Grâce d'Almeida Adamon. En effet, ce prélat, par ailleurs imbu de lui-même, mena de mains de maître les travaux de la conférence car certainement bénie de Dieu.

Après cette conférence, Mgr Isidore de Souza disait à qui voulait l'entendre qu'on aurait dû le nommer, lui, Premier ministre, et à partir de ce moment-là il se perdit en conjectures incompréhensibles… Mais laissons cela.

L'un des résultats visibles de la Conférence fut la nomination d'un Premier ministre en la personne de Nicéphore Dieudonné Soglo, mon époux. Énarque, ex-administrateur de la Banque mondiale, il reçut la mission de mener à bien l'avenir de ce pauvre pays, de redresser son économie, etc.

La Conférence dura neuf jours. Pas une seule fois, je ne demandai à mon mari, à son retour à la maison comment elle se déroulait. Décidément, ces assises ne m'intéressaient pas et lui-même, peut-être fatigué, ne me dit rien non plus.

J'étais au domicile de madame Sikirath Aguèmon, professeur à l'Université nationale du Bénin, lorsque la radio annonça la fin de la conférence nationale et ses résultats. Il fut décidé d'une période de transition d'une année qui irait jusqu'à début mars 1991. Une commission constitutionnelle devait doter le pays d'une nouvelle Constitution. Un référendum et des élections devaient permettre de mettre en place les nouvelles institutions du pays.

Et le premier août 1990, on changea le drapeau étoilé de la révolution marxiste-léniniste par l'ancien drapeau vert, jaune, rouge, de l'indépendance.

Après le référendum qui apportait au pays la nouvelle constitution, celle du 11 décembre 1990, il y eut les lois électorales puis les élections législatives, et enfin présidentielles. Pour l'élection d'un nouveau président de la République pour le Bénin, plusieurs noms furent cités dont celui d'Adrien Houngbédji, Albert Tévoédjrè. Ce dernier, il est vrai, quelques mois plus tôt, à Porto-Novo, sous l'égide de l'ambassadeur de France, nous avait fait un speech où il avait parlé français, anglais et allemand ; en effet, il semblait pressenti comme le futur président de la République par le premier attaché de l'ambassade de France. Quant à Adrien Houngbédji qui, comme mentionné plus haut s'était installé pendant le régime du PRPB au Gabon après une fuite rocambolesque des geôles de Cotonou, on disait qu'il était le candidat de certains chefs d'État africains. C'est ainsi qu'il débarqua à Cotonou, avant la Conférence nationale à bord de l'avion présidentiel du Président Omar Bongo Odimba du Gabon.

*

Mais revenons à la conférence pour nous demander comment se fit-il donc que le choix des conférenciers s'arrêtât sur l'énarque et l'ex-administrateur à la Banque mondiale ? Nicéphore Soglo ignorait de quoi il en retournait. Il venait justement d'être admis à la retraite et il venait de refuser le poste de directeur général de la Banque of Africa qu'on lui proposait. Il paraît qu'à l'annonce de son nom un bras de fer s'engagea avec Adrien Houngbédji. Il venait de perdre une bataille et non la guerre, puisque dans moins d'un an les présidentielles devaient avoir lieu et qu'il avait la possibilité d'être élu premier président du Renouveau démocratique. Lorsque je rentrai, plusieurs personnes m'attendaient : Saturnin Soglo, le frère de mon époux et sa femme, le professeur Valère Kiniffo et d'autres. Ce n'était pas la joie. Pourquoi ? Je n'en sais rien, j'avais un sentiment d'inquiétude, rien de précis, j'avais un pressentiment et dès mon entrée, je l'exprimais tout haut, avant même de leur dire bonsoir : « aujourd'hui c'est la fin de mon bonheur ». L'assistance me tomba dessus : « on ne te comprend pas, ton mari vient d'accéder à la plus haute marche du podium » Kérékou, paraît-il, aurait crié : "je ne veux pas qu'on me chasse ", il voulait rester président : en effet tout le pouvoir était entre les mains du Premier ministre ; c'est lui qui nommait les ministres et avait toutes les charges de l'avenir du pays.

En onze mois, le Premier ministre fit un miracle. Il épongea les énormes dettes du pays comme il l'avait dit dans son discours introductif, et remit le pays au travail. Avant son arrivée, la fonction publique avait été allégée. Presque toutes les sociétés d'État étaient en faillite, mais la France nous aidait. Le président Soglo s'attacha surtout aux paysans, ceux-là mêmes qui donnaient à manger au peuple. Après seulement onze mois, le pays avait redressé la tête. Il n'y avait plus de morosité. Pendant cette période de transition, il y avait beaucoup à faire et il travaillait énormément, entouré de ses ministres.

Présidentielles de 1991 : une campagne mouvementée

Tout se passa bien jusqu'en janvier 1991 où nous rentrâmes dans les turbulences. Pour cette première élection présidentielle de l'ère du Renouveau démocratique, se positionnaient sur la ligne de départ : Joseph Adjignon Kèkè, Idelphonse William Lemon, Albert Tévoédjrè, Placide Azandé, Gatien Houngbédji, Mathieu Kérékou, Séverin Adjovi, Assani Fassassi, Adrien Houngbédji, Robert Dossou, Nicéphore Dieudonné Soglo, Moïse Mensah, Bertin Borna et Bruno Amoussou.

Au premier meeting du Premier ministre candidat, il y avait un monde fou au Hall des Arts et de la Culture de Cotonou. Je me rappelle l'épisode où Véronique Lawson, ministre de la Santé, perdit ses chaussures quand la foule nous sépara du Premier ministre. Nous le rejoignîmes sur l'estrade et je suppose que parmi cette nombreuse foule, le Premier ministre n'avait pas que des amis ; la suite allait le révéler. La campagne électorale débuta donc, et nous partîmes allègrement la fleur au fusil. J'ai écrit aux enfants qui descendirent du Canada et de

France. Cela tombait bien, ils purent se déplacer pour assister à la campagne électorale de leur père. C'est du nord du pays que vint le danger. On arriva à Natitingou et nous fûmes accueillis par le colonel Béhanzin. Nous étions à peine assis qu'il nous dit de déguerpir immédiatement « votre vie est en danger (sic) vous n'êtes entourés dans cette salle que de jeunes gens qui sont drogués et prêts à vous tuer, alors partez immédiatement ». Nous avons eu juste le temps de rentrer dans nos véhicules qu'une grosse pierre s'abattit sur le pare-brise, manquant de peu la tête de notre fils Ganiou. Son heure n'avait pas sonné. Nous quittâmes en trombe le lieu de la réunion – nous étions vraiment en danger – et nous filâmes sur Djougou, notre prochaine étape. Là nous attendait Soulemane Koura – paix à son âme –, le grand patron de Djougou qui nous fit un magnifique accueil si chaleureux, si fraternel. Cette nuit-là, le Premier ministre eut une première alerte. Il grelotait de fièvre. Koura fit tout ce qui était en son pouvoir pour le soulager et le remettre un peu d'aplomb et nous pûmes ainsi continuer notre campagne dans cette magnifique ville de Djougou. Nous rentrâmes à Cotonou et, à peine arrivés, le téléphona sonna. C'était le président Kérékou qui venait aux nouvelles. Il nous présenta ses excuses pour le comportement inqualifiable de ses compatriotes et se confondit en excuses. Je les acceptai. Le lendemain matin, nous reprîmes la route pour le Mono. Là aussi, à Lokossa nous avons été très mal reçus ainsi que dans le Couffo, nous étions sur les terres du Parti social-démocrate de Bruno Amoussou. On échappait à cette prééminence du PSD de Tchi Ahomadégbé, où les terres noires du Couffo étaient essentiellement habitées par des Fons. Ceci s'explique par l'histoire car souvenons-nous que lorsque les Fons arrivèrent dans ce qui s'appelle aujourd'hui le Dahomey puis Bénin, ils étaient sur le territoire du royaume d'Ifè au Nigeria et, lorsqu'ils eurent des velléités de prendre leur autonomie, l'empereur leur fit la guerre et ils s'enfuirent dans le Couffo. Certains y restèrent, notamment ceux de Tchi Ahomadégbé qui sont des Fons parmi les Adjas. Dans le Zou, nous étions un peu plus chez nous et plus décontractés ; nous parcourûmes ainsi tout le pays. Le plus dur fut la route menant à Ouinhi. La rivière avait débordé et nous eûmes beaucoup de peine à la traverser. C'est dans ces conditions que nous arrivâmes à Ouinhi avec un candidat très mal en point, néanmoins déterminé à poursuivre la campagne. De Ouinhi, nous passâmes directement dans le département de l'Ouémé. Là aussi, ce ne fut pas facile. Les militants du Parti du renouveau démocratique nous attendaient de pied ferme avec des injures et des pancartes. Nous rentrâmes à Cotonou et cette fois-ci, pour le candidat Nicéphore Dieudonné Soglo, les jeux étaient faits.

Il s'alita définitivement pour ne plus se lever. Nous dûmes poursuivre la campagne sans le candidat qui devait rester alité définitivement. Il fallait le faire, il ne restait que quelques jours. La campagne durait encore quinze jours. Nous nous rendîmes ensuite dans le Zou.[31]

Nous allâmes dans les Collines : Dassa Zoumè, Savè et, là encore, il y eut des incidents : le Roi refusa de nous accueillir et, après quelques pourparlers avec le ministre Rigobert Ladikpo, il nous reçut finalement et nous intima l'ordre de nous déchausser avant de rentrer dans son palais. Je refusais catégoriquement de le faire, rétorquant que même à l'Église, la maison de Dieu, nous y entrions chaussés. Grâce à la diplomatie de Rigobert Ladikpo, il obtempéra de mauvaise grâce. Nous n'étions pas les bienvenus. L'accueil de Glazoué réchauffa nos cœurs et nous donna encore du courage. Il y avait de quoi s'alarmer pour l'avenir qui était pour nous plutôt sombre. Notre candidat était bel et bien rongé par un mal mystérieux, et le diagnostic des deux docteurs qui l'entouraient – le professeur Valère Kiniffo et son beau-frère le professeur Honoré Odoulami – nous fit passer d'une simple grippe au paludisme puis à la fièvre jaune. Il y avait une chose qui ne baissait pas, c'était sa température. Les rumeurs allaient bon train, et cette fois, c'était la vérité. C'est aussi le moment que choisit Pascal Chabi Kao pour passer d'administration en administration pour dire que le candidat Nicéphore Dieudonné Soglo était à l'agonie. J'ai dû affronter les demandes d'explications des militants qui voulaient savoir si ça valait le coup de continuer une campagne électorale alors que le candidat était dans le coma. Ce à quoi je rétorquais invariablement surtout aux

[31] Le Zou est l'un des six départements administratifs du Bénin en 1991. Les cinq autres sont : l'Atacora, l'Atlantique, le Borgou, le Mono et l'Ouémé.

femmes, les femmes, les plus nombreuses, « si votre mari est dans le coma, le laisserez-vous seul pour aller en campagne ? ». Là, j'étais reçue cinq sur cinq, mais je savais la vérité. La santé du candidat se dégradait à vive allure. Il était méconnaissable, il hurlait de douleur. Le professeur Kiniffo détecta le « tchakatou ». C'est la première fois que j'entendais ce mot-là, et nos chiens aboyaient à mort. J'étais totalement perdue. Heureusement, mes deux enfants étaient là, c'était la première fois de ma vie que je me trouvais face à une telle situation. On nous envoya un monsieur qui devait prier en présence du malade, pour éloigner le mauvais œil. La prière n'ayant jamais fait de mal à personne – moi-même j'en étais une fervente adepte –, il vint et se mit à marmonner haut et fort. Et oh ! Miracle ! On entendit le candidat dire en anglais « quel est ce monsieur qui hurle à mes oreilles ». Nous le payâmes et il partit. Enfin, on alla chercher le père du conseiller Hounga Antoine d'Abomey Calavi qui vint. Lui, il demanda qu'on lui apporte une bassine. Il se mit à psalmodier et nous vîmes la bassine se remplir sous nos yeux de couteaux, de lames, de tessons de bouteilles, de clous et que sais-je encore. Et je dois avouer qu'au fur et à mesure que toutes ces "bonnes" choses tombaient dans la bassine, le candidat reprenait des couleurs et finit par arrêter de hurler. Il se calma, s'apaisa, se détendit et s'assoupit. Je dois être une femme bizarre je l'avoue, mais jusque-là j'étais restée sceptique, car je voyais en cet homme un prestidigitateur et je le dis tout haut, heureusement pour moi, le tradipraticien ne comprenait pas français et ne pouvait pas m'en vouloir. Mon cousin, le professeur Henri Valère Kiniffo s'évertua à me démontrer la véracité des faits, ayant lui-même en tant que chirurgien sorti des corps des malades toutes ces "jolies douceurs" dont les cerveaux malades de nos compatriotes avaient été dotés. Le jour suivant, la fièvre reprit de plus belle. Nous réussîmes à faire des prodiges grâce à madame Gisèle Adissoda, journaliste de presse écrite, et aux enfants, lors des passages des candidats à la télévision nationale. C'était très difficile de lui faire lire son texte. Nous avons donc pris un grand tableau et y avons écrit le texte en caractères énormes pour lui permettre de le lire.

L'aggravation de la maladie de Nicéphore

La maladie faisait des pas de géant, il s'affaiblissait de plus en plus. Comme ce fut pénible, car nous sentions tous qu'il était à bout de forces, mais qu'il puisait dans ses dernières ressources pour nous donner satisfaction. Un matin, je l'ai persuadé d'aller prendre une douche ; il consentit, mais de mauvaise grâce et, à la sortie de la douche, je remarquais sur son dos une énorme plaque avec des petits points. En rentrant dans la chambre, il trébucha et tomba. Il était nu, et j'ignore jusqu'aujourd'hui où j'ai puisé la force de le soulever, de lui enfiler une robe de chambre et de le mettre au lit. Après cet exploit, me trottait dans la tête la phrase de Henri Guillaumet[32]de l'aéropostale dont l'avion s'est écrasé dans les Andes. La famille, les proches et les amis étaient persuadés de sa mort. Quelques mois plus tard, il réapparut et lorsqu'il raconta sa tragédie, il répéta à plusieurs reprises « j'ai pensé à ma femme et à mes enfants que ma mort allait laisser sans rien puisque je n'étais pas assuré » et il a ajouté : « ce que j'ai fait, aucun animal au monde ne pourrait le faire et j'ai survécu ». Il est vrai que je l'ignorais sur le moment, mais mon mari avait perdu vingt-cinq kilos. Cette fois-ci, il fallait prendre le taureau par les cornes. Plus de tergiversations, il fallait l'évacuer dare-dare. Le ministre de l'Intérieur du président Mitterrand qui avait appris la maladie de son ami lui avait envoyé le médecin Colonel Claude Goasguen, un médecin militaire qui avait fait ses classes à Madagascar où était né un de ses enfants. Ce praticien prit les choses en mains, il diagnostiqua la fièvre jaune. En effet, la température élevée du candidat qui frôlait les 41 degrés ne pouvait relever que de la fièvre jaune, et il avait emmené en conséquence des médicaments. Il commença immédiatement le traitement. Effectivement, dès le lendemain de son arrivée, il y eut un semblant d'accalmie, le malade ouvrit un peu les yeux, mais très vite le soir la température remonta. C'est le moment que

[32] Henri Guillaumet, surnommé plus tard l'"Ange de la Cordillère" ; en 1930 quand il s'écrase dans la cordillère des Andes, on ne le retrouve qu'après 7 jours et 6 nuits de combat héroïque et acharné contre les éléments. Antoine de Saint-Exupéry racontera l'épopée de son ami pour lui rendre hommage dans *Terre des hommes*.

trouva le président Ahomadégbé pour venir rendre visite au candidat et savoir « jusqu'à quand cette comédie allait durer » (sic). Le candidat le reçut et là, il fut bouleversé par la dégradation de l'état de santé du candidat. Je ne saurais jamais ce qui se passa dans la tête de ce monsieur qui depuis des années voulait être « l'époux du Dahomey ». En effet, Justin Ahomadégbé Tométy était né pour gouverner le Dahomey. C'est ainsi que je le découvris alors que j'étais dans un état de désespoir profond. L'homme de ma vie était en train de partir... et lui s'adressait de façon incongrue à mon époux, mais qu'est-ce qui peut se passer dans la tête d'un homme qui semble normalement constitué ? Les hommes peuvent être bizarres parfois. J'avais laissé les deux hommes en tête à tête quelques moments puis la sonnerie retentit et je me précipitai, inquiète, dans la chambre. J'entendis cette phrase qui me stupéfia et me cloua littéralement sur place. Le président Justin Ahomadégbé Tométy demandait à mon mari : « je voudrais que tu me fasses la promesse qu'à ta mort, c'est moi qui vais prendre ta place. Qui peut confirmer ta promesse ? », et j'entendis la voix inaudible et affaiblie de mon pauvre mari qui se débattait contre la mort : « ma femme ». C'était pour cette raison que le président Ahomadégbé me faisait appeler. Bien sûr, ce que je viens d'écrire est sujet à caution – le président Ahomadégbé est mort et ne peut pas venir me contredire –, mais mon mari est encore vivant et peut en témoigner. Mais là encore les témoignages des époux au tribunal ne sont pas très souvent retenus comme crédibles et pourtant, sur Dieu, je peux jurer que c'est la vérité. Je commençais à être vraiment désespérée parce que Nicéphore n'était pas encore évacué. Je fis comprendre au téléphone à un de ses amis très chers, Bernard Vieux, énarque connaissant le Bénin pour avoir séjourné quelques jours à Cotonou en tant qu'inspecteur des finances sous le gouvernement du PRPB de Mathieu Kérékou, que si dans les quarante-huit heures un avion n'était pas là, je me tournerais vers le Nigeria dont je connaissais très bien le président et son épouse Ibrahima et Myriam Babangida. L'avion n'arrivait pas et je décidai donc de faire appel au président nigérian. Le lendemain en effet, un avion se présenta. Le pays était si mal en point que nous ne pûmes trouver pas même un brancard pour transporter le malade de sa chambre à la voiture. On improvisa avec plusieurs draps, tenus ensemble par les quatre coins par les gens du protocole, où nous mîmes le malade. Tout doucement, nous le descendîmes par les escaliers. Malgré les vingt-cinq kilos perdus, il fallut huit personnes pour le porter jusqu'à la voiture.

Transfert de Nicéphore en France pour soins

Nous nous envolâmes pour la France. Arrivés le lendemain à l'aéroport de Villacoublay, nous traversâmes d'un trait la ville immergée dans une lumière grise et épaisse vers l'hôpital parisien du Val-de-Grâce où nous attendaient tous les membres du service médical. On amena directement le malade au bloc. Pourquoi au bloc ? Je l'ignore. Mon mari était dévoré par une forte fièvre, je ne voyais pas la nécessité de l'envoyer au bloc opératoire. On me laissa toute seule, en proie à de multiples questionnements. Deux heures plus tard, enfin, un médecin daigna me mettre au courant de ce qui se passait. C'est ainsi que j'appris, sans qu'on ne me demande mon autorisation comme le requérait la loi, qu'on s'était permis d'opérer mon mari. À cette question, le praticien me répondit : « c'est vrai, madame, je vois que vous connaissez la loi, mais nous n'avions pas le temps de venir vous donner des explications. Vous avez raison, nous avons paré au plus pressé et cela, selon notre intime conviction. » J'ai donc pu apprendre de quoi souffrait mon mari, pourquoi depuis une dizaine de jours il était dévoré par une forte fièvre. J'appris ainsi que quinze minutes plus tard, ils n'auraient pas pu sauver Nicéphore car ils auraient dû l'amputer jusqu'au tronc. Effectivement, à la hauteur de sa hanche, ils ont sorti une tige longue de dix centimètres. J'avais vu l'apparition de cette plaque dans le dos de mon mari et, au fil du temps, j'étais si préoccupée par la fièvre que j'avais oublié cette plaque. En fait, elle avait disparu, mais à sa place un trou béant était apparu en haut de la hanche. La journée passa très vite ; je ne pouvais toujours pas le voir, mais le lendemain il quitta la salle des urgences et regagna son lit. Je fus frappée par son apparence, j'avais l'impression que je pouvais lire à travers son corps tellement il était devenu transparent. Son teint était – on peut en rire – gris. Mon mari a le teint clair contrairement à moi qui suis une négresse foncée. Effectivement, nous avons en Afrique des ethnies qui ont leur teint brique comme celui du président Mandela. Il avait naturellement perdu 25 kilos et était méconnaissable, il parlait difficilement. On s'est très bien occupé de lui pendant ce séjour au Val-de-Grâce. La France sous le septennat du Président Mitterrand avait mis à notre disposition une équipe de gardes devant la chambre du Président Nicéphore Dieudonné Soglo.

J'avais remarqué que l'attitude des membres de la garde frisait le racisme. J'en ai touché un mot au Docteur Colonel Claude Goasguen qui m'a simplement dit qu'il leur en parlerait. Le ministre d'État Pierre Joxe, ministre de l'Intérieur du Président Mitterrand vint nous rendre visite. Il avait été de la même promotion que mon mari à l'ENA dans la promotion Albert Camus. À la vue de mon époux, Pierre Joxe eut un véritable choc. Pierre Joxe, pour le peu que j'en sais, le connaissant très mal, était un protestant pratiquant. Est-ce la vue de son ami ? Je l'ignore, mais il a eu une attitude si déplaisante à mon égard que j'ai pris les mors aux dents. Effectivement, je ne me rappelle plus très bien sur quoi la discussion a glissé, mais je l'ai entendu me dire sur un ton rêche : « Madame, il faut respecter la hiérarchie ». J'étais fatiguée, à bout de nerfs, épuisée par des nuits de veille et impuissante de voir mon mari, l'être qui m'était le plus cher, à qui je ne pouvais porter aucun secours. Je me sentais totalement inutile, incapable de l'aider, j'étais désespérée ; c'est peut-être la signification de ma réaction. J'étais dans tous mes états et j'ai répondu d'une façon tellement violente au ministre d'État Pierre Joxe, qu'il en est resté comme pétrifié. En levant la tête, j'ai vu le regard éploré de mon mari me suppliant de me taire. Je me suis tue, le ministre d'État s'est excusé, m'a dit qu'il y avait certainement un malentendu entre nous et qu'il ferait en sorte que cela ne se reproduise plus. Je lui fus très reconnaissante de cette attitude apaisante, compréhensive et, de ce jour, nous avons, le ministre d'État et moi, entretenu les meilleures relations du monde.

La visite de François Mitterrand

Nous reçûmes également la visite éclair du président François Mitterrand. Ah, l'annonce de cette visite ! La première fois, on vint nous annoncer que le Président François Mitterrand viendrait nous rendre visite dans l'espace de quinze minutes. Ce fut un branle-bas général à l'hôpital. Les infirmières vinrent habiller Nicéphore correctement pour le descendre sur un brancard. Ma présence n'était pas nécessaire et j'étais restée à l'attendre dans la chambre. Au bout d'une heure, il fut ramené et, chou blanc, le président Mitterrand ayant eu un contretemps. C'était une déception bien sûr. Deux jours plus tard, rebelote, et toujours avec le même résultat. Trop occupé, il n'avait pu venir. La troisième fois, j'ai véritablement éclaté : j'ai dit « trop c'est trop, il ne verra pas le Président Mitterrand. » Ce n'est pas parce que la France s'occupait gratuitement de mon mari qu'on devait se permettre de nous manquer de respect ; le Bénin, État libre et indépendant aussi petit qu'il soit, jouit de sa pleine souveraineté et son président devrait être traité avec un peu plus d'égard, et ça m'était égal que mon mari voie le Président Mitterrand ou pas. Mes propos lui furent rapportés. Il vint, me supplia de laisser descendre mon mari. Nous descendîmes. C'était la première fois que je faisais la connaissance du Président Mitterrand. L'occasion nous sera donnée plus tard de nous revoir à plusieurs reprises. C'est un homme brun, avec une fière allure, et il se dressait de toute sa taille au point qu'on ne se rendait pas compte qu'il était petit. En le voyant, on sentait l'homme qui savait ce qu'il voulait et qui croyait dur comme fer en son étoile. Il était d'une rare intelligence et, ce que j'appréciais par-dessus tout, c'était l'immense connaissance littéraire de François Mitterrand. C'était un intellectuel, un vrai. Il lisait beaucoup et, sans vouloir me jeter des fleurs, je suis aussi une intellectuelle, je lisais beaucoup, et ça créait un lien indicible. Actuellement, je ne peux plus lire, je suis aveugle, et c'est ce qui me manque le plus. On ne se sent jamais seule avec un livre et, toute petite déjà, je dévorais tout ce qui me tombait sous la main, sans discernement. Plus tard, j'ai mis de l'ordre dans tout cela. Je crois vraiment qu'on ne peut pas sentir la solitude lorsqu'on a un livre dans les mains.

Le chef de l'État français n'avait pas beaucoup de temps à nous consacrer, mais il eut la courtoisie de passer un moment avec nous et d'avoir eu l'air de s'intéresser vivement à tout ce qui concernait le bien-être du président béninois. Je lui en sais gré. Inutile d'ajouter qu'à partir de cette visite mémorable du Président François Mitterrand à son homologue béninois Nicéphore Dieudonné Soglo, notre vie changea du tout au tout.

D'abord on observa un changement dans l'attitude des gardes ; dès que mon mari sortait, toute la garde se levait pour le saluer comme c'est la coutume. Avant, la garde continuait à bavarder, elle restait assise. Quant à moi, je n'existais même pas. Là aussi, changement d'attitude. Quand j'arrivais, on se levait « bonjour, madame la Première dame. » Donc visite très positive sur tous les plans. Notre malade récupérait de plus en plus vite mais… ciel, que de souffrances lorsqu'il fallut se lever pour faire de petits pas dans les couloirs de l'hôpital ! Il a fallu lui réapprendre à marcher. Un pas, encore un pas et un autre pas. Il me suppliait « arrête, je n'en peux plus, je souffre trop », je me faisais sourde, totalement sourde ; un sentiment tenace m'animait qu'il fallait qu'il marche de gré ou de force, et c'est moi qui lui infligeais ces supplices. Une fois encore, il fallut, alors que mon cœur saignait – c'est la vérité –, se montrer dure envers lui ; mon pauvre époux était toute souffrance, geignant, n'en pouvant plus de souffrir et pourtant nous n'étions pas au bout de nos peines.

La prestation de serment

Nicéphore Dieudonné Soglo devait retourner chez lui pour prêter serment. Sans ce passage obligé, aux yeux du peuple béninois, il n'était pas encore président. Nous retrouvâmes donc Cotonou et, à l'atterrissage, nous attendait l'ambassadeur de France. Tout heureux, il se précipita dans l'avion où nous le fîmes déguerpir sans aucun égard. Le président Nicéphore Dieudonné Soglo n'était pas en état de recevoir qui que ce soit. Nous n'avions qu'une idée en tête : sa prestation de serment qui devait avoir lieu deux jours plus tard. Il fallut le mettre debout, l'habiller. On essaya à plusieurs reprises, il refusait systématiquement de s'habiller, retournait épuisé dans son lit, totalement incapable de se mettre debout. Une fois encore, on le mit dans plusieurs draps pour descendre l'escalier et le faire asseoir dans la voiture. Il souffrait tellement que le ministre d'État, Désiré Vieyra, me supplia à son tour de le laisser tranquille, mais je tins bon. On arriva après plusieurs heures de retard à l'Hôtel PLM Alédjo où devait avoir lieu la prestation de serment. Je demandai une chaise sur laquelle on assit le président Soglo. Les anciens présidents Emile Derlin Zinsou, Hubert Maga et Justin Ahomadégbé, furieux d'avoir tant attendu, étaient partis. Il restait le prédécesseur, Mathieu Kérékou, avec son inévitable canne blanche dans la main. Il sursauta en voyant mon mari. Plus tard, on apprit que des marabouts qu'il avait fait venir d'Inde l'avaient assuré que la prestation n'aurait pas lieu. Pour moi, c'était sans importance, sans commentaire mais, le plus inexplicable, c'était la phrase du nouveau président qui s'adressait au sortant en ces termes : « qu'est-ce que je vous ai fait pour que vous me fassiez tant de mal ? » Kérékou était blême et sortit précipitamment de la salle. Enfin, on pouvait commencer la prestation de serment.

Retour de Nicéphore Soglo du Val-de-Grâce pour la prestation de serment.

Ce fut inoubliable, pathétique et dramatique. Mon fils Léhady, moi-même et le protocole parvînmes à asseoir le président Nicéphore Soglo. La salle était muette, un silence total ; monseigneur Isidore de Souza se leva et, en tant que président du Haut Conseil de la République, organe législatif de transition, chargé de l'installation des nouvelles institutions, prononça son discours. Un long discours, un trop long discours, mais je suis sûre qu'il ne faisait pas attention ; pour lui c'était l'occasion suprême de se mettre en valeur pour une dernière fois. Je me demande aujourd'hui s'il a seulement jeté un regard au président Nicéphore Dieudonné Soglo. J'attendais avec impatience que son discours prenne fin. Et vint la prestation de serment de Nicéphore Dieudonné Soglo ; mon pauvre amour, il était incapable de la lire, cette déclaration de serment. J'ai donc dû la lui dicter mot par mot et il répétait à ma suite. Au dernier mot, il s'affaissa sur sa chaise avec un tel cri de douleur que toute la salle, je pense, pleura. Léhady se jeta sur son papa, en répétant inlassablement « papa, ne t'évanouis pas ». Mais le père ne l'entendait plus, il s'était évanoui. On quitta la salle de conférence de l'Hôtel Aledjo avec beaucoup de difficulté en rentrant dans la voiture, et le calvaire se poursuivit sur le chemin du retour. Au passage du cortège, il y avait une foule considérable. On dut ouvrir les vitres et je pris de force la main du président pour qu'il puisse saluer son peuple. Enfin, lorsqu'on atteignit la résidence, un soupir de soulagement nous envahit.

Le couple présidentiel.

*

La parenthèse de la cure à Collioure

C'est après cette journée mémorable que nous partîmes pour Collioure. Il fut décidé de l'envoyer dans un bain de thalasso dans le sud-ouest de la France. Un beau matin, un avion vint nous chercher. Nous débarquâmes à Perpignan dans le sud de la France où nous attendaient deux grandes voitures ; la première pour le président et moi, la seconde pour son cortège dont le Dr Claude Goasguen et les gardes du corps. Une magnifique villa nous avait été réservée avec des femmes de chambre, des cuisinières, un majordome et toute la suite. On nous installa dans une somptueuse chambre très spacieuse. Une dame nous amena le menu et nous demanda si on avait des préférences pour la cuisine. Le lendemain matin commencèrent les cures qui duraient de 9 h à 11h tous les matins et l'après-midi. À cela s'ajoutaient deux heures de marche obligatoire dans les collines environnantes. On fut accueilli très chaleureusement à la cure. Il y avait une cohorte de jeunes filles, les unes plus curieuses que les autres, voulant voir ce président noir qui arrivait de son pays “sauvage” et à qui on devait apporter des soins. Mon mari avait beau avoir perdu 25 kilos, il lui restait quelque chose de sa belle carrure. Il fallait voir toutes ces jeunes filles s’écrier : « mon Dieu qu’il est beau, quel malheur qu’un si bel homme ne puisse plus marcher, qu’il est charmant et souriant ! » En effet, le président est charmant, il plaît à tout le monde, pas seulement aux femmes. Elles s’occupèrent très bien de lui. La cure consistait à plonger le malade dans une grande cuve remplie d’eau de mer chaude et on l’asseyait dedans pendant quelques minutes, après débutait l’heure des massages. Et enfin on lui faisait faire des exercices qui consistaient à fortifier ses jambes en lui redonnant la masse musculaire qu’il avait perdue. Après le déjeuner, nous partions dans les montagnes où débutait l’enfer. Il fallait qu’il marche, il fallait faire attention, ne pas tomber, ne pas s’affaisser devant la garde. Au bout de quelques jours, de quelques semaines, on sentait que les efforts n’étaient pas inutiles. Le malade souffrait moins dans la montagne. La marche devint de plus en plus aisée, moins épuisante, nous fîmes alors quelques virées dans la région. On nous parla d’un nouveau film américain qui faisait un tabac dans les salles de cinéma : *Danse avec les loups* avec l’acteur Kevin Costner. Une après-midi, nous partîmes pour Perpignan. Effectivement le film était beau, il s’agissait d’un américain qui apprivoisait un loup et qui dansait avec les loups comme le faisaient les Indiens, et qui finalement s’était lié d’amitié avec les Indiens des alentours. Après cette première sortie, le président voulut aller plus loin, il voulut revoir les lieux où il avait passé sa jeunesse, la Côte d’Azur, lors de son arrivée en France en 1946. Ainsi un matin, nous partîmes tous pour Cannes, la ville de notre jeunesse, avec son festival de Cannes. La ville avait beaucoup changé mais le boulevard et le lycée Carnot étaient toujours là. On nous permit de rentrer dans le Lycée où Nicéphore, en tant qu’ancien élève, avait passé plusieurs années de la cinquième à la terminale. On voyait sur le visage du président que les souvenirs de sa magnifique jeunesse affluaient de tous côtés. Nostalgie quand tu nous tiens ! Puisqu’on était à

Cannes, pourquoi ne pas en profiter pour aller au collège Capron des jeunes filles où moi aussi j'avais passé six années de la sixième en terminale. Nous eûmes beaucoup de mal à retrouver le coin qui était à mon époque très proche de la mer, car les dimanches, celles qui ne voulaient pas sortir, allaient avec les surveillantes sur les bords de la plage. Une journée bien remplie et qui nous donna un sentiment de légèreté, avec les souvenirs de notre magnifique jeunesse ! On prit le chemin de retour. Encore quelques jours à Collioure et nous retournâmes au Val-de-Grâce pour un dernier contrôle. Cette fois, monsieur avait retrouvé totalement la mobilité de ses jambes, il pouvait revenir au pays pour s'atteler à la tâche que lui avaient confiée en mars 1991 les Béninois et les Béninoises. Bien entendu, les médecins y allèrent de leurs conseils avisés : patience, prudence, beaucoup de douceur, surtout ne pas oublier d'où il venait, se ménager au maximum. C'est ainsi que nous rentrâmes au pays en juillet 1991.

*

Pendant notre absence, les institutions de l'ère du renouveau démocratique avaient pris place. La seconde institution de l'État avait son président en la personne de maître Adrien Houngbédji, entouré des six membres du bureau dont deux vice-présidents, deux questeurs et deux secrétaires parlementaires. Soixante-quatre députés avaient pris place dans l'hémicycle à Porto-Novo.

Lors de l'élection présidentielle de 1991, le président Joseph Kèkè s'était désisté en faveur de Nicéphore Dieudonné Soglo. Il avait demandé en contrepartie le perchoir[33]. Malheureusement les choses n'ont pas abouti comme voulu, à cause de l'entêtement de certains. On fit ressortir, pour justifier cet entêtement, les tortures subies à Ségbana sous le Parti de la révolution populaire du Bénin de triste mémoire sous le règne de Mathieu Kérékou. Aucun raisonnement, soit politique ou simplement sentimental, ne put faire céder les gens, pour qu'on

[33] Terme utilisé en jargon parlementaire pour désigner la présidence de l'Assemblée nationale.

comprenne qu'un Fon étant à la tête de l'État, on ne pouvait manifestement pas laisser un Fon à la tête de l'Assemblée nationale. C'était impensable ; cet argument était pourtant compréhensible pour une personne normale, qu'il fallait équilibrer par un système de balance savamment réglé au risque de tomber dans la préférence régionale. Il faut ajouter que le député Joseph Adjignon Kèkè ne s'est vraiment pas jeté dans la bataille avec ses partisans, il pensait peut-être de bonne foi que du fait de son désistement, le perchoir lui était dû. Quelques années plus tard, lors d'une franche explication à Paris, il nous lâchera tout ce qu'il avait sur le cœur. Et c'est ainsi que fut élu Adrien Houngbédji, premier président de l'Assemblée nationale de l'ère du renouveau démocratique.

Mon opération de la cataracte et l'affaire des dix millions

Cette première législature allait me causer bien des surprises. Souffrant de la cataracte, je fus opérée à l'hôpital Hôtel Dieu de Paris. De retour au pays, une chute malencontreuse m'obligea à rentrer de toute urgence à Paris après quelques heures au Centre national hospitalier et universitaire de Cotonou dans le service du professeur Bassabi qui, selon les rumeurs, était un très grand proche de l'ex-président Mathieu Kérékou. Son diagnostic fut précis clair et net : « Je me refuse de toucher à cet œil mais je vous conseille de partir de toute urgence à Paris sinon vous risquez de perdre la vue ». Je suivis donc son conseil et partis le lendemain. Mon mari étant président de la République, je fus accompagnée par un médecin et une de mes dames de compagnie. Bien entendu, je fus remarquablement soignée par le professeur Yves Pouliquen. Il envisagea une greffe mais me dit qu'il lui faudrait plusieurs semaines pour en avoir une et qu'il ferait tout ce qui était en son pouvoir pour réduire les délais. Le professeur Yves Pouliquen était le médecin personnel du président Félix Houphouët-Boigny. Celui-ci, venant d'apprendre ce qui venait de m'arriver, m'avait recommandée chaleureusement auprès du professeur. Je n'avais rien su de cela, et ce, jusqu'aujourd'hui, ni ce qui avait permis mon admission rapide, ni le coût de l'intervention du professeur.

Plus tard, lorsque l'affaire des dix millions éclata, j'ai su que je n'avais payé que mon séjour à l'hôpital de l'Hôtel Dieu et que le professeur, grâce à la recommandation du président ivoirien, ne m'avait pas fait payer ses honoraires. À mon retour de Paris, un soir, comme le président venait de rentrer, nous nous assîmes tous les deux devant la télévision et comme d'habitude, on écoutait les nouvelles du Bénin. On parlait des parlementaires au Palais des gouverneurs à Porto-Novo. Nous étions ébahis, stupéfaits et scandalisés devant les propos injurieux, calomnieux, haineux de la majorité des députés. C'étaient des chiens enragés et c'était moi la curée. Les députés interpellaient le ministre d'État Désiré Vieyra, le ministre des Finances Paul Dossou, la ministre de la Santé Véronique Lawson. Quel beau spectacle ! Les surenchères allaient bon train. Albert Tévoédjrè, dans une envolée dont lui seul avait le secret, se tourna vers le président Ahomadégbé pour le prendre à témoin : « vous avez été président, est-ce qu'on n'a jamais envoyé votre femme se faire soigner ? » Le ridicule fut atteint par la sortie du président Sévérin Adjovi qui lança d'un ton déclaratoire « Madame Rosine Vieyra Soglo, voleuse, rendez-nous nos dix millions ».

Nous étions sidérés, le président Nicéphore Dieudonné Soglo et moi ; on bavait sur la femme du président, président que, par lâcheté, on ne pouvait atteindre. Ce spectacle affligeant qui déshonorait à jamais la classe politique béninoise dura jusqu'à quatre heures du matin. On avait battu tous les records de bassesse. Quelques années plus tard, lorsque survint ma cécité, trois de ces grands ténors à savoir Adrien Houngbédji qui était alors au perchoir, Bruno Amoussou, le premier vice-président et Sévérin Adjovi, le second vice-président, m'envoyèrent chacun une lettre pour me demander pardon, l'un d'entre eux conclut sa lettre en écrivant que c'était hélas la politique.

Mais le premier responsable de cette méchante mascarade était le président Houngbédji car, en tant que président, il avait le pouvoir selon notre règlement intérieur de taper avec son maillet sur la table pour mettre fin à cette triste soirée (et proclamer « je lève la séance ») et quitter l'hémicycle. Mais je suppose qu'il devait sentir une réelle joie de déchirer à pleines dents la femme de l'homme qui lui avait ravi la victoire, en lui interdisant l'accès tant convoité des portes de la « Marina »[34].

*

Quelques mois plus tard, nous fîmes une visite au Sénégal, et le président Abdou Diouf de nous rappeler cet affligeant spectacle de nos compatriotes parlementaires en disant : « Nicéphore, nous étions tous prêts, tes collègues aussi, à t'envoyer les dix millions pour que tu puisses rembourser ton gouvernement ». Et d'ajouter : « ma femme Élisabeth est actuellement malade, elle est catholique et tous mes ministres sont musulmans, et pourtant tous les matins, avant que ne débutent certains travaux gouvernementaux, ils prient pour elle, et il ne viendra à l'idée d'aucun d'entre eux de se permettre de se répandre en récriminations comme nous l'avons vu au parlement béninois ». Bien sûr, j'ai eu par la suite de meilleures relations avec les ténors et, comme à chaque législature, les trois quarts des députés ne sont pas réélus ; je ne me suis pas inquiétée de savoir si dans les nouveaux visages que je voyais, il y en avait de la première législature. Il y en avait forcément,

[34] Le palais de la Marina est le nom donné au Bénin à l'édifice abritant les services de la présidence de la République.

de ceux qui s'acharnaient lors de la fameuse affaire des dix millions.

La première formation de la Cour constitutionnelle installée au Bénin du renouveau démocratique eut à sa tête madame Elisabeth Pognon. La Cour Suprême fut aussi installée, ainsi que la Haute Autorité de l'audiovisuel et de la communication puis le Conseil économique et social. La Constitution avait prévu cinq institutions pour un pays de dix millions d'habitants aux maigres ressources, quasi inexistantes. Le pays n'avait pas de culture de rente en dehors de quelques velléités de coton dans le Nord, les collines et le Zou. Notre budget était essentiellement fiscal, et c'est grâce au travail acharné et à la vigilance de nos douaniers que nous rentrions nos maigres ressources. Le nouveau président de l'ère démocratique s'est ceint les reins, comme il l'a dit lui-même dans son discours de Premier ministre, et s'est mis résolument au travail, décidé à relever le pays et à lui redonner confiance en lui. N'avait-il pas dit en 1990 en tant que Premier ministre : « je vais remettre le pays au travail ». Il a donc fait confiance à ses compatriotes, les a exhortés à serrer les dents et à se mettre au travail. Très vite, comme en 1990, le pays a senti que quelque chose d'extraordinaire se passait. Il reprit donc espoir et la suite ne démentit pas cette espérance. Ce ne fut pas sans mal. Les vaincus ne baissèrent pas les bras, comme le Président Adrien Houngbédji, Albert Tévoédjrè et Mgr Isidore de Souza, qui se seraient vus très volontiers à la place du président Nicéphore Dieudonné Soglo. Nous assistâmes à un nouveau combat qui consistait à affabuler et à laisser libre cours aux rumeurs.

Le "blindage" de Nicéphore

Des amis nous approchèrent et manifestèrent leur surprise en apprenant le mal dont avait souffert le président Nicéphore Dieudonné Soglo. Ils furent totalement désemparés en apprenant que celui-ci n'avait pas été "blindé". C'est la première fois que nous entendions parler de "blindage". « Tu es Aboméen, authentique prince de sang de Houawé, tu pars à la guerre sans blindage » s'interrogeaient-ils ! On nous expliqua longuement ce que c'est que le "blindage". C'est ainsi que nous prîmes le chemin d'Oyo au Nigeria, la patrie de mes ancêtres et les siens aussi. Sa grand-mère paternelle vient d'Oyo. La cérémonie de blindage, grâce à la Reine de cet État du Nigeria voisin du nôtre, qui était notre amie, dura toute la journée. On le plongea à plusieurs reprises dans des bains, on récita des incantations, on invoqua nos dieux et les mânes de nos ancêtres en manipulant les cauris et les noix de kola, on sacrifia poulets et cabris, bref ce fut impressionnant, envoûtant, pesant, mais magnifique. On le "blinda"... et donc, on m'oublia. Je suppose que je n'avais pas droit au blindage, peut-être que de naissance je l'étais déjà ; ce n'est pas par misogynie, car au Nigeria, les femmes accèdent au pouvoir. À aucun moment, nous ne manifestâmes un moment de scepticisme ou de doute à l'égard de ces cérémonies. Nous rentrâmes donc au Bénin soulagés, sûrs de l'avenir et totalement sereins. On n'avait pas tort. Comme nous l'avions déjà souligné, le quinquennat fut magnifique. Maintenant, il me restait une autre tâche à accomplir car, lors du "blindage", on nous apprit que le mal qui avait failli emporter le président Nicéphore Dieudonné Soglo était un sévère avertissement que lui envoyaient tous les caciques, les chefs d'État de l'Afrique au sud du Sahara, à commencer par le doyen, le président Félix Houphouët-Boigny. Je partis donc pour Abidjan pour affronter le vieux lion, le prétendu sage de la région. Comme à l'accoutumée, il me reçut avec gentillesse et paternellement sans deviner ce qu'allait être la suite des événements. J'étais hors de moi. Je ne pouvais pas comprendre ni admettre l'attitude de celui que je considérais comme mon père. Pour moi, c'était de la haute trahison et de la lâcheté. Je lui jetai dans un débit saccadé tout cela à la tête. Je tremblais de rage et d'amertume. Ce n'était pas possible. Des anecdotes, que dis-je, des révélations, plus ou moins sanguinaires circulaient sur le vieux. Il jetterait ses adversaires dans le lac à crocodiles qui entourait son palais de Yamoussoukro, et ce, sans état d'âme. Pour lui, les sacrifices humains n'étaient rien. Des bruits de toutes sortes, des rumeurs sordides, que pour ma part je prenais avec dégoût, disaient comment il avait sacrifié une jeune fille qu'il aurait aimée afin de se maintenir au pouvoir. L'histoire nous a appris que le peuple akan du Ghana, dont était originaire le président

Houphouët-Boigny, était comme beaucoup de peuples dans le monde, adepte de sacrifices humains. L'histoire ne raconte-t-elle pas que, quittant leur Ghana natal pour se rendre en Côte d'Ivoire, le fleuve leur coupa le chemin et que la Reine Pokou dut sacrifier son fils unique pour que la traversée leur fût acquise. Et le mot « baoulé » dont on affuble une ethnie de la Côte d'Ivoire signifie tout simplement « l'enfant est mort ». Ces nouveaux venus conquirent la terre promise et s'appelèrent « baoulé ». Que donc le président Houphouët-Boigny sacrifiât mon mari pour ses desseins n'avait aucune importance pour moi. Dans ce petit jeu macabre, j'avais failli perdre le compagnon de ma vie. Je lui égrenais tout un chapelet de griefs en terminant par lui dire ma déception suprême, car jamais au grand jamais, malgré l'histoire, je ne pouvais admettre qu'au vingtième siècle, on puisse en arriver là. En cela, je me trompais lourdement. Devant toute cette véhémence, le président Houphouët-Boigny accusa le coup et, calmement, après m'avoir dit de m'asseoir, il dit : « j'ai donné l'ordre de donner une petite – il souligna – une petite leçon à ton mari mais pas de le tuer. Crois-moi ma fille, je te le jure, et pour te prouver ma bonne foi et toute l'affection que je te porte ainsi qu'à ton mari, je serai au mariage de ton fils aîné Léhady. Je viens d'apprendre en effet que celui-ci est fiancé à la petite fille du gouverneur Latrille, Myriam, qui comme ton fils, fait ses études au Canada ». Et pour m'apaiser comme toujours, il me remit un sac rempli d'argent. Je crois que le président Houphouët-Boigny n'oubliera jamais mon geste à son égard. À toutes volées, je lui balançai à la tête son sac rempli d'argent et lui tournai le dos. Il me fit arrêter à la porte par sa fille Marie. Je l'entendais dire « Marie, ramène-moi ta grande sœur ici. Il n'est pas question qu'elle prenne l'avion dans l'état où elle se trouve ». Houphouët avait raison ; il n'était pas pour rien le doyen des chefs d'État et, lorsqu'il clamait qu'il était mon père, il ne mentait pas, car mes yeux étaient embués d'une fureur meurtrière. Je ne savais plus où j'allais. C'était comme si le ciel me tombait sur la tête.

*

C'était donc ça la politique, me disais-je. Je n'ignorais pas que « le pouvoir rendait fou et que le pouvoir absolu rend absolument fou ». Je l'avais lu dans les livres d'histoire et je comprenais maintenant les leçons que voulait me donner le « vieux » lorsque j'allais le voir pour lui apprendre que je voulais me lancer dans la politique. J'avais saisi la leçon et cela, je crois définitivement ; j'étais prête aussi pour le combat. Je venais de recevoir ma dernière leçon de sciences politiques.

De retour à Cotonou, je racontai cette journée au Président Soglo et le mis au courant de la promesse du chef de l'État ivoirien d'assister au mariage de Léhady et de Myriam. Il tint son engagement. Il vint à Cotonou chargé de cadeaux pour les futurs mariés. Il assista aux trois mariages : au civil l'après-midi, suivi du mariage religieux à la Cathédrale Notre Dame de Miséricorde de Cotonou et le lendemain à la grande Mosquée de Cotonou. Bien entendu, il assista à la soirée de gala en l'honneur des mariés au Sheraton Hôtel où nous eûmes la surprise de voir arriver le président burkinabé et son épouse, Blaise et Chantal Compaoré. Tout semblait rentrer dans l'ordre. Et la paix revint. Ce fut de courte durée.

La première victime de cette guerre des tranchées, si je puis m'exprimer ainsi, car je ne me sentais pas du tout dans le rôle de victime, fut madame Rosine Vieyra Soglo. Par lâcheté, ces politicards qui ne pouvaient pas atteindre, par leur venin, le premier magistrat du pays avaient jeté leur dévolu sur la première dame du pays. Si je n'avais pas existé, il aurait fallu m'inventer ! Il m'arrivait même certains jours de me pincer moi-même pour savoir si la personne dont parlaient les journaux, c'était vraiment moi.

Ah, les rumeurs !

À Abuja, capitale du Nigeria, on m'avait vue à la tribune des chefs d'État. C'est tellement ridicule et stupide qu'on se demande comment une telle rumeur peut être colportée et acceptée par la population. Quiconque a été admis à cette grande messe des chefs d'État ne peut pas me voir à la place de Nicéphore Dieudonné Soglo, présent, car, avant que ces grands messieurs ne pénètrent dans la salle, les épouses des chefs d'État, les ministres et autres membres de délégations, sont installés avant leur entrée. Comment aurais-je pu dans ces conditions, me déguiser en Nicéphore Dieudonné Soglo pour prendre sa place ? « *That is the question* ». Mais on m'avait vue à la tribune des chefs d'État à Abuja, et on le soutenait mordicus. Terminus, fermez les bans ! et ce n'était qu'un début !

Au Sénégal, j'aurais passé les troupes en revue, alors qu'on m'avait simplement oubliée dans l'avion. C'est la première dame du Sénégal Elisabeth Diouf qui nous accueillait avec son mari. Elle demanda au mien où se trouvait ''sa'' sœur. C'est à ce moment-là qu'on s'aperçut que je n'avais pas suivi la délégation parce qu'on m'avait oubliée sur le tarmac. Comment pouvais-je donc passer les troupes en revue à moins d'avoir le don d'ubiquité ? C'est-à-dire être à deux endroits à la fois ; et on l'affirmait de nouveau, on insistait. On aurait même vu le président Diouf me chassant en faisant des signes…

Après cela, ce fut au Gabon où j'aurais levé le ton sur les ministres. Bref, je n'étais pas en odeur de sainteté. Les anecdotes affluaient : elle a fait ci, elle a fait ça. Elle a osé interrompre son mari qui parlait, elle ne s'est pas levée le 1er août pour rendre hommage aux militaires lors du défilé.

J'étais personnellement dépassée par les événements. Mes enfants téléphonaient du Canada : « Maman qu'est-ce que tu as encore fait ? ». Je répondais inlassablement « mais je n'ai rien fait ». Et c'était vrai.

Par ailleurs, j'étais dégoûtée par le barreau béninois ; les premières audiences auxquelles j'avais assisté m'avaient l'air d'une foire d'empoigne. Je n'avais jamais vu de ma vie un tel désordre. On ne savait pas qui était plaignant, qui était prévenu, qui était assistant de justice, qui était avocat. Cela me changeait totalement de mes années au palais de Paris où on pouvait distinguer le défendeur et son avocat, s'il en avait un, le plaignant, s'il avait le sien, et il y avait toujours une certaine distance entre ceux-là et ceux qui étaient venus écouter les plaidoiries. Dieu seul reconnaîtra les siens. Ne parlons pas des *courts* aux États-Unis où on s'adressait au magistrat en lui disant « votre honneur » sur le ton le plus déférent possible car c'est Dieu sur terre, il a tous les pouvoirs. Dans ces conditions, vous ressentez quelque plaisir à être l'avocat de l'accusé ou être procureur (avocat de la défense). Après quelques jours de ce remue-ménage, je décidai de mettre fin à mes "promenades" au Tribunal de Cotonou.

*

L'engagement pour les femmes

Je me jetai donc à corps perdu dans ce qui me tenait à cœur depuis longtemps, les triplés et la formation des femmes. J'avais constaté en effet que notre pays non seulement était un pays gémellaire mais que nous avions la plaisante idée de faire des triplés à tour de bras, et cela, sans aucun traitement. Ce qui veut dire que ces nouvelles mamans de triplés étaient déjà mères de deux, trois ou quatre enfants. Je voulais savoir d'où cela provenait. Et comme je n'étais pas scientifique, j'avais confié ce dossier à des amies danoises qui l'étaient, vivant de plus depuis un certain temps au Bénin, et qui s'étaient penchées sur le sujet. L'explication la plus plausible semblait venir de la consommation de manioc.

Association Nidolé

Et de fait, le Premier ministre avait introduit une variété de manioc énorme, deux ou trois fois le poids de nos tubercules. À regarder de près, on trouve des triplés dans les zones à haute consommation de manioc (gari et tapioca). Mes triplés viennent en grande partie des départements du Zou, de l'Atlantique et du Littoral. Très peu dans l'Ouémé mais pas mal dans le Plateau, très peu des Collines sauf dans la région de Dassa-Zoumè. Le Mono Couffo en comptait peu. Et pas du tout dans le nord. Je me suis dit que je pouvais aider les femmes en leur offrant des microcrédits[35]. En effet, j'avais constaté que les femmes faisaient des tontines, cela signifiait déjà qu'elles avaient envie d'avoir un capital. Et très vite ça a pris. Au début, j'ai regroupé les femmes. L'opération ainsi engagée a commencé dans le Zou. Une vingtaine à Bohicon, une vingtaine à Abomey, en leur demandant de me dire quelles étaient leurs activités. Activités qui pouvaient être par exemple, la fabrication et la vente de galettes d'arachide, la vente de maïs et de gari[36], la vente d'huile de palme ou de coco, etc. Je leur ai suggéré de faire un bureau, d'élire une présidente, une ou deux vice-présidentes, une trésorière et son adjointe, une secrétaire et son adjointe et ainsi de suite. Ces femmes devaient me dire obligatoirement le montant de leur trésorerie. Une fois qu'elles avaient désigné les membres, elles m'appelaient pour mettre en place le bureau. On faisait bien les choses. J'installais les groupes avec le concours de la presse. Selon les activités à appuyer, j'amenais des bassines, des arrosoirs, des grattoirs, de grandes marmites ; en plus des ustensiles de toutes sortes, j'arrivais avec une enveloppe dont je gratifiais ces dames. Les hommes pouvaient assister à cette grande fête mais aucun homme ne pouvait être membre du bureau. Ils pouvaient conseiller leur femme. Petit à petit, notre petite entreprise a pris de l'ampleur dans le Zou. Nous sommes alors passées dans le Littoral, puis dans l'Atlantique et ensuite le Mono. Je n'ai pas eu du tout de succès dans l'Ouémé : les femmes se sont battues entre elles. Ça m'a suffi et je me suis arrêtée. Dans le Littoral aussi j'ai eu quelques ennuis au marché Gbégamey : les femmes ont refusé de me

---

35 Dès 1991, Rosine Vieyra-Soglo fonde à Cotonou et préside l'association Vidolé (signifie en langue fongbé « l'enfant est un trésor »), association caritative qui vient en aide à l'enfance malheureuse et aux femmes démunies et très vite plusieurs sections locales sont créées.

36 Gari : poudre de farine de maïs.

rembourser, elles ont prétexté que le questeur Maxime Houedjissin[37] leur avait dit que les fonds ne m'appartenaient pas et que c'étaient des dons. Malgré quelques déconvenues dans l'Atlantique, le prêt de 25 millions que je leur avais fait a été escroqué par l'une d'entre elles, madame Akpaca, née Juvencio, militante de la Renaissance du Bénin, encore conseillère et ce, après 7 mois de prison ferme. Madame Juvencio a beaucoup pleuré dans cette affaire. Elle a préféré aller au tribunal que de trouver une solution à l'amiable avec moi. Sa femme ayant pris quatre avocats payés à un million chacun pour la défendre, le mari a versé quatre millions qu'il a remis au Tribunal de Première Instance d'Abomey Calavi et que je n'ai jamais récupérés. J'imagine que le président et son greffier se sont partagé ladite somme. Je me suis plainte auprès de la Garde des Sceaux de l'époque, madame Marie-Elise Gbedo, qui n'était nullement étonnée. C'était courant et de notoriété publique, et elle avait tout fait pour mettre fin à cet état des choses mais en vain, et elle fut remerciée par le chef de l'État quelques mois plus tard. J'avoue que, aujourd'hui, je n'ai plus tellement le cœur à l'ouvrage.

Il est vrai que de nos jours, à la décharge de ces femmes, le pays s'est petit à petit enfoncé dans la pauvreté et dans la misère. Rien ne marche, l'argent se fait de plus en plus rare. Disons, pour le petit peuple, même faire à manger est difficile. La majorité des Béninois ne fait qu'un repas par jour et quel repas ! Le *klui klui*[38] qui était le repas favori des étudiants sur le campus, le *klui klui* accompagne très bien le *gari* délayé dans l'eau. Chacun sait que les arachides sont bourrées de protéines et ces galettes bien faites, soit nature, soit pimentées avec du gingembre, sont tout simplement délicieuses. Les étudiants d'Abomey Calavi sont désormais privés de cette manne parce l'arachide est devenue hors de prix.

*

---

[37] Membre du parti la Renaissance du Bénin (RB) dont madame Soglo sera la présidente, il a été élu questeur à l'Assemblée après qu'il a été élu député sur les listes de la RB.

[38] Galette très bourrative.

La création de la Renaissance du Bénin

L'année 1992 fut celle de la création du parti la Renaissance du Bénin, un regroupement de « bonnes femmes » comme le notait les ministres et conseillers du président Nicéphore Dieudonné Soglo. Certains de ceux-ci portèrent d'emblée sur les fonts baptismaux un nouveau parti : le Rassemblement Africain pour le Progrès et la solidarité (RAP). Ce fut un parti mort-né.

Mes débuts furent très difficiles, j'avais l'animosité de toute la classe politique, hommes et femmes confondus. Même le président Nicéphore Dieudonné Soglo ne voyait pas d'un bon œil que sa femme devienne présidente d'un parti politique. J'avais enfin atteint le but que m'assignait le président Houphouët Boigny. J'ai tenu bon contre vents et marées : triste époque où j'ai failli perdre mon couple. J'entrepris de mettre sur les fonts baptismaux ce nouveau parti en me conformant à la charte des partis politiques et, à l'inscription, en déposant le nom des membres fondateurs au ministère de l'Intérieur qui, selon la législation, m'accueillait en qualité de nouveau parti politique. Nous installâmes les structures de base du parti dans tout le pays. Je fis une tournée pour me faire connaître de ces structures dans les différentes régions : le Littoral, l'Atlantique, le Zou, le Borgou et le Mono.

Ouidah 92

En 1992, le nouveau Président de la République décida de la tenue du festival "Ouidah 92" avec le concours de l'Unesco. Notre compatriote Nouréni Tidjani Serpos, alors en poste au siège de l'Unesco à Paris, l'y aida amplement. Le festival n'eut lieu effectivement qu'en 1993. Nombre des membres de notre diaspora avaient adhéré avec enthousiasme à ce festival Ouidah 92. Il en vint de partout : de Cuba, des îles du Pacifique, du Brésil, des Antilles, des Caraïbes et d'Haïti, avec l'aide de l'Unesco. Haïti est le seul pays de la diaspora qui a gardé la pratique du vaudou comme religion. On y retrouve le nom d'une famille princière les Gbaguidi, originaire de la région de Savalou au Bénin. Ils furent envoyés en esclavage par leurs cousins les « Fons » suite aux guerres intestines et fratricides qui finirent par décimer le royaume du Danhomè.

Le gouvernement béninois retraça l'itinéraire des esclaves jusqu'aux bateaux qui se tenaient dans la rade du port de Ouidah. En effet, lorsque les esclavagistes chassaient nos compatriotes et les capturaient, ils les enchaînaient comme des animaux et les enfermaient dans l'obscurité totale jusqu'à l'arrivée d'un bateau. Une fois que le bateau mouillait dans la rade de Ouidah, on les faisait tourner quatre fois pour les femmes et sept fois pour les hommes autour des cases, pour qu'ils ne se souviennent plus de leur pays à l'arrivée dans le nouveau monde. Ils prenaient un chemin qui les amenait à la porte du non-retour où enfin ils étaient embarqués, enchaînés les uns aux autres dans les soutes des bateaux, et ce, pendant toute la traversée. Nos ancêtres connurent des souffrances indescriptibles et je peux souligner que la race noire connaît dans sa chair la souffrance et qu'elle est dure à la tâche. Car après toutes ces razzias qui ont duré quatre siècles, comment n'avons-nous pas totalement disparu de la surface de la planète contrairement aux pauvres Indiens d'Amérique du Nord qui ont totalement été exterminés ?

« OUIDAH 92 » Premier Festival Mondial
des Arts et Cultures Tradionnels
en particulier le Vodoun .

Conférence de Lancement
du Projet International
« LA ROUTE DE L'ESCLAVE »

LA PORTE DU RETOUR DES ÂMES

LA RELECTURE OBJECTIVE
DE L'HISTOIRE EVACUE TOUTE
RECRIMINATION FACE AU TRAFIC
LE PLUS IGNOBLE QUE L'HUMANITE
AIT CONNUE ET JETTE LES
BASES REELLES D'UNE NOUVELLE
SOLIDARITE FONDEE SUR LES
VERITABLES LIENS DE FRATERNITE
QUI UNISSENT, DE PAR LE MONDE,
TOUTE LA DIASPORA NEGRO-AFRICAINE
ET LES NOIRS DU CONTINENT .
CAR, QUE CE SOIT DES PROFONDEURS
DU BAYOU, DU CULTE
DE SHANGO A TRINIDAD
OU A RECIFE, DE LA SANTERIA CUBAINE,
DU CANDOMBLE, DU VODOUN HAÏTIEN,
L'AFRIQUE DU VODOUN
ET DES ORIXAS N'EN FINIT PAS
DE COMPTER SES ENFANTS .

S.E.M. Nicéphore Dieudonné SOGLO, President de la République du Bénin

V. Voyages présidentiels, d'autres horizons

Voyages à l'étranger

Nous partîmes à Abu Dhabi aux Émirats arabes unis, un paradis sur terre.

Abu Dhabi est le témoignage vivant de ce que l'argent géré avec sagesse peut générer, peut donner. Voir dans le désert une ville, car Abu Dhabi se situe dans le désert, une ville noyée dans la verdure dont la population ne paie pas d'impôts, où l'école est gratuite, les soins gratuits, les distractions gratuites, est plus qu'étonnant ! Dans le pays, les populations n'ont rien à dire. On y est libre, sauf qu'il ne faut pas trop parler de politique et ne point critiquer l'Émirat. Nous avons été magnifiquement accueillis par l'Émir et, lorsque dans la conversation, j'ai laissé tomber par hasard que nos deux enfants étaient musulmans, ça a été la fête. À partir de ce moment-là, tout a changé pour nous. L'expression "mettre les petits plats dans les grands" est trop banale. Nous avons été, je peux dire, plus que bichonnés. La table de notre petit déjeuner de tous les jours était dressée. Nous reçûmes beaucoup de cadeaux princiers, dont des tapis persans magnifiques. Bref, en deux mots, une semaine superbe à Abu Dhabi. Notre avion au retour était plein à craquer. À plusieurs reprises, le prince reçut nos enfants et, bien entendu, les gâta comme il se doit. Jusqu'à sa mort, nous avons gardé de bons rapports avec l'Émir.

Je fus reçue par une des femmes du sultan. On vint nous chercher un soir alors que le président était en séance de travail, avec une de mes dames de compagnie. On m'amena dans un magnifique château des mille et une nuits et on me fit entrer dans un hall énorme, dans une salle à demi dans l'obscurité. À notre entrée, des lampes s'allumèrent. Une dame vint à ma rencontre et me demanda dans un français impeccable de la suivre. Nous arrivâmes dans une grande salle où toutes les personnes présentes étaient habillées en noir. Je continuai à suivre la dame qui m'installa bientôt dans un fauteuil. À ce moment, toutes les lumières d'un coup, comme sur une scène de théâtre, s'allumèrent et, dans cet éblouissement, toutes les femmes enlevèrent leur habit noir. Je découvris alors un scintillement de diamants, de rivières de diamants, d'émeraudes, et de toutes sortes de pierres précieuses. Devant moi se tenait une belle femme brune, dans la force de l'âge, bien en chair, rayonnante de beauté, de sérénité, de certitude ; oui, manifestement cette personne s'aimait et était fière de la place qui était la sienne et qui de tout temps lui avait été prédestinée. Elle avait un complexe de supériorité à nul autre pareil et, dans tous ses gestes, ses paroles, on sentait la femme qui ordonnait et qui était obéie et dont les désirs étaient des ordres. La dame qui m'accompagnait s'inclinait très bas devant elle et s'éloigna à reculons. Mon hôte me fit signe de m'asseoir à sa droite et, avant de s'asseoir elle-même, elle tapa dans ses deux mains. Et ce fut de nouveau l'émerveillement. Ainsi débutèrent les danses, les chants, les acrobaties, et enfin le défilé des mets les plus succulents, les plus raffinés, les boissons, les thés de toutes sortes mais surtout le thé à la menthe. J'avoue qu'au troisième plat, je n'en pouvais plus, un peu à regret, car j'avais voulu goûter à tous les plats. J'avais l'impression que mon hôtesse lisait dans mes pensées. Elle appela quelqu'un et on m'apporta un grand plat de tout ce qui avait été servi ce soir-là. J'ai pu goûter à tout ce qui se trouvait sur la table. Nous discutâmes, mon hôtesse et moi. Elle parlait arabe, moi je ne comprenais pas l'arabe mais je comprenais le français et l'anglais. De fil en aiguille, elle me narra sa vie, que le sultan avait plusieurs épouses mais si elle était la préférée c'est parce qu'elle lui avait fait dix-sept garçons et sept filles. Moi, moi avec mes deux garçons, je restai bouche bée. En la regardant, je me disais que l'interprète avait dû se tromper car sept et sept, quatorze enfants sont à la portée de pas mal de femmes mais 24… alors je tentais la question : « Y a-t-il eu des jumeaux ? » On me répondit oui : trois fois. Je la félicitai sincèrement et, pleine d'admiration pour elle, je le lui dis. Au timbre de ma voix, nul doute qu'elle a senti ma sincérité. J'étais fière de voir une femme qui pouvait avoir vingt-sept enfants et garder cette allure, même si l'argent peut faire beaucoup de miracles. Je me détendis petit à petit dans cette atmosphère irréelle. J'ouvrais grands mes yeux éblouis par cette soirée féérique ; je n'avais malheureusement point d'anecdotes à raconter à mon hôte si ce n'est le fait que j'avais deux grands enfants qui pour l'un faisait ses études au Canada et pour l'autre travaillait à Paris. Elle fut néanmoins très intéressée par l'histoire de la vie d'une petite négresse partie en France après la Seconde Guerre mondiale en 1946 à l'âge de 13 ans et ayant fait des études en France sans ses parents. Nous passâmes une belle soirée, il était minuit passé quand je quittai ce magnifique palais pour rejoindre le centre de la ville. Le président, arrivé depuis longtemps, se demandait pourquoi nous n'étions pas encore rentrées. Alors, je lui racontai notre soirée entre femmes....

*

Notre arrivée au Koweït coïncidait avec la fin de la fameuse guerre du Golfe de 1990. Ah ! Je crois que les médias nous en ont parlé de long en large de cette guerre du Golfe où l'Irak avait envahi le Koweït. C'était sous l'administration de George M. Bush[39] père. En fait, tous les politiciens savaient que c'était une guerre du pétrole. Les Bush, eux-mêmes originaires du Texas, sont de grands propriétaires de pétrole. Nul n'ignore qu'aux États-Unis, lorsque le pétrole jaillit sur votre sol, vous en êtes propriétaire, contrairement aux pays européens. Nous vîmes un gouvernement koweïtien déchiré, effondré, larmoyant, se demandant ce qui lui arrivait. On nous emmena partout pour nous montrer la barbarie des Irakiens : les bateaux bombardés, les carcasses d'avions, etc. Chaque soir, on rentrait à l'hôtel épuisés. Le ciel n'était pas au beau fixe, j'avoue n'avoir gardé aucun souvenir précis.

*

Nous partîmes pour les États-Unis d'Amérique, que je retrouvais avec plaisir après un séjour de dix ans au pays. Nous

---

39 George M. Bush, homme politique américain, originaire du Texas. Président républicain des USA de 1988 à 1996.

sommes allés rendre visite à nos voisins dans le Maryland. C'était sous l'administration de Bill Clinton.

Je fus reçue par la First Lady, Hillary Clinton. Nous avons passé un bon moment ensemble. C'est une femme à forte personnalité qui sait ce qu'elle veut. Elle a eu une très bonne éducation, élevée à la dure par un père qui était un petit entrepreneur ayant créé tout seul son entreprise et l'ayant fait prospérer. Il était, selon sa fille, très strict sur les principes. Aussi lorsque Martin Luther King commença ses tournées dans certaines villes des États-Unis, elle commença à s'intéresser et à assister à un meeting du leader noir. Elle fut très impressionnée. Puis elle fréquenta les lieux où on discutait âprement de la discrimination sur la population noire et cela depuis des siècles. Elle ajouta que, quand les circonstances le permettaient, elle ne ratait aucun meeting de Martin Luther King. En revanche, son père n'appréciait guère ce qu'il considérait comme de très mauvaises fréquentations. Elle me raconta aussi, avec beaucoup de détails, dans quelles circonstances elle rencontra son mari et la naissance de leur fille Chelsea.

Je sentais que madame Clinton était très amoureuse de son mari qui, comme chacun sait, est un très bel homme, talentueux, malgré le scandale Monica Lewinsky et la commission Starr. Sous ses deux mandats, l'Amérique a connu une croissance record et un développement qui en fera pâlir plus d'un.

Je lui racontai notre voyage à Abu Dhabi, ma superbe réception par la femme du sultan et mon étonnement lorsqu'elle m'apprit que si elle était la préférée de son mari c'est parce qu'elle lui avait fait dix-sept garçons vivants et sept filles. Aucune épouse du sultan n'a pu l'égaler. J'ajoutai que je n'avais pas osé lui dire que moi, je n'avais que deux garçons, je n'aurais pas pesé lourd dans le harem du sultan. À ces mots, la first lady éclata de rire, elle s'étouffait même. Elle arriva à me lancer « et moi avec une seule fille, je n'aurai donc pas existé ». Et c'est avec regret il est vrai, que nous quittâmes les États-Unis pour rentrer à la maison.

*

Le Président Soglo multipliait les voyages de travail à l'étranger.

Avec le pape Jean-Paul II.

Les sorties reprirent et, cette fois, c'était le Zimbabwe de Robert Mugabé qui nous attendait. Nous avons appris avant notre arrivée que le président Mugabé avait perdu sa femme, une ghanéenne si j'ai bonne mémoire, et qu'il ne s'était pas remarié. À notre arrivée, un petit incident se produisit. Le Président nous accueillit, une hôtesse nous tendit deux colliers de fleurs, il en passa un autour du cou de mon mari et se ceignit du second. Au bout de quelque temps je suppose, en arrivant au salon d'honneur, mon mari s'aperçut que je n'avais pas suivi le mouvement. Jusqu'aujourd'hui, je me suis posé la question de savoir si le président Mugabé s'était aperçu de ma présence. Bien entendu, plus tard, on vint me chercher, le protocole se répandit en excuses et mon mari me prit la main comme pour me dire : “je t'en supplie, ne dis rien.” C'est vrai qu'il me connaissait très bien pour savoir que je me serais mise dans une colère terrible. Après ce petit incident, notre séjour se passa très bien. Nous allâmes dans une ferme où nous attendaient des vaches hollandaises superbes, magnifiques, aux pis gonflés de lait. Nous visitâmes une boulangerie industrielle et pour nous ce fut la surprise ; c'était la première fois de notre vie que nous assistions au fonctionnement d'une boulangerie industrielle. Après ce fut le délire, on nous amena dans un immense centre commercial ; l'effervescence venait principalement de notre délégation parce que c'était la première fois que ceux-là voyaient un centre commercial de cette taille. S'ils avaient pu, ils auraient déménagé tout ce qui était dans ce centre pour le ramener à Cotonou ! Puis nous nous rendîmes à Harare la capitale ; bien entendu lors de notre visite au Zimbabwe, les Blancs étaient encore là. Ils détenaient tout et étaient propriétaires de toutes les bonnes terres du pays. Les citoyens du pays n'étaient que des employés de seconde zone. Bien plus tard, cet état de choses laissera des séquelles et amènera le président Robert Mugabe à prendre des décisions qu'attendait avec impatience son peuple.

Hélas, la Grande-Bretagne de Tony Blair qui avait promis d'indemniser les colons qui cèderaient leurs terres à certains Africains ne respectera pas la parole donnée jusqu'aujourd'hui. La suite, on la connaît : le retour des terres aux vrais propriétaires conduisit au départ massif des Blancs. Certains partirent en Afrique du Sud, d'autres en Namibie. Les Africains qui n'avaient pas été formés, qui ne connaissaient rien aux entreprises, qui pour la plupart n'avaient été bien souvent que des ouvriers agricoles, ne purent bien entendu s'en sortir, et ce fut un désastre économique.

*

Le Botswana nous accueillit à son tour avec son président, Kate Masire. Ce petit pays montagneux qui regorge de diamants, de troupeaux de bœufs et de moutons, est le premier producteur de diamants au monde. Le Botswana est gouverné d'une façon économe, pas de corruption et pas de dépenses somptuaires. Le couple présidentiel vit très simplement. Le président est propriétaire de troupeaux de bœufs et de moutons et après des années de barbecue, il était devenu végétarien. Comme il me le disait : « j'ai tellement mangé de viande que j'en suis écœuré et ça a failli me coûter la vie » (sic). Nous avons beaucoup aimé le Botswana surtout sa capitale Gaborone. C'est un pays où il pleut rarement. Il y sévit une sécheresse chronique. La pluie tombe tous les dix ou quinze ans. Aussi pour les habitants de ce pays, l'eau constitue-t-elle un véritable diamant et, chaque fois que nous levons nos verres, c'était le mot “Toula”, qui signifie pluie, qui était prononcé. Nous quittâmes avec regret ce petit pays d'Afrique australe chargés de cadeaux. Aucun petit caillou n'était malheureusement dans les paquets. Je voudrais terminer avec le Botswana et revenir sur le côté peu dispendieux du couple et de son président – un modèle fort d'enseignements – qui prenait soin de la richesse que Dieu leur avait donnée pour faire le bonheur de leurs compatriotes.

À notre retour, nous invitâmes et reçurent le couple présidentiel botswanais à Cotonou, très simplement bien sûr. Un jour, madame Masire manifesta le désir de se rendre belle en allant chez le coiffeur. Je lui répondis que le coiffeur viendrait à sa résidence. Sa réponse me cloua sur place : « mais jamais de la vie ! Ça va coûter trop cher. Je peux aller chez la coiffeuse ». J'ai eu toutes les peines du monde pour la persuader de recevoir cette coiffeuse dans sa résidence. Je l'emmenai au marché Dantokpa, elle ne fit aucune emplette. Elle n'avait besoin de rien, contrairement à Dominique Ouattara, l'épouse du Premier ministre Alassane Ouattara qui était aussi présent pendant leur séjour. Pour le bonheur, il faut le souligner, de nos commerçantes du marché Dantokpa. Elle fit beaucoup d'emplettes en laissant un peu d'argent dans notre pays. Il me semble que ça allait de soi et cela me mit un peu de baume au cœur.

*

Puis ce fut le Niger où le président Mahamane Ousmane, lui aussi premier président de l'ère démocratique, avait succédé à Ali Saïbou qui, hélas, était mort.

Les relations étaient très bonnes entre les deux présidents car tous deux étaient jeunes et, entre le président Soglo, énarque, et le président Ousmane, sorti d'une grande école française et d'une université canadienne, on sentait que le courant passait bien. C'était une nouvelle image de l'Afrique avec de jeunes présidents intellectuels sortis du sérail français. En effet, lorsqu'ils parlaient développement, ils savaient exactement de quoi ils parlaient. Ce n'était pas de l'improvisation. Les années d'efforts de l'Afrique pour former et instruire ses enfants étaient donc récompensées. Nous fûmes très bien reçus. Moi, par la Première dame Nana, grande héritière des talibés du nord du pays. Sa région avait manifestement un poids politique dans ce nouveau Niger. À l'époque, elle avait déjà donné cinq enfants à Ousmane qui, il faut le souligner, était beaucoup plus jeune que le président Nicéphore Dieudonné Soglo.

À notre arrivée, encore un quiproquo : comme d'habitude, je suivais machinalement le président pour rentrer dans le salon. Là, le protocole m'arrêta : « non, Madame, nous sommes dans un pays musulman ! La salle d'attente des femmes est en face et Madame la Première dame va venir vous chercher », ce qui fut fait.

Après ce petit incident, tout rentra dans l'ordre. La visite officielle se poursuivit sans encombre. Nous partîmes avec, dans nos bagages, des kilos de *kilichi*, sorte de viande séchée, ainsi que plusieurs pagnes nigériens. Nous quittâmes le Niger en nous promettant de revenir puisque les deux présidents avaient l'air de si bien s'entendre.

*

Le Togo du président Gnassingbé Eyadema fut une autre étape. Quel accueil à notre arrivée à l'aéroport ! Tam-tams, chants, discours, embrassades ! Manifestement, le président Eyadema, pour accueillir son homologue béninois, mettait les petits plats dans les grands. La Première dame du Togo m'attendait. Je savais déjà que le président togolais avait plusieurs épouses. Celle qui m'accueillit était de la même région kabyiè (kabrè) que son mari. L'animation battait son plein : toutes les femmes étaient en uniforme à l'effigie des deux présidents et on chantait des louanges des présidents Eyadema et Soglo. C'était magnifique. Dans la voiture qui nous ramenait, Madame La Première dame et moi-même, elle me raconta l'angoisse qu'elle avait vécue depuis que son mari lui avait annoncé la visite officielle du Président béninois accompagné de son épouse. Elle me raconta avec beaucoup de fébrilité, sincérité et simplicité qu'elle s'était assise par terre dans sa chambre, éparpillant autour d'elle toutes ses tenues pour savoir lesquelles elle mettrait lors de notre visite. Elle partit au grand marché « des mamans Benz[40] » pour leur annoncer la bonne nouvelle. Toutes ces dames, disait-elle, s'extasièrent autour d'elles : « Mais maman, il y a longtemps qu'on ne vous a pas vue ! Que vous est-il arrivé ? »

Il était donc clair que pour moi une visite s'imposait au grand marché de Lomé. Quel délire ! Les femmes enlevaient leur pagne pour le mettre par terre pour nous permettre de passer sans salir nos chaussures. Des cris de joie fusaient de partout. Je me sentais presque étouffée par tout ce monde. Mon hôtesse était, je pense, au paradis. Elle était si heureuse qu'elle ne savait même plus quoi dire. Je quittais le marché comblée de pagnes. Elle me fit des confidences en me disant que son mari était très dur avec les enfants. Elle en avait plusieurs. J'ai oublié le nombre qu'elle m'a donné. Mais elle termina avec un sourire de satisfaction en laissant tomber : « vous savez les enfants travaillent très bien, ils sont premiers partout ». Cela, peut-être pour adoucir ses propos concernant la sévérité de leur géniteur.

---

[40] Celles qui font du business grâce à la vente de wax.

Le président Eyadema donna un banquet en notre honneur dans la journée. J'étais à sa droite, le président Soglo à sa gauche et son épouse à côté du président Soglo. Il nous raconta avec moult détails toutes les révolutions de palais qui avaient failli même l'emporter où il s'était vu obligé de s'enfuir en caleçon pour aller se cacher, mais en fin de compte, il avait pu mater tous ces troublions.

Il nous dit « Nicéphore j'ai appris qu'un de tes ministres t'aurait mis en garde, est-ce que c'est vrai ? Le président Soglo lui raconta l'incident à la suite duquel le ministre avait eu ce malheureux propos. Il faisait semblant de ne rien savoir alors qu'il était au courant de tout ce qui se passait dans notre pays et, se tournant vers le président Soglo, pour lui dire : « Tu ne lui as pas dit ça ». Et quelques minutes plus tard, il fit venir son chef d'état-major. Celui-ci arriva, se mit au garde-à-vous, « oui mon général président ». Le président Eyadema continua à manger tranquillement ce qu'il y avait dans son assiette, continuant à discourir avec nous sur un ton très plaisant, émaillé de rires. Le chef d'état-major resta dans cette position pendant quelques minutes, attitude qui, je l'avoue, me mit mal à l'aise. Ce ne sont pas les minutes mais la position. Au bout de quelques minutes enfin, le président Eyadema leva la tête et sans un mot, avec un geste de la main droite congédia le chef d'état major. Il ne fit pas de commentaires mais je suppose que mon mari a compris la leçon. Nous quittâmes Lomé chargés de cadeaux, plusieurs caisses de *soft drinks* dans des valises, et plusieurs pièces de tissus. C'était l'au revoir du président Gnassingbé Eyadema.

*

Nous avons rejoint l'Ouganda, un pays dirigé par un militaire Yowéri Museveni qui a pris le pouvoir en renversant le facétieux, l'inoubliable Idi Amin Dada. Le pays était en plein chantier. Des innovations voyaient le jour. La Première dame Jeannette était joliment habillée dans le costume traditionnel aux couleurs vives et éclatantes. Je suis tombée amoureuse de ces étoffes et j'en ai ramené plusieurs pièces dans mes valises de retour.

Pendant que nos deux maris travaillaient, je visitai Kampala et les alentours avec Jeannette la Première dame. C'est en hélicoptère que j'entrepris le voyage pour découvrir la source du Nil. Ma surprise fut de taille car ce n'est pas du tout ce à quoi je m'attendais. L'endroit était presque caché dans les feuillages et c'est en approchant que l'on entendait les murmures de la source. C'est donc cette petite source qui est à la naissance de l'immense Nil, le dieu des Égyptiens : il est la base de l'existence même de l'Égypte. Sans le Nil, les Pharaons n'auraient pas existé, le fleuve nourricier dont parlait la population égyptienne, les crues du Nil apportant richesse, abondance et que sais-je encore. La nature est tellement source d'imprévus… Je retournai quelques années plus tard sur les mêmes lieux qui avaient subi un changement radical : une cité industrielle avait surgi de terre. Les techniques modernes avaient permis à l'Ouganda de bénéficier également de cette manne providentielle qui s'appelle le Nil.

Toujours en hélicoptère, Jeannette me fit visiter une cité bâtie entièrement par les femmes. Comme partout en Afrique, je fus accueillie par des chants et des danses, on me fit goûter aux mets du pays. Nous passâmes une agréable journée dans cette cité des femmes, ensuite Jeannette m'amena dans la savane africaine où on pouvait apercevoir des animaux venant boire à la rivière et là, j'ai failli me faire piétiner par un éléphant. Je ne l'avais même pas vu, il était immobile dans les buissons et moi je m'avançais dans sa direction. J'ai réalisé que j'étais en danger de mort quand je me suis sentie soulevée de terre par deux bras robustes. On m'éloigna précipitamment du danger. C'est à ce moment-là qu'on entendit barrir l'éléphant. Rétrospectivement, je me suis dit que je l'avais échappé belle.

Les belles boutiques achalandées de Kampala n'eurent plus de secret pour moi. Il me fallait trouver tous les dessins et les couleurs qui faisaient la beauté des magnifiques pagnes des belles Ougandaises. Bien entendu, une soirée sublime de gala, exclusivement entre femmes, comme à Abu Dhabi, vint clôturer mon voyage dans ce somptueux pays de l'Afrique Australe.

Les tournées présidentielles à l'intérieur du pays et la prospérité partagée

Le président Nicéphore Dieudonné Soglo partit à la découverte du Bénin profond, à la rencontre de ses concitoyens en tant que Président pour remercier ses concitoyens de lui avoir fait confiance en l'élisant comme premier président de l'ère démocratique. Cette fois-ci, nous n'étions pas en campagne électorale, cette fois-ci c'était la joie et la liesse qui prédominaient. Partout, l'accueil fut très chaleureux. C'est ainsi qu'on assista à la grande fête de la *Gani* dans l'ancien royaume de Nikki et on contempla avec émerveillement la cavalcade des chevaux où les cavaliers rivalisaient les uns aux les autres, les chants, les danses. On reprit le chemin du retour, complètement étourdis par cette fête grandiose et totalement inédite pour nous.

Le président continua son programme de redressement économique du pays avec un ministre de l'agriculture, Adamon Mama N'Diaye, qui connaissait et aimait la tâche qu'on venait de lui confier. Il remit sur pied et au travail les Centres d'action régionaux pour le développement rural (Carder) grâce à des vulgarisateurs pour accompagner les paysans. Grands cultivateurs de l'or blanc, ils furent choyés véritablement par le président Soglo qui ne jure que par l'agriculture. Il institua la fête des paysans et en inaugura la première édition. À cette occasion, les meilleurs paysans étaient récompensés par un voyage en avion à Cotonou et, une fois sur place, on leur faisait visiter un bateau à quai. Ils furent reçus comme des rois au palais avec la remise d'innombrables cadeaux. Les paysans rendirent bien au président Soglo cette confiance qu'il leur accordait.

Le rendement fut quadruplé et c'est ainsi que le Bénin avec 112 000 km2 devint le troisième producteur de coton après l'Égypte et le Mali avec 400 000 tonnes. Le gouvernement Soglo leur distribua une plus-value pour leurs résultats exceptionnels. Au pied du coton, on cultiva du maïs, des tubercules, tous les produits agricoles. On mangeait à notre faim sous le gouvernement de Nicéphore Dieudonné Soglo, l'argent circulait, les commerçants et les femmes du marché vendaient. À Dantokpa, les affaires fleurissaient parce que les Nigérians venaient nombreux s'approvisionner dans notre pays. Une marchande de piments me raconta que, sous le règne de Soglo, elle avait pu construire sa maison, envoyer ses enfants à l'école et s'acheter une voiture. Elle venait avec une grande bassine de piments rouges et verts et, avant même qu'elle ait pu s'asseoir, toute sa marchandise partait, enlevée par les Nigérians. Il est de notoriété publique que nos frères de l'Est apprécient beaucoup nos petits piments verts et rouges qui sentent très bon et qui ne sont pas trop forts. Le Bénin était devenu riche et on lisait le bonheur sur le visage des gens, l'avenir semblait glorieux pour mes compatriotes.

En cinq ans, le président Nicéphore Dieudonné Soglo ne fit qu'un seul remaniement, son premier gouvernement se composait de 19 membres dont sept femmes.

La Renaissance du Bénin entre dans l'arène politique béninoise : les élections législatives de mars 1995

La Renaissance du Bénin connaissant une bonne évolution sur le terrain national, je décidai de présenter une liste de notre parti aux élections législatives de 1995. Comme à mon habitude, j'entrepris très sérieusement des tournées dans les départements que je considérais comme étant nos fiefs : le Littoral l'Atlantique, les Collines, le Zou, le Mono. Je me mis en route et ceci, méthodiquement, avec le président Nicéphore Dieudonné Soglo, qui avait enfin pris conscience que le parti la Renaissance du Bénin était devenu une réalité et un des plus grands partis du pays, du fait du nombre de ses adhérents. On fit une campagne inoubliable. Les résultats furent au rendez-vous. Sept députés sur neuf dans le Littoral, six sur neuf dans l'Atlantique, doublé dans le Zou huit, Les Collines trois ou quatre députés sur six et 2 dans le Mono.

Ainsi donc, à la deuxième législature (1995-1999), la Renaissance du Bénin fit son entrée au palais des gouverneurs à Porto-Novo. J'avais avec les apparentés trente et un députés dans mon groupe parlementaire dont j'étais la présidente. Nous prîmes le nom de Démocratie-Action. Au total, cinq groupes parlementaires et un des non-inscrits animèrent cette législature présidée par Bruno Amoussou avec Joseph Marcellin Dégbé comme premier vice-président, Théophile Nata deuxième vice-président ; premier questeur, Maxime Houedjissin, Ambroise Adanklounon deuxième questeur, premier secrétaire parlementaire Jean Alexandre Hountondji et deuxième secrétaire parlementaire Djibril Mama Debourou. À l'époque, pour constituer un groupe parlementaire, il fallait 15 députés, alors qu'aujourd'hui, il suffit de 9 élus.

La Renaissance du Bénin côtoyait ainsi le Parti du Renouveau démocratique de maître Adrien Houngbédji qui avait dix membres et le PSD de Bruno Amoussou. J'aurais pu prétendre au perchoir qui demandait une majorité de quarante-deux députés mais j'avoue que je n'y pensais pas du tout. J'aurais pu y envoyer un député de mon groupe parlementaire mais, rétrospectivement, j'étais très accaparée par ma tâche de Première dame du pays puisque les prochaines élections présidentielles n'étaient plus très loin. Nous avons donc tout fait pour envoyer au perchoir, le président Bruno Amoussou, fort seulement de sept députés. Bruno Amoussou fut donc le second président de l'Assemblée nationale de l'ère du renouveau démocratique. Notre groupe ne fut nullement récompensé par ce cadeau royal que nous fîmes au président Bruno Amoussou. Il nous remercia en monnaie de singe et, lorsque je lui en fis la remarque, il me répondit : « tu ne peux pas réclamer quelque chose que tu n'as jamais eu ». Ainsi va l'ingratitude des gens…

Le Sommet de la francophonie au Bénin, 1995

Mes débuts dans l'hémicycle furent mouvementés du fait de ma double fonction, celle de Première dame et de parlementaire. C'était le tour du Bénin d'accueillir un sommet de la francophonie. Telle était la décision du Président François Mitterrand lors du sommet de l'île Maurice. Le gouvernement béninois s'apprêtait donc à accueillir le prochain sommet de la francophonie dans notre capitale économique, Cotonou. Le pays n'avait aucun bâtiment digne de ce nom pour accueillir cette illustre manifestation. La décision de bâtir le Centre de conférence international fut prise par le gouvernement et ceci, à la satisfaction des Béninois en général et des Cotonois en particulier. Nous vîmes un magnifique bâtiment flambant neuf qu'on appela Le Centre International des Conférences de Cotonou.

Devant le Centre de conférence international à Cotonou.

Enfin notre pays pouvait accueillir dignement le prochain sommet de la francophonie qui devait avoir lieu à Cotonou sous la présidence du nouveau Président de la République française, Jacques Chirac. On attendait nos hôtes pour les 2,3 et 4 décembre 1995. Ils devaient tous être logés dans les villas des chefs d'État de l'Hôtel PLM Aledjo à Akpakpa.

À la veille du sommet, nous fûmes réveillés par de fortes déflagrations, des bombes qui étaient lancées sur le nouveau Centre de Conférence de Cotonou. Heureusement, il n'y eut que des dégâts matériels et aucune victime. Nous avons eu beaucoup de chance. L'enquête dirigée par les services de gendarmerie et de police mit la main rapidement sur les auteurs de cet attentat et découvrit une cache d'armes au domicile du colonel Soulé Dankoro. Parmi les auteurs de l'attentat, il y avait beaucoup de nos compatriotes du Nord, notamment Lolo Chidiac, un militaire nommé Tawès ; ils furent emprisonnés et mis ainsi hors d'état de nuire.

Enfin, le jour arriva. L'aéroport international de Cadjèhoun accueillit l'arrivée des chefs d'État de la francophonie : le président Abdou Diouf du Sénégal, Mahamane Ousmane du Niger, le maréchal Mobutu Sese Seko du Zaïre, Paul Biya du Cameroun, Pascal Lissouba du Congo Brazzaville. Tous les chefs d'État francophones étaient présents à cette grande manifestation sauf le président Etienne Gnassingbé Eyadema du Togo. Nous apprîmes plus tard que le cerveau de l'attentat contre le Centre international de Cotonou était un proche du président togolais. Tout se passa relativement bien même si l'ouverture accusa un sérieux retard.

Rosine et Nicéphore (on aperçoit derrière Jean-Marc Ayrault).

Ce sommet de la francophonie se termina par un gala avec, bien sûr, le président français, et fut un franc succès. Toutes les Premières dames y étaient. J'eus beaucoup à faire pour les satisfaire toutes. Le président Jacques Chirac se montra charmant. Le président Soglo eut droit à des « mon cher ami » à plusieurs reprises, mais contrairement à son habitude, il ne reçut aucune claque dans le dos de la part de son hôte, signe distinctif, paraît-il, d'une grande amitié et d'une grande familiarité du président Jacques Chirac à ses vrais amis. Je notai avec regret l'absence de madame Bernadette Chirac, Première dame de France. Le président Jacques Chirac était accompagné de la secrétaire d'État auprès du ministre des Affaires étrangères chargée de la Francophonie, Margie Sudre, une dame très jolie et avenante. J'en fis la remarque au président Chirac qui me répondit : « ma femme est conseillère de Corrèze et obligations professionnelles obligent, elle a dû s'absenter ».

Le couple présidentiel avec le président Jacques Chirac.

Nous fîmes nos adieux aux chefs d'État sauf au président Mobutu Sese Seko qui, lui, prolongea son séjour. Il demanda à son homologue béninois une voiture sans escorte avec à bord, juste sa femme, le chauffeur et un garde du corps pour aller se promener dans le Bénin profond. Bien entendu, sa demande fut acceptée. Il partit donc trois jours et le quatrième jour, il rentra à Cotonou.

Le président Soglo et moi-même l'accueillîmes à son retour pour lui souhaiter "une bonne arrivée". Il nous reçut dans sa villa de chef d'État et nous fit part des commentaires que lui suggérait sa tournée dans notre pays en ces termes : « Nicéphore, j'ai visité librement pendant plusieurs jours ton pays. Il y a quelques années, sous le gouvernement du Président Mathieu Kérékou, j'ai fait la même tournée. Alors voici, de deux choses l'une : ou tes amis de la Banque mondiale ont injecté beaucoup de dollars pour t'aider en si peu de temps à reconstruire ton pays, ou tu as découvert un pactole d'or, car il est impossible qu'en si peu de temps et sans moyens visibles tu aies réussi cela, puisque votre pays, à part la rente cotonnière, n'a aucune richesse minière. Et ce faisant, tu as voulu nous humilier et nous faire apparaître nous, comme des présidents corrompus, incapables de développer leurs pays respectifs. Aussi, je te le dis : tu ne seras pas réélu en 1996 ».

Nous étions sous le choc, abasourdis d'entendre le Zaïrois. Le président Soglo, désarçonné, mais très fermement, répondit à son hôte : « monsieur le doyen des chefs d'État, Maréchal ! Vous ne pensez pas sérieusement à ce que vous venez de dire ! Vous êtes le doyen, connaissez-vous une banque, surtout la Banque mondiale qui est obligée, pour accompagner ses membres, d'emprunter sur le marché financier de Wall Street, Zurich, Paris, Londres ou Bruxelles, capable de faire cadeau à un État de millions de dollars, je ne le pense pas et vous non plus doyen ! Nos réalisations qui vous étonnent sont le fruit du travail de tout un peuple, surtout des paysans que j'ai fait encadrer, à qui j'ai fait confiance en les dotant de vulgarisateurs, en leur donnant des semences sélectionnées, des intrants au bon moment et, grâce aux conseils du père de la révolution verte Norman Borlaug[41] qui a séjourné au Bénin, on leur a appris à nourrir leurs terres qui s'appauvrissent beaucoup à cause du coton, à mettre des produits vivriers : maïs, manioc, ignames, patates douces, etc. Ainsi, non seulement pendant le quinquennat l'or blanc a pu nous rapporter des recettes, mais nous avons pu aussi nourrir la population grâce à des rendements record d'igname, de cinq à huit tonnes au lieu de deux tonnes. Les paysans ainsi enrichis n'avaient pas besoin qu'on les pousse pour en faire encore plus. Je ne peux que féliciter ces magnifiques paysans qui, heureux, ont donné tout ce qui était en leur possibilité pour booster la production. Voilà le miracle béninois. Il n'était nullement dans mon intention et ni dans celui de mon gouvernement de donner des leçons à qui que ce soit ; surtout pas à vous Maréchal. Je suis donc surpris et pourquoi pas, triste de connaître votre verdict. Si tel est le cas, je ne peux que l'accepter mais je continue et continuerai à

---

[41] Norman Borlaug (1914-2009) est un agronome américain. Considéré comme le « père » de la Révolution verte, il a reçu le prix Nobel de la paix en 1970. Mandaté par la Fondation Rockfeller pour sélectionner des variétés de blé pour les milieux tropicaux, ses recherches ont notamment permis au Mexique, au Pakistan et à l'Inde et d'autres pays du Moyen-Orient de couvrir leurs propres besoins dans ce domaine. En 1986, il travaille avec l'association Sasakawa Africa qui vise à éliminer la malnutrition et la pauvreté en Afrique et crée le World Food Price.

accomplir la tâche que m'ont confiée mes compatriotes jusqu'au bout. Le reste est entre les mains de Dieu. »

Le Roi du Zaïre se leva, mais avant de partir, il demanda à son homologue qu'une messe lui fût dite le lendemain par l'évêque et non pas par un simple curé. Satisfaction lui fut donnée. On se sépara et le lendemain, nous lui fîmes nos adieux lorsqu'il reprit son avion de retour. Ainsi s'acheva le sommet de la francophonie. À peine les lampions de la francophonie étaient définitivement éteints qu'il fallait commencer à préparer la prochaine élection présidentielle…

L'élection présidentielle de 1996

Les événements se précipitèrent à une allure vertigineuse avec la mort du Président Félix Houphouët-Boigny. Nous partîmes donc pour Yamoussoukro pour assister aux adieux des fils et filles de la Côte d'Ivoire à leur vénérable et respecté chef. Ce fut une magnifique fête. De nombreux témoignages, des plus humbles, des jeunes, des vieux, des femmes, des hommes, bref toute la Côte d'Ivoire était là pour témoigner sa tristesse et son recueillement à celui qu'elle considérait comme un véritable père de famille, ayant bien conduit la destinée de leur pays. Il est inutile de réécrire ici toutes les réalisations magnifiques, le développement, la croissance dont a bénéficié la Côte d'Ivoire sous le règne de son président bien-aimé Félix Houphouët-Boigny. La cérémonie fut digne et sobre à la fois. Nous étions affectés. En ce qui me concerne, ayant été choyée par le vieux que je considérais un peu comme mon père, j'avais le cœur lourd. Il allait donc beaucoup me manquer. Vers qui dorénavant allais-je me tourner lorsque je serai dans la détresse ? En effet, je débarquais souvent à Abidjan quand j'étais au bout du rouleau et que mes problèmes personnels d'épouse m'accablaient et que je me sentais totalement perdue. Il m'accueillait toujours avec beaucoup d'affection. Il savait me parler. Plusieurs fois il m'a dit « ma fille – avec son accent caractéristique –, ton mari est président de la République, de ce fait, il ne t'appartient plus et ne peut plus être le même homme qu'il a été jusqu'ici ». Je savais pertinemment qu'il disait la vérité mais c'était dur à accepter. Me croira qui veut, pour des milliards, je n'accepterais pas. Je préfère m'en arrêter là. Ces cinq années ont été éprouvantes sur tous les plans. Je ne souhaiterais plus être Première dame de quoi que ce soit. Je n'en garderais, hélas, pas de bons souvenirs, bien au contraire. Je ne me suis jamais sentie aussi seule de ma vie que pendant ce quinquennat. J'avais la désagréable impression que je ne contrôlais plus rien. Ces souvenirs appartiennent au passé heureusement ; mais souvent, rétrospectivement, je me suis dit en moi-même que mes parents dans l'au-delà devaient beaucoup veiller sur moi et que le Seigneur m'avait prise aussi en affection.

Certes, le président Soglo, qui était alors dans le collimateur de la Françafrique précisément à cause du bon en avant qu'il avait permis à notre pays, ne méritait nullement sa non-réélection en 1996. Mais je dois dire qu'aussi contradictoire que cela puisse sembler, son succès aurait sûrement signé mon arrêt de mort. Néanmoins, son succès aurait mis définitivement et profondément le Bénin sur les rails. Le pays aurait fait son entrée triomphale parmi les pays émergents et, sans vantardise, nous serions aujourd'hui à égalité avec le Ghana d'à côté. Le destin en décida autrement. Il n'avait pas voulu que je sois dans la situation d'Iphigénie sacrifiée par son père Agamemnon sous les ordres des oracles pour sa victoire à la guerre de Troie.

Les funérailles de François Mitterrand

Quelques mois plus tard, nous étions en France à la Cathédrale Notre-Dame de Paris pour les funérailles de François Mitterrand. Tout le gotha était présent et, c'est lors de la soirée qui fut donnée par le gouvernement français, qu'un déplorable incident eut lieu à l'Élysée. J'y rencontrai pour la première fois la Première dame de France, Bernadette Chirac et, sans le savoir, j'eus la malencontreuse idée de lui dire que j'avais beaucoup regretté son absence lors du sommet de la francophonie à Cotonou car sa présence aurait rehaussé notre sommet. Seigneur ! Qu'avais-je dit là ! Madame Chirac, dans un accent de colère me répondit textuellement ceci « ce salaud de Jacques ! C'est par les journaux que j'ai su son départ pour Cotonou avec sa putain de Margie Sudre ». Cette parole était sortie devant « le salaud » de Chirac, Albert Gore, vice-président des États-Unis qui parle bien le français, – sa maman est française –, Fidel Castro de Cuba, Hassan II du Maroc. Je priais pour que le sol se dérobe sous mes pieds. Chirac se retourna vers Nicéphore Soglo pour lui dire : « je te remercie Soglo ». Sur ces entrefaites, madame Chirac retourna à ses appartements et nous laissa tous sous le choc, décontenancés par sa sortie. Nous nous séparâmes dans un silence total et gênant. Quelques minutes plus tard, elle réapparut ; manifestement elle s'était reprise. Personne, à part peut-être nous, n'avait l'air d'être surpris et cela me tracassait. Je sus quelques heures plus tard que le couple Chirac avait coutume de ce genre de situation. À part nous, tout le gotha connaissait ce genre de mouvement de colère de madame Chirac. Je me disais, d'une certaine manière, que les Affaires étrangères de mon pays n'avaient pas fait leur travail. Dans ce cas, on aurait dû me briefer avant mon départ sur le comportement de madame Chirac, ce qui nous aurait mis à l'abri de cette déconvenue car, le sachant, jamais je ne lui aurais parlé comme je l'ai fait. Je serais restée dans les banalités. Bien entendu après le « je te remercie Nicéphore » de Chirac, j'ai dû subir l'algarade de Nicéphore. La coupe était pleine. Trop c'est trop, en quoi étais-je responsable des humeurs de madame Chirac ? Quels crimes avais-je commis en lui disant simplement mon regret de son absence à la francophonie ? Je me retournai furieuse vers Nicéphore Soglo, en lui disant que s'il voulait un scandale, nous serions deux, ce serait avec plaisir que je lui jetterais au visage tout ce qui me pesait sur le cœur. Il s'est tu. Mais très souvent dans la conversation lorsqu'on évoque cet épisode à l'Élysée, mon mari revient sur la phrase « Nicéphore je te remercie » et de gloser à l'infini sur ce qu'il considère de ma part comme un impair. Je me refuse à y répondre… si cela l'amuse. Pourquoi l'en empêcher ?

*

Nous rentrâmes à Cotonou où nous attendaient nombre de tâches à accomplir et pas des moindres : la prochaine élection présidentielle. Nous nous remîmes au travail, sillonnant le pays de nouveau, sûrs de notre victoire prochaine, les circonstances ayant changé car le candidat était en pleine forme contrairement à 1991 et surtout avec le bilan qui était le sien. Pour nous, la Marina en 1996 accueillerait Nicéphore Soglo. On avait totalement oublié la mise en garde de Mobutu.

On attendait donc la victoire avec beaucoup de sérénité. Tout se passa bien dans un premier temps, et le premier tour eut lieu le dimanche 3 mars 1996. Les électeurs devaient porter leur choix sur l'un des sept candidats dont Pascal Fantondji du Parti communiste du Bénin, Me Lionel Agbo, Bruno Amoussou du Parti social démocrate, Nicéphore Dieudonné Soglo de la Renaissance du Bénin, président sortant, Adrien Houngbédji du Parti du renouveau démocratique, Léandre Kuessan Djagoué et l'ancien président Mathieu Kérékou. Aucun incident. Les Béninois sortirent massivement pour voter. Le temps du marxisme-léninisme semblait loin et la démocratie nouvellement acquise leur convenait parfaitement. Les mauvaises habitudes étaient définitivement oubliées. Après le vote du premier tour, à la sortie du bureau de vote, les journalistes tendirent le micro au président candidat pour connaître ses premières impressions. Il dit sa satisfaction de voir ses compatriotes accomplir leur devoir civique. Nous attendîmes les résultats sans fébrilité, mais tout de même avec une certaine appréhension.

La mise en garde du Maréchal nous revint en mémoire. Les candidats étaient moins nombreux qu'en 1991. Dans cette période sous tension, planaient des ombres : en effet, le Haut Conseil de la République n'était pas encore dissous puisque le candidat fraîchement élu, alors sur son lit d'agonie en 1991, n'avait pas encore prêté serment. Ce Haut Conseil, organe législatif de transition, était sous les menaces constantes de la garde présidentielle (GP) du président de l'ère communiste, Mathieu Kérékou.

On avait alors présenté au président élu une demande d'immunité pour tous les crimes commis par le Général Mathieu Kérékou sous son règne. Lorsque le ministre d'État Désiré Vieyra lui présenta le document à la signature, le président Soglo refusa et ce, à plusieurs reprises, malgré son immense fatigue. Le ministre d'État, avec d'autres ministres et Mgr de Souza revinrent à la charge en insistant sur le fait que la garde menaçait de faire un coup d'État si le président n'accédait pas au désir exprimé par le clan Mathieu Kérékou.

Nul ne saura ce que fut notre calvaire, à ma famille et moi à cette période. Notre souci constant c'était de voir s'aggraver la maladie qui décimait le président fraîchement élu. De guerre lasse, je cédai en imitant la signature de Nicéphore Dieudonné Soglo et ce, à son insu. C'est ainsi que l'ancien président Mathieu Kérékou ne fut jamais inquiété pour tous les méfaits et crimes qu'il avait commis avec son gouvernement révolutionnaire. Ce fut une erreur politique grave. Je ne veux nullement aujourd'hui minimiser ma part de responsabilité dans cet acte. Mais à l'époque, que l'on me pardonne, je m'en fichais complètement du président Mathieu Kérékou. La seule chose qui m'importait par-dessus tout, c'était de sauver l'homme de ma vie, fût-il président de la République.

*

En 1996, libre de tout jugement de son pays avec un casier judiciaire vierge, Mathieu Kérékou pouvait de nouveau se présenter aux élections présidentielles et accéder à la magistrature suprême. Je crois qu'à aucun moment nous ne nous attendions à la surprise qui fut la nôtre d'être obligé d'aller à un second tour des élections. Une fois de plus, Soglo et Kérékou se trouvaient face à face avec néanmoins un écart favorable au premier. La campagne fut rude effectivement. On déféra le président Soglo pour recel de voiture blindée présidentielle. Ce jour-là, le tribunal de première instance de Cotonou connut une foule de manifestants jamais vue de mémoire de Cotonois et de Cotonoises. Devant une foule aussi considérable, un non-lieu fut immédiatement prononcé par le président du tribunal. Et, c'est porté en triomphe par ses partisans que le président Nicéphore Dieudonné Soglo quitta le Palais de Justice de Cotonou. Le président avait besoin de cette reconnaissance de certains de ses compatriotes pour avoir tant donné de sa personne au Bénin.

Nous avions donc besoin au second tour d'alliance avec d'autres partis. La RB se tourna vers le candidat arrivé en troisième position pour solliciter ses voix. C'était le président

Adrien Houngbédji. Le président Nicéphore Dieudonné Soglo entreprit les pourparlers en envoyant trois de ses ministres : Guy Amédée Adjanohoun, ministre d'État chargé des Affaires présidentielles, Edgar Monnou, ministre des Affaires étrangères et de la Coopération et Théodore Hollo, ministre chargé des Relations avec le Parlement, porte-parole du gouvernement. Ils devaient rencontrer le président Adrien Houngbédji. Celui-ci, à notre grande surprise, refusa catégoriquement de rencontrer le président Nicéphore Dieudonné Soglo sous prétexte qu'il « n'avait aucune confiance en lui » (sic). Cela débutait mal. On insista et en fin de compte, il accepta de rencontrer les ministres en ma présence et en présence du ministre d'État Désiré Vieyra. Les ministres lui firent part des désirs du président Nicéphore Dieudonné Soglo, en lui demandant ce qu'il demandait en contrepartie de son soutien au Président Soglo pour le second tour. Il réclama plusieurs ministères, surtout le ministère des Mines. Ce ministère tenait vraiment à cœur au président Nicéphore Dieudonné Soglo vu son importance pour le développement du pays. Néanmoins, il lâcha ce précieux ministère. Il devait donner la moitié des préfets et des sous-préfets : tout ce qu'Adrien Houngbédji demanda lui fut accordé. Il repartit. Il devait s'entretenir avec les siens avant de nous donner une réponse définitive. Il revint vers une heure et demie du matin. Il s'assit lourdement dans son fauteuil, avec l'air de quelqu'un d'abattu, pas très sûr de lui, baissant la tête et n'osant nous regarder, ce qui me fit lui dire, je ne sais pourquoi : « vous, vous allez nous trahir » (sic). Il sursauta et s'épongea. Nous lui présentâmes le protocole d'accord qui devait être signé par les deux parties. Il nous répondit qu'il préférait que cet acte ait lieu le lendemain matin à neuf heures chez lui. Le document fut soumis à la lecture du président Soglo pour la dernière fois qui y apposa sa signature et, le lendemain matin, à l'heure dite, les ministres se présentèrent au domicile du président Adrien Houngbédji. Là, ébahis, ils assistèrent à la conférence de presse de ce dernier qui demandait à ses militants de reporter leurs voix sur le président Mathieu Kérékou.

Maladroitement, il expliqua les raisons qui justifiaient son choix. Plus tard, nous apprîmes que les réseaux de Foccart[42] étaient passés par là et que, pour avoir pris cette décision non sans conséquence grave pour l'avenir du pays, le président Adrien Houngbédji avait touché quatre milliards et demi versés par le général Eyadema du Togo. Nous étions éberlués.

Plus tard, beaucoup plus tard, Adrien Houngbédji me confirmera qu'il n'avait pas touché quatre, mais deux milliards et demi. Qu'importe le montant de cette vilénie ! Comme dans la Bible, il avait vendu son droit d'aînesse pour un plat de lentilles, car Adrien Houngbédji l'ignorait peut-être encore, mais il venait définitivement de se faire barrer lui-même le chemin de la Marina. Et comme dit l'adage, il venait lui-même de se tirer une balle dans le pied.

Donc nous étions au second tour de la campagne électorale et les négociations avec le candidat arrivé en troisième position venaient de connaître la fin décrite ci-dessus. Certains des hauts cadres de nos rangs, pressentant déjà bien avant nous-mêmes que le président Soglo n'obtiendrait pas un second mandat, commencèrent à plier bagage et à quitter le navire. En ce qui me concerne, n'ayant pas oublié les conseils du président Félix Houphouët-Boigny, j'acceptai qu'en politique, on puisse aller voir où le garde-manger est bien garni. Je n'avais pas encore fait connaissance avec la trahison. C'est un sentiment douloureux qui vous laisse anéanti et on se dit « mais il n'y a pas longtemps, je comptais parmi les miens Iago (Otello) ». Ce fut le cas du ministre des Affaires étrangères de Nicéphore Soglo, Yves Edgar Monnou, un homme en qui vous aviez confiance, qui parlait en votre nom à l'extérieur, et faisait connaître à l'extérieur vos décisions. Le président Soglo ne voulait pas nommer aux affaires étrangères Monnou. Il préférait le voir à la communication. Le talentueux avocat vint me voir pour plaider sa cause. Il fit valoir sa connaissance des langues étrangères, surtout l'anglais, et puis, en tant qu'avocat d'affaires, sa maîtrise des dossiers internationaux. Ces arguments levèrent définitivement les dernières réserves du

[42] Jacques Foccart, de 1960 à 1974, le « Monsieur Afrique » des présidents français, qui tira toutes les ficelles de la Françafrique.

président. Il fut donc nommé ministre des Affaires étrangères. Les ultimes sorties dans le cadre de la campagne électorale nous amenâmes à Placodji, un quartier de pêcheurs de Cotonou et, pour je ne sais quelle raison, il nous fit passer dans une sombre ruelle à Akpakpa pour accéder à la plage où avait lieu le meeting. En fait, il nous menait directement dans un guet-apens. Le protocole, le garde du corps et tous les membres de la garde rapprochée du chef de l'État nous interdirent d'y aller. Grâce à notre courage et notre détermination, refusant de faire demi-tour suivant les conseils de la garde, nous eûmes la vie sauve. Je pense aussi que la croyance en des forces obscures fut déterminante. Un monde fou nous attendait à la plage pour un méga meeting. Tout se passa bien, très bien même. Le lendemain matin, toujours sous la conduite du ministre des Affaires étrangères, Yves Edgar Monnou, nous devions finir au campus universitaire d'Abomey Calavi. Ils nous firent un accueil chaleureux, mais pas de ministre des Affaires étrangères, il avait disparu. Et jusqu'à la fin de la campagne électorale et même de l'élection, nous ne le vîmes plus. Un coup de fil quelques jours plus tard nous annonça sa soi-disant hospitalisation dans une clinique parisienne. Hélas ! Nous n'étions pas au bout de nos déconvenues. Notre échec profita largement au ministre des Affaires étrangères qui fut remercié pour ses bons et loyaux services par le nouveau président, grâce à son ignoble trahison. Il fut donc nommé ambassadeur du Bénin à Paris. Exit Edgar Yves Monnou.

Par les hasards de la vie, il y a quelques mois, j'étais en train de faire mes emplettes et j'entendis la voix de quelqu'un qui me dit « bonjour ma chère maman, je suis votre fils Edgar Yves Monnou ». D'un ton affable, je le remerciai chaleureusement et demandai de ses nouvelles et celles de sa famille. Je savais que Monnou était éhonté et qu'il avait peut-être depuis longtemps oublié cette trahison. Il s'était forgé un principe de survivre coûte que coûte et, connaissant son background, il y a longtemps que je lui avais pardonné.

Le ministre d'État chargé de la coordination gouvernementale et de la défense fut envoyé en mission par le président et c'est dans la capitale sénégalaise qu'il apprit que le président Nicéphore Dieudonné Soglo venait de le démissionner parce que l'armée n'était pas satisfaite de lui et grognait. Il aurait pu quand même attendre le retour de son ministre.

En avril 1996, les résultats du second tour ramenaient Mathieu Kérékou comme président de l'ère démocratique. Élu par la majorité de ses concitoyens. Mathieu Kérékou, l'homme du marxisme-léninisme, l'homme qui avait plongé notre pays avec les militaires dans le chaos, dans la désolation ; l'homme qui fut poursuivi jusque dans l'église st Michel où il fut barricadé par les étudiants qui devenaient des diplômés sans emploi à leur sortie de l'université ; Mathieu Kérékou qui plongea le pays dans l'ajustement structurel et qui obligea la Banque mondiale et le Fonds monétaire à venir au secours du Bénin pauvre et exsangue et au bord de la guerre civile, cet homme qui assassina au petit palais nos compatriotes et qui envoya au bagne à Ségbana dans la partie septentrionale du pays nombre de compatriotes qui avaient pour seul tort de ne pas adhérer au marxisme-léninisme. Cet homme qui, normalement et légitimement, aurait dû être jugé par ses compatriotes pour ses méfaits mais qui avait bénéficié, toujours sous la menace des gardes militaires, d'une amnistie générale revenait par miracle grâce à la Françafrique avec l'appui de Jacques Foccart et du président Jacques Chirac. Kérékou, décrié par ses compatriotes, revenait devant la scène politique totalement blanchi en endossant le costume de la démocratie.

Il allait régner pendant dix ans. Il n'y eut aucun soulèvement. Par contre, ceux de nos compatriotes qui étaient doigtés comme “renaissants” furent poursuivis dans les rues, menacés de voir leurs maisons incendiées. Il ne faisait pas bon vivre dans le quartier Zongo, réputé pour loger nos compatriotes originaires de la région nord du pays d'où était natif le nouveau président de l'ère du renouveau démocratique.

Du côté de ceux qui avaient admiré le travail titanesque fait par Soglo pour remettre son pays à flot, ceux qui en avaient bénéficié, les plus nombreux, ceux qui ont vu leur retraite mensualisée, les femmes commerçantes qui au retour du marché avaient leurs goussets pleins d'argent, le choc risquait d'être rude. On appelait les nouveaux billets, les billets Soglo au marché, parce que sous la révolution marxiste-léniniste l'argent ne circulait plus. Rien ne marchait, les femmes vendaient à

Dantokpa sans avoir gagné ou après avoir vendu à perte. Nos compatriotes avaient-ils donc oublié cette époque pas si lointaine – à peine six ans – où il n'y avait plus de banques dans le pays, où les enseignants restaient six mois sans être payés, où les écoles étaient fermées, où le pays était en grève constante, où enfin, quelle tristesse, ils envoyaient leurs femmes se prostituer ? Oui le pays était de nouveau amnésique et on criait dans les rues « vive kekereke ».

Par magie, la Françafrique revint sur le devant de la scène béninoise. Ainsi donc, en avril 1996, Nicéphore Dieudonné Soglo s'en alla de la Marina après avoir travaillé pendant cinq ans, après avoir redonné la fierté aux Béninois et pour avoir remis à flot les finances du pays en épongeant toutes ses dettes. Il pouvait être fier du travail accompli et de l'héritage magnifique qu'il laissait à son successeur en partant.

Départ pour les États-Unis

Deux jours plus tard, toute la famille Soglo, à l'exception de Ganiou qui fit escale à Abidjan et y resta une quinzaine de jours avant de repartir à Cotonou, quitta le Bénin non pas pour la France mais pour les États-Unis où nous attendaient nos amis. En revanche, l'ambassadeur Tonoukoin brilla par son absence. Nos amis Bah, d'origine guinéenne, dont j'ai parlé précédemment, mirent à notre disposition leur villa à Washington, district de Columbia. On s'installa de nouveau à Washington que nous retrouvâmes avec joie malgré notre tristesse et notre amertume. Il faut souligner qu'à aucun moment nous n'avions évoqué l'ingratitude de nos compatriotes. Nous étions persuadés que la majorité d'entre eux avaient voté encore massivement au second tour pour le président Nicéphore Dieudonné Soglo. Mais Paris en avait décidé autrement et comme le disait ouvertement Jacques Foccart « il faut siffler la fin de la récréation ». Mahamane Ousmane du Niger, Pascal Lissouba du Congo-Brazzaville et Nicéphore Dieudonné Soglo étaient bien dans l'œil du cyclone. Après le Bénin, ce fut le tour du Niger et du Congo, ces « mauvais élèves » qui avaient amené la démocratie.

*

On s'installa pour je ne sais combien de temps à Washington. Mon fils Lehady devait regagner son travail et moi, j'avais le parlement béninois qui m'attendait. C'est ainsi qu'un mois plus tard, je repris le chemin du palais des gouverneurs. Mais à mon retour, une surprise de taille m'attendait : les barons de la RB, originaires du plateau d'Abomey, s'étaient réunis secrètement au Sheraton et fomentaient un putsch et mon expulsion du parti. L'atmosphère s'échauffait quand je décidai de leur tenir tête ; certains voulurent même me manquer de respect et en découdre, me menaçant physiquement. Je dois rendre grâce à mon fils Ganiou d'être venu me soutenir avec force et d'être vivement monté au créneau, éteignant toute velléité de violence.

Pour moi, l'arrivée de Mathieu Kérékou ne changeait rien au parlement. C'est du moins ce que je croyais puisqu'il nous restait encore quatre ans ; ce fut quatre années de guerre souterraine où petit à petit j'allais perdre les membres de mon groupe parlementaire. Le président Soglo n'étant plus au pouvoir, pourquoi rester dans un groupe qui ne nous apportait plus rien ? Mais je ne m'attendais pas du tout à cette vague de tsunami. Chaque jour en arrivant au palais des gouverneurs, je me demandais ce qui allait m'arriver. Et en effet, un jour une lettre m'attendait pour me signifier le départ d'un membre de mon groupe parlementaire. C'était lors d'une mission en Chine que j'avais appris qu'on avait décidé qu'une loi décrétait que dorénavant pour créer un groupe parlementaire il suffisait d'avoir neuf membres au lieu de quinze[43]. L'éclatement des groupes en petits nombres avait des effets catastrophiques ; je m'explique : lors de la nomination par exemple des membres de la Commission électorale nationale autonome (CENA), chaque parti politique était présent dans l'hémicycle, or à l'époque il y avait trois partis majoritaires par le nombre de leurs députés : la RB suivie par le PRD et le PSD. Au moment des élections pour la nomination des membres de la CENA, des Commissions

[43] Voir article 24.1 du règlement intérieur de l'Assemblée nationale du Bénin, première version de 1991.

électorales départementales (CED) et des Commissions électorales d'arrondissement (CEA), ce sont ces partis majoritaires divisés en groupes parlementaires qui élisent les membres de la CENA et de ces démembrements. Plus vous avez de membres dans ces institutions, plus vous êtes à même de contrôler l'élection à venir car c'est la règle de la proportionnelle qui agit. La RB a dû se battre pour ne pas voir fondre comme neige au soleil tous les membres de son groupe parlementaire. Ce fut une rude bataille. Heureusement, j'avais encore la chance d'avoir à l'époque dans le bureau de l'Assemblée nationale : Maxime Houédjissin, Joseph Marcellin Dégbé, Codjo Atchodé comme premier secrétaire. Ce qui me permettait de tenir le coup, car beaucoup de députés avant la fin du mois allaient trouver le questeur pour un prêt. J'ai su plus tard que les questeurs avaient des marchés. Jamais je ne me suis mêlée de près ou de loin des affaires de mes deux questeurs. Il m'est arrivé de les recevoir tous les deux et de les entendre se disputer et s'injurier devant moi en s'oubliant, mais jamais je ne leur ai demandé de quoi il s'agissait. Eléazar Nahum est mort, paix à son âme, mais Maxime Houédjissin est vivant ; j'attends qu'il vienne me démentir sur ce point.

Nous poursuivîmes cahin-caha avec le nouveau président qui connaissait le président Bruno Amoussou ainsi que le président Adrien Houngbédji qui étaient ses plus ardents admirateurs.

C'est sous Kérékou I et avant le renouveau démocratique que Bruno Amoussou fut directeur de la Banque Commerciale du Bénin (BCB), ce qui lui valut le jour de l'enterrement de sa fille d'être appréhendé par la police. C'était donc de vieilles connaissances. Du côté du perchoir, « le caméléon » n'avait aucun souci à se faire, et c'est ainsi que tout le monde le comprit. Nous étions de nouveau aux ordres. Tous les caciques de la révolution marxiste-léniniste refirent surface. Cette fois-ci, contrairement à ses habitudes passées, le président Mathieu Kérékou se rappela subitement qu'il avait une famille, une nombreuse famille. Il créa donc pour elle une société dont les bâtiments furent érigés sur les domaines appartenant à l'OCBN[44] et à l'OBSS[45]. Très vite, ce groupe commercial

[44] OCBN : Organisation commune Bénin-Niger des chemins de fer.

prospéra et nous vîmes sur nos routes de Cotonou à Lagos via Porto-Novo l'organisation tapageuse de l'escorte de véhicules de toutes sortes « venus de France ». Un marché vraiment fructueux.

Le président Emile Derlin Zinsou était parmi ceux qui étaient à la base du retour de Mathieu Kérékou au pouvoir. Il reçut en cadeau, pour service rendu, un poste de conseiller spécial à la présidence de la République auprès de Mathieu Kérékou. Jacques Foccart relate tout ceci dans le livre intitulé *Foccart parle*[46]. La France reprenait son emprise sur le pays.

*

Le président Soglo fit un premier retour au pays pour repartir aux États-Unis à Boston à l'Université de Harvard qui venait de mettre à sa disposition une chaire. Il s'installa dans son appartement suivi de son garde du corps Germain Glaglo. Une fois encore, j'ai dû le laisser seul et rester pour m'occuper de mes affaires au pays. J'étais toujours présidente de mon parti, présidente de mon groupe parlementaire au Palais des gouverneurs.

Mon combat au Bénin tous azimuts

Je n'avais pas oublié mes activités sociales : les triplés et le groupement de mes femmes. J'étais seule avec Ganiou, les autres étant partis, et il fallait que je m'occupe. Je me jetais dans le travail avec délectation. Au parlement, je gardai des députés fidèles, c'est-à-dire ceux qui, malgré le changement de président, ne me quittèrent pas. Les jaloux, les envieux, ceux qui, selon le général Charles de Gaulle, « pissaient la bile et crachaient du fiel » s'évertuaient à dire « qu'à présent que son mari a quitté la Marina, *de facto* privée de ressources, elle va arrêter ses activités sociales ».

---

[45] OBSS : Office béninois de sécurité sociale.

[46] *Foccart parle : entretiens avec Philippe Gaillard*, Paris, Fayard-Jeune Afrique, 1997.

Après le départ de Nicéphore Dieudonné Soglo du pouvoir, la CIA fouinait dans tous les paradis fiscaux : les îles Caïmans, Jersey, Luxembourg et Genève pour savoir si les Soglo n'y avaient pas mis tout l'argent qu'ils auraient volé dans les caisses de l'État béninois. L'ambassadeur des États-Unis au Bénin de l'époque, madame Ruth Davis, une Afro-Américaine, nous apprit quelques mois plus tard qu'elle avait prévenu la CIA qu'elle faisait fausse route car elle était sûre et persuadée que les Soglo n'avaient « aucun cadavre dans leurs placards ».

Qui connaît Soglo sait qu'il est d'une rigueur implacable en ce qui concerne les biens publics et méritait amplement son surnom de "soglomycine" lorsqu'il fut ministre de l'Économie et des Finances dans le gouvernement de Christophe Soglo en 1965. Et malgré les sentiments affectueux envers sa femme, jamais, oh grand jamais, il ne lui aurait remis un sou appartenant à l'État béninois ! Mes détracteurs furent donc déçus car je continuais comme par le passé à aider mes femmes. Ce n'était pas sorcier. L'argent provenait tout simplement des économies que je faisais sur mes salaires parlementaires. J'étais propriétaire de ma maison, j'avais suffisamment de quoi me nourrir seule, n'ayant plus de charge parentale. Le parlement m'assurait le nécessaire concernant mes soins, je n'avais pas besoin de grand-chose pour vivre, et je pouvais faire le sacrifice d'aider mes compagnes en leur venant en aide grâce à mes économies. Devant l'évidence, il fallait bien se taire. D'ailleurs, est-ce que je m'occupais de ceux-là ? J'avais vraiment d'autres soucis en tête… « le chien aboie, la caravane passe ».

VI. Retour du président Soglo au Bénin et sur la scène politique, les batailles

L'été 1997 ramenait l'ex-président Nicéphore Dieudonné Soglo au bercail après qu'il eut déposé son rapport à Washington auprès de la Banque mondiale. Nous décidâmes donc de partir en vacances en Russie. Comme d'habitude, notre agence de voyages fit bien les choses, et nous voilà en partance pour le pays de Pouchkine, Tolstoï, Lénine et Staline.

Moscou nous réserva la plus grande surprise de notre vie : c'est bizarre l'idée qu'on peut se faire de loin du communisme. Dans notre jeunesse, nous n'avons jamais adhéré au parti communiste mais on peut dire qu'on flirtait avec ce parti qui, pour nous à l'époque, représentait le défenseur des pauvres, de la veuve et de l'orphelin. C'était l'époque glorieuse d'Yves Montand, Simone Signoret, Jean-Paul Sartre et bien entendu Simone de Beauvoir. Nous n'avions pas encore lu la bombe du goulag d'Alexandre Soljenitsyne. Notre jeunesse avait été bercée littéralement par l'image de Iossif Djougachvili dit Joseph Staline, l'homme d'acier. Nous avons appris et nous avons vu sur les écrans de l'époque que l'armée rouge, avec à sa tête Staline, a joué un rôle primordial dans la défaite et la capitulation de l'armée allemande. Ancien séminariste, Joseph Staline amena son peuple à la victoire en 1945 avec le sacrifice de milliers d'hommes. Il était surnommé affectueusement par les Russes comme « le petit père du peuple ». Aussi, lorsqu'il mourut en 1953, on assista à un défilé de la population russe qui dura plus d'un mois. Toute la Russie tint à venir se prosterner devant son cercueil.

Jamais peuple ne montra autant sa profonde et sincère douleur.

Les vacances en Russie

C'étaient précisément ces raisons qui nous poussèrent à aller voir sur place et *de visu* cette lointaine Russie qui a toujours intrigué et fasciné les Européens. Nous voici donc à Moscou. Pour nous, ce fut la plus belle capitale au monde jamais visitée. Le régime communiste, comme tout régime dictatorial, est un grand amoureux des constructions gigantesques. Les avenues de Moscou sont d'une dimension telle qu'elles n'ont rien à envier à l'Avenue des Champs-Élysées et aux autres grandes avenues de Paris tant vantées par les Français. C'est la ville la mieux éclairée au monde. Vous pouvez ramasser une aiguille par terre à Moscou. Nous avons été accueillis par un couple d'anciens professeurs qui nous servaient de guide. De leur côté, c'était le revers de la médaille. Sans l'aide de leurs enfants, ils mouraient de faim car leur retraite mensuelle était de cent dollars, soit 50 000 FCFA environ. On voyait fréquemment des mendiants dans les rues de Moscou, surtout aux abords et aux portes des églises. Autre caractéristique de l'Église orthodoxe, on ne s'assied pas, tout le monde reste debout sauf le tsar et sa famille. Les églises sont superbes et magnifiques et l'acoustique de qualité, c'est donc une véritable plénitude d'y entendre les chants grégoriens. Il est vrai que les chœurs russes sont très envoûtants : de pures merveilles ! Nous terminâmes notre visite par Saint-Petersbourg et prîmes un train de nuit digne des romans de Tolstoï ou de Dostoïevski. Il commençait un peu à faire frisquet et un monsieur s'occupa très bien de nous pour nous installer dans notre wagon-lit. Pour le remercier, j'ai voulu d'une façon visible lui donner un rouble ; naturellement très choqué, il refusa avec véhémence.

Ma surprise fut grande quand, quelques minutes plus tard, il frappa à notre porte et nous apporta couverture et samovar[47], des blinis [48]avec des tranches de saumon fumé. À son départ, mon mari me dit : « tu oublies que j'ai fait la Yougoslavie sous Tito et discrètement, en serrant la main à ce monsieur, je lui ai glissé deux roubles ».

---

[47] Bouilloire russe pour le thé.

[48] Petites crêpes de sarrasin épaisses servies avec certains hors-d'œuvre.

Heureusement que nous avions ces petites attentions de ce monsieur, car il y a bien six heures de train entre Moscou et Saint-Pétersbourg. La ville de Saint-Pétersbourg, anciennement Petrograd de 1914 à 1924, puis Leningrad de 1924 à 1991, se trouve à l'embouchure de la Neva, et nous fûmes littéralement conquis par le charme de l'ancienne capitale de la Russie. Qui connaît l'histoire de cette ville, sortie des marécages à grands coups de fouet par le tsar Pierre Le Grand, trouvera qu'elle méritait bien son nom : c'était un colosse. Combien de vies humaines furent sacrifiées par ce grand bâtisseur pour sortir des marécages cette beauté qui s'appelle Saint-Pétersbourg ? Il flotte dans les rues comme un air de nostalgie. On sentait le vague à l'âme sentimental dans l'air et on se tenait prêt à déchiffrer ou à s'imprégner de l'âme russe. Au château où habitait Pierre Le Grand et sa famille, des acteurs habillés en costume d'époque vous plongeaient véritablement dans cette perception de vivre au temps du tsar. Nous passâmes un magnifique séjour à sillonner les rues de cette superbe cité et à arpenter les innombrables chambres du château, surtout cette chambre parée complètement d'ambre. Rappelons que l'ambre est une pierre précieuse qu'on trouve dans la Baltique. C'était une pure merveille ! Nous avons également visité le musée de l'ermitage, l'un des plus grands musées au monde. Il fut une œuvre de Catherine la Grande. On y trouve tous les tableaux des grands peintres du 18e et du 19e siècle. Nous quittâmes avec regret Saint-Pétersbourg et moi, j'étais heureuse, par pure coquetterie, d'être parée de bijoux d'ambre. Nos guides nous attendaient au retour et nous annoncèrent une très bonne nouvelle. J'ai oublié de spécifier qu'ils étaient d'anciens chercheurs. Ils venaient donc de recevoir un prix qui couronnait leurs recherches et devaient le soir même aller chercher ce prix, raison pour laquelle ils s'étaient très bien habillés. Ils s'excusèrent donc auprès de nous et nous donnèrent rendez-vous pour le lendemain matin. Nous profitâmes de cet heureux contretemps pour aller nous balader encore dans les rues de Moscou. Les jardins sont superbes, très agréables et quelqu'un nous indiqua un café, le café Pouchkine, où on dégustait les meilleures boissons, les meilleurs blinis au caviar, et surtout un succulent chocolat au lait ! Nous nous y rendîmes donc et ne furent nullement déçus. Le café était très convivial, superbement meublé et avec goût. Sur le mur, un immense portrait du poète était projeté. L'ambiance y était douce, la musique agréable et, une fois de plus, nous avions l'impression d'approcher l'âme russe. On dégusta avec délice ce chocolat, le plus savoureux que je n'ai jamais bu de ma vie, pas trop sucré, chaud à point et c'était un plaisir de l'avaler avec des blinis tartinés de gros grains de caviar. Le prix était raisonnable. Nous vînmes plusieurs fois dans ce café avant notre départ.

*

Le lendemain matin, nos chercheurs et guides nous firent part de leur déconvenue : ils s'attendaient à toucher une somme de deux mille à trois mille dollars (pourquoi les dollars et pas le rouble ?), mais à leur grande surprise, ils n'eurent que cent dollars chacun. Avant notre départ, nous offrîmes à nos guides un repas dans un des plus grands restaurants de Moscou. Lorsque nous y arrivâmes en taxi, nous perçûmes l'étonnement et la gêne de nos invités. Ce fut presque timidement qu'ils prirent place avec nous à une table. Nous avons commandé bien sûr un magnifique repas. Petit à petit, l'atmosphère se détendit, le bon vin y fut pour beaucoup, et les langues se délièrent. Nos guides chercheurs nous apprirent que c'était la première fois de leur vie de Moscovite qu'ils mettaient un pied dans un restaurant d'un tel standing. Ils nous regardaient comme des nababs et, c'était un peu vrai, car l'addition était assez salée. J'apprécie très modestement la cuisine russe, et je n'aurais pas fait de folies pour leur *bortsch*. Plus tard, nos guides nous conduisirent dans un grand magasin pour touristes pour rapporter des souvenirs. Mon époux, toujours très généreux, m'offrit une robe noire russe toute brodée et bien entendu nous achetâmes du caviar, cadeau à offrir comme il se doit. La tête en l'air, nous empilâmes une dizaine de boîtes de caviar dans notre caddy, des blinis, du saumon fumé et nous voilà arrivés à la caisse. Lorsqu'on nous présenta la facture, on faillit s'évanouir. Comme c'était cocasse ! La boîte de caviar coûtait ce prix ? On avait plus de dix mille dollars d'achat, presque la totalité de notre voyage ! Le président Soglo voulait faire bonne contenance ; n'avait-il pas été ancien président de la République ? Quant à moi, je ne me gênais pas pour dire que c'était au-dessus de nos moyens. Je remis donc promptement plus de la moitié de nos boîtes de caviar sur les étagères et, très calmement, je dis à la caissière que faute de prix marqués sur les boîtes, on s'était un peu emballés, car on pensait que c'était abordable. Tant pis donc pour les amis qui n'auront à notre retour, non pas du caviar, mais quelques petits flacons de vodka qui feraient bien l'affaire ! On remercia chaleureusement nos guides et nous prîmes le chemin du retour. Nous étions très satisfaits de notre séjour en Russie. On devait aller en Ukraine, mais à la dernière minute on décommanda notre voyage, parce que c'était encore très loin.

Rattrapée par la politique politicienne

Avant notre départ, alors que nous faisions notre dernière promenade dans le jardin de Moscou, un coup de fil nous apprit que quelques députés de la Renaissance du Bénin avaient fait un congrès à Allada, à mon insu bien entendu, et avaient décidé de me retirer la présidence du parti. À la tête des conspirateurs : Nathaniel Bah, Guy Adjanohoun suivis par d'autres intrigants qui, lâchement, et profitant de mon absence, voulurent mettre la main sur le parti que j'avais créé dans les larmes et le sang.

Je rentrai donc déterminée à arrêter ces "voyous". On arriva en France où nous fîmes une escale de quelques jours à Paris, et c'est avec la volonté d'en découdre avec cette bande de conspirateurs que nous débarquâmes à Cotonou. Je ne pouvais me laisser dépouiller de la sorte par des mécréants et j'étais décidée à me battre de toutes mes forces. Dès mon retour, je fis réunir un bureau politique pour m'informer des faits. On décida de la stratégie à tenir et, sur les conseils de maître Abraham Zinzindohoué, nous attaquâmes la décision du congrès d'Allada devant la Cour suprême. Il fut notre avocat, il défendit, avec talent, brio et compétence, le parti qui était le sien, et nous eûmes gain de cause. Je dois souligner ici que les statuts de la RB me donnaient la possibilité de coopter des tiers sans en référer à quiconque : c'est ainsi que j'eus la chance de pouvoir faire appel à mon fils Ganiou et à son « groupe de réflexion » composé des jeunes du parti pour mettre ces conspirateurs en ballotage défavorable. Et je récupérai l'entièreté de mon parti ; quant aux usurpateurs, ils furent condamnés et durent honteusement quitter nos rangs. J'avais accusé le coup mais j'avoue que la trahison de ces deux "lascars", surtout Nathanaël Bah, que j'avais nommé à une très grande place (chef du matériel) lors des élections (ce qui, ceci dit en passant, lui avait permis de terminer sa villa à Akpakpa) et Guy Amédée Adjanohoun, qui était député à l'Assemblée nationale, et je ne comprenais vraiment pas la raison de leur traîtrise.

Décidément la politique n'est pas faite pour les enfants de chœur et ce n'était qu'un début... Je fis le serment de ne plus faire confiance à qui que ce soit, de ne plus me laisser jamais surprendre par les événements, mais... « l'homme propose, Dieu dispose ».

Le temps passa vite. Avec l'année 1999, nous voilà de nouveau en campagne électorale, et comme toujours, la confection des listes électorales est un véritable parcours du combattant, une véritable souffrance. Tout le monde bien entendu veut aller au palais des gouverneurs ; comme le dit l'adage « il y a beaucoup d'appelés mais peu d'élus ». J'aime la campagne électorale, j'y suis comme un poisson dans l'eau ! Véritablement ! Vraiment ! J'aime m'adresser à la foule et je comprends maintenant le sentiment d'ivresse que l'on ressent lorsque toute une salle se lève pour vous applaudir. C'est la même chose lorsque vous êtes sur le terrain. Vous êtes accueilli par « houézèhouè gnan ! »[49] : (Trois fois) « mi do gbè » : (nous sommes vivants) « tchéké tchéké » : (bien, bien vivants) et on entonne l'hymne du Parti : "la Renaissance est mon parti". Cela vous galvanise une foule et, comme d'habitude, méthodiquement et courageusement, nous labourons tous nos fiefs pendant les quinze jours de campagne électorale. Et l'effort paie, car rien ne vaut le contact avec la population à la base : les oubliés et cette population vous le rendent toujours. Rien de miraculeux, toutes les victoires de la RB partent de là, ce respect des militants, car sans eux il n'y a pas de parti, sans leur fidélité et leur vote, il n'y a pas de députés. Nous avons savouré notre victoire.

J'attaquai ma seconde législature qui, en réalité, était la troisième pour le pays depuis le renouveau démocratique de 1990-1991. Bien entendu, la misogynie ambiante sévissant, il n'était pas question de mettre une femme au perchoir. Je pouvais pourtant y prétendre, j'en avais la capacité intellectuelle, l'étoffe politique ainsi que la compétence. Pourtant, je dus céder la place à Adrien Houngbédji et je conservai la présidence de mon groupe parlementaire « la Renaissance du Bénin », forte de vingt-six députés. La RB donna encore ses députés pour l'élection d'Adrien Houngbédji au perchoir avec un bureau composé de : Sacca Lafia, premier vice-président, Aurélien Houessou, deuxième vice-président, Maxime Houédjissin, premier questeur, Eléazar Nahum, deuxième questeur, Orou Gabé Orou Sego, premier secrétaire parlementaire et Codjo Achodé, deuxième secrétaire parlementaire.

*

Cette année-là, le Parlement panafricain (PAP), dont le siège est en Afrique du Sud, vit le jour sous l'instigation des chefs d'État du continent. Dans la charte de ce PAP, il fut décidé que chaque pays devait envoyer cinq membres dont une femme et

---

[49] Cris de ralliements, slogans de la Renaissance du Bénin.

un membre de l'opposition. C'est ainsi qu'en 1999, l'opposition étant minoritaire à l'Assemblée nationale, la majorité contourna les articles de la charte et l'esprit de la loi (pour éviter de donner deux places à l'opposition) en conservant quatre membres sur cinq et en faisant d'une pierre deux coups. On m'envoya au PAP en tant qu'opposante et femme. Le tour était joué.

C'est aussi cette année-là que le parlement de la CEDEAO fut installé. Dans ce cas aussi, l'opposition parlementaire, conformément aux textes de cette institution, envoya ses membres à Abuja au Nigeria, siège de la CEDEAO. Je restai quinze ans au PAP de 1999 à avril 2014. Je quittai l'Afrique du Sud parce qu'entretemps, ce qui était tout à fait anodin pour certains à l'époque des dix millions concernant mes opérations oculaires devint hélas une cruelle réalité. Je perdis petit à petit la vue et sombrai dans l'obscurité vingt-quatre heures sur vingt-quatre. Il devint donc difficile pour moi de faire le voyage Cotonou-Pretoria plusieurs fois dans l'année et ce, pour un séjour de quinze jours maximum. Non seulement cet exercice m'épuisa, mais devint très humiliant. Comme l'écrivait Jean-Paul Sartre : « tant que vous n'êtes pas en situation vous ne pouvez discourir de rien. » Je décidai donc de mettre fin à ce long et épuisant voyage pour rester dans la sous-région en qualité de membre du Comité interparlementaire de l'Union économique et monétaire ouest-africaine (CIP/UEMOA) qui comprend le Bénin, le Burkina Faso, la Côte d'Ivoire, la Guinée Bissau, le Mali, le Niger, le Sénégal et le Togo, ces pays étant dans mon aire géographique. En une heure, je peux me rendre au Togo et pour les pays les plus lointains, en trois heures, je peux être au Sénégal et en Guinée Bissau, ce qui, de ce fait, est moins fatiguant pour moi.

Le début du quinquennat de Mathieu Kérékou ne fut marqué par aucun fait saillant sauf que, tout doucement, le pays s'enlisait de nouveau dans la pauvreté. Le coton avait totalement périclité. Aussi, les ressources financières que nous rapportait l'or blanc disparurent elles aussi et allaient nous manquer. Il n'est de secret pour personne que cette richesse, nécessaire, nous assurait une indépendance qui nous mettait à l'abri des subventions françaises.

Les scandales

Si le développement commençait à déserter le paysage béninois, il n'en était pas de même pour les intrigues et les scandales. Nous entendîmes au Parlement le ministre de l'Intérieur du moment, Daniel Tawema nous servant sa version de la rocambolesque affaire "Tidjani Hamani" qui allait bientôt secouer le pays en nous parlant de "consciemment ou inconsciemment".

Le sieur Tidjani Hamani était de nationalité nigérienne. Nous nous réveillâmes un jour, sous l'autorité du gouvernement du Nigeria dirigé alors par le général Olusegun Obasanjo. Nos frères de l'Est s'installèrent à Akpakpa dans une grande villa comme si nous étions en état de siège. C'est ainsi que notre pauvre pays apprit qu'il y avait un vaste réseau de vente de voitures de luxe volées au Nigeria, souvent suite à des braquages sanglants. La tête du gang s'était installée dans une vaste et cossue villa du quartier Jak à Akpakpa au sud-est de Cotonou où on menait grand train. Le champagne coulait à flot et pour cause.

On a même au passage évoqué le nom du président Émile Derlin Zinsou qui aurait été un adepte des lieux. L'affaire Hamani débuta lorsqu'on apprit qu'un proche du président Obasanjo, dont la femme était l'amie de la fille de ce dernier, fut kidnappé dans sa voiture à la sortie de la messe. Les passagers, dont une jeune fille, furent blessés. Les ravisseurs relâchèrent leurs victimes mais emportèrent la voiture à Cotonou, une magnifique voiture de marque allemande Mercédès, haut de gamme. Le président Obasanjo prit l'affaire en mains et envoya une troupe au Bénin, en violation de notre indépendance et de l'intégrité du Bénin. La troupe bien informée mit rapidement la main sur les auteurs de cet attentat, les retrouvant dans la fameuse villa à Akpakpa, et se saisit du cerveau de cette ténébreuse affaire, un certain Tidjani Hamani, connu des services des renseignements nigérians. Il fut appréhendé par la police nigériane, toujours en violation de nos droits. Le président Obasanjo, comme à son habitude, fut d'une promptitude et d'une sévérité, pour ne pas dire brutalité, dans l'issue de cette affaire scabreuse mais douloureuse. Ainsi finit la « fameuse affaire Hamani » qui défraya à son heure la chronique cotonoise plus que béninoise. Il en était de même pour les véhicules venus de France et de la filière chargée de leur escorte vers les frontières béninoises qu'on dénomma “Défi emploi”. On découvrirait bien vite que cette structure générait 750 millions par semaine que se partageaient les enfants de Mathieu Kérékou et leurs acolytes. Une société qui suscita beaucoup de convoitises et déclencha la guerre des clans dans l'hémicycle.

Une décision majeure fut prise : le vote de la loi pour allouer une liste civile à tous les présidents de l'ère démocratique et, paradoxe, Mathieu Kérékou figura sur cette liste, et nous fîmes une fleur au président Émile Derlin Zinsou qui n'a jamais été président de l'ère démocratique. Mais dans l'hémicycle, il avait encore des adeptes “zinsouistes”. Il faut saluer ce texte de loi car il mettait à l'abri des vicissitudes de la vie des présidents qui avaient servi avec bravoure et loyauté leur pays. Ainsi le Bénin suivait l'exemple des pays européens, américains et de certains pays africains.

Nous avions remarqué que les anciens députés qui n'avaient pas hélas eu la chance de revenir dans l'hémicycle, menaient une vie misérable parce qu'ils n'étaient dotés de rien et n'avaient même pas de retraite. Ce fut l'exemple de notre collègue Jérôme Saka Kina Guézéré qui disparut et qui nous laissa gérer une situation impossible.

Retour du président Soglo des États-Unis : vers l'élection présidentielle de 2001

Le président Soglo rentra, après avoir déposé son mémoire retraçant les travaux faits à Harvard, car l'élection présidentielle de 2001 arrivait lentement mais sûrement. Il était de nouveau candidat et il était impératif qu'il reprît contact avec son électorat. 2001 sera le dernier combat dans l'arène de Nicéphore Dieudonné Soglo, car ensuite il sera frappé par la limitation d'âge compte tenu de l'article 44 de la Constitution du 11 décembre 1990. De nouveau tous les Houezèhoué se mirent au travail, persuadés de détenir leur revanche pour une éclatante victoire en avril 2001.

Mais très vite, grâce au « groupe de réflexion » et à la cellule informatique mise en place par Ganiou qui décela nombre de dysfonctionnements dans le dispositif des élections, on constata que le combat était truqué d'avance et que ce serait une cuisante défaite pour les Houézèhouè. Dans ces conditions, l'état-major de la RB se réunit dans une large constatation. Après lecture des résultats de ces investigations, le président Nicéphore Dieudonné Soglo décida, dans une courageuse et lucide décision, d'arrêter les frais.

Une déclaration fut faite et la RB quitta la scène politique pour ces élections de 2001. Il resta donc en lice le président Mathieu Kérékou, Adrien Houngbédji, Bruno Amoussou et consorts. Adrien Houngbédji se retira à son tour. Le "match amical", comme on l'appela entre Amoussou et Kérékou, prit fin avec la victoire du Général pour un second mandat de l'ère démocratique.

Ce second mandat d'avril 2001 à avril 2006 sonna définitivement et inexorablement le glas de la dégradation du développement et du redressement de l'économie nationale. Entreprise de redressement national, rappelons-le, engagée et menée à terme avec brio et panache par le premier président de l'ère démocratique, Nicéphore Dieudonné Soglo. Pouvait-il en être autrement, après le premier soubresaut qui ébranla les Béninois et les Béninoises dans le retour de Mathieu Kérékou sur la scène politique du pays ?

Je me répète peut-être, mais c'est le moment de souligner que la Conférence des forces vives de la nation avait été décidée à la suite de l'incurie et de la dégradation totale de tous les secteurs de l'économie de notre pays et ce, après dix-huit années d'une conduite calamiteuse, aventureuse et mortelle par une bande de « quarterons de soldatesques » qui précipita le pays dans le marxisme-léninisme. Comment un peuple politiquement mûr et prenant son destin en mains pouvait-il décemment faire revenir celui qui fut sanctionné par les institutions de Bretton Woods[50] ?

Comprenne qui le pourra. Les mêmes causes entraînant les mêmes effets, ce retour du « caméléon » et de sa bande de fossoyeurs de l'économie nationale précipita de nouveau le pays dans la récession économique. Ce second mandat 2001-2006 vit l'avènement du commerce à partir du Port de Cotonou, des véhicules appelés des “venus de France”. En effet, l'Europe nous envoyait toutes les carcasses de ces voitures ne correspondant plus aux normes précitées, voitures qui furent déversées sur le marché africain qui n'avait pas les moyens de s'offrir des voitures neuves haut de gamme. Ces voitures venues de France devinrent bientôt une plaie pour le continent africain car, très vite, elles rendirent l'âme, et leurs carcasses encombrèrent les routes et les rues africaines. Le Bénin, quant à lui, servit de pays de transit et on vit des cortèges de “venues de France” sortant du port de Cotonou en partance pour le Nigeria et les autres pays de l'hinterland. Très judicieusement, Mathieu Kérékou mit une taxe de cinquante mille francs sur chaque véhicule entrant dans le pays. À ce compte, il put engranger, comme nous l'avons déjà mentionné plus haut, jusqu'à 750 millions par semaine qu'il partageait avec les siens, surtout avec ses enfants, dans une société dénommée « défi emploi ». Ce fut un juteux commerce.

Comme toute chose, ce commerce prit fin avec une loi du Nigeria qui interdit ces “venues de France” qui constituaient un véritable fléau pour ce pays. Ainsi tarit la source des “venues de France”.

Ce magnifique pactole servira à Mathieu Kérékou pour aller à la conquête du pouvoir une seconde fois en 2001. Et bien entendu, il gagna haut la main la bataille. Quelle revanche pour

---

50 La Banque mondiale et le Fonds monétaire international.

ce monsieur qui, chassé du pouvoir en 1990 par une Conférence nationale et en 1991 par les urnes, revint au-devant de la scène d'une façon démocratique en 2001 après 1996 ! Et de surcroît, en faisant la nique à toute la classe politique béninoise par sa triomphale élection en 2001 !

Nouvelles élections législatives en 2002

La RB, toujours en lice, entama la troisième législature ; en fait, la quatrième de l'ère démocratique pour le pays. Avec 15 députés, je conservai mon groupe parlementaire ; cette année-là, nous étions des Non-Inscrits au Palais des gouverneurs. C'était Antoine Kolawolé Idji au perchoir. Cette fois-ci, aucun membre de l'opposition que nous étions ne rentra dans le bureau composé de Léon Bio Bigou, premier vice-président, Eustache Akpovi, deuxième vice-président, Patrice Gangnito premier questeur, Jean-Claude Hounkponou deuxième questeur, Codjo Achodé premier secrétaire parlementaire et André Dassoundo deuxième secrétaire parlementaire.

En ma qualité de doyenne d'âge de l'Assemblée nationale, je présidai aux destinées du futur bureau. Malgré l'article de notre règlement intérieur qui stipule que, dans la mesure du possible, un membre de l'opposition devrait faire partie du bureau. La majorité présidentielle de Mathieu Kérékou s'y refusa obstinément. Toutes mes demandes furent systématiquement rejetées même par la Cour constitutionnelle présidée par madame Conceptia Houinsou qui m'intima l'ordre de faire les élections sinon c'est elle qui nommerait *de facto* les membres du futur bureau de l'Assemblée nationale. Les décisions de la Cour étant sans appel, je fis donc les élections qui, comme on pouvait s'y attendre, écartèrent l'opposition du bureau de l'Assemblée nationale, c'est-à-dire de toutes les décisions qui seraient prises pendant quatre ans.

En fait, une grande partie de la nation béninoise était injustement et, par le fait du prince, écartée des affaires de l'État béninois. Le tiers de cette population était donc sans voix au parlement ; elle n'existait pratiquement pas, ce qui est un déni de démocratie. L'opposition se composait des membres de la RB, de l'UDF de Sacca Lafia qui travailla de concert et ce, courageusement au sein de l'hémicycle. Avec ce renfort de taille venant du septentrion, la lutte fut féroce au sein de l'hémicycle. C'est ici qu'il faut souligner le courage, que dire, la témérité de ce parti du septentrion qui pour la première fois de l'histoire de notre pays s'opposa ouvertement et ce, pendant dix ans, à un président de la République fils du septentrion, Mathieu Kérékou. Je rends donc hommage avec beaucoup d'émotion et de respect à ce parti et à ses membres. Qui connaît le régionalisme viscéral et ambiant surtout lors des élections en Afrique comprendra aisément le courage de ne pas être d'accord avec son clan. L'absence de l'opposition dans le bureau de l'Assemblée nationale ne nous impressionna guère et ne fit que renforcer notre détermination à nous battre avec les armes qui étaient les nôtres. Ce fut exaltant de voir pour la première fois un parti du Nord et du Sud faire cause commune pour défendre les intérêts supérieurs de la nation béninoise. Nous réussîmes à plusieurs reprises à porter des coups de boutoir à l'édifice échafaudé et mis en place par le "caméléon" et ses acolytes. Nous arrivâmes quelquefois à renverser la tendance et à obtenir gain de cause. Il est vrai que nous fûmes alors aidés par une fin de règne qui approchait à grande allure.

Une de nos victoires fut le vote du projet de loi sur la décentralisation et pour cause, Mathieu Kérékou ne voulait absolument pas entendre parler de la décentralisation. Cela se comprend aisément, car de ce fait un certain nombre de pouvoirs lui échappaient : la venue des maires et des conseillers dans les 77 communes, la suppression des sous-préfets, véritable sixième colonne du pouvoir.

La décentralisation enfin : les Houézèhouè à l'assaut de la mairie de Cotonou pour… NDS

Les « Houézèhouè » se concentrèrent sur les élections municipales communales locales et législatives qui s'annonçaient. On assista alors à quelque chose d'inédit chez les membres du parti, les Renaissants comme on les appelle. Toutes les femmes des petits marchés de Cotonou vinrent au domicile de l'ex-président Nicéphore Dieudonné Soglo le supplier de se présenter à ces premières élections concernant la décentralisation dans notre pays.

Surpris, le président Soglo répondit que, de mémoire de responsable politique, on n'avait jamais vu « un chef de gare devenir un aiguilleur ».

En effet, expliqua-t-il « d'habitude, on s'envole de la mairie pour la présidence comme le président Jacques Chirac qui, de la mairie de Paris partit à l'assaut de l'Élysée et non pas le contraire. Ce fut donc une première en l'espèce, mais le Dahomey, aujourd'hui Bénin, n'avait jamais cessé d'étonner le monde.

C'est ainsi qu'on se lança de nouveau dans la bagarre. Le parti, tout en soutenant la candidature des nôtres dans nos fiefs traditionnels Atlantique, Zou et Collines, se concentra cependant sur le Littoral. Il lui fallait acquérir la majorité pour une victoire éclatante pour le futur maire de la capitale économique du Bénin.

Ces élections municipales communales et locales eurent lieu en décembre 2002 et janvier 2003. Comme prévu, la RB sortit son joker en la personne de l'ex-président Nicéphore Dieudonné Soglo. Décidément la RB est bénie des dieux. Comme à l'habitude, nos fiefs furent dans notre escarcelle, et notamment le Littoral ainsi que le Zou. Malheureusement les manœuvres dégradantes et le kidnapping d'un de nos conseillers enfermé dans le cabinet du président Mathieu Kérékou nous firent perdre la mairie d'Abomey-Calavi.

L'ex-président, mon époux, Nicéphore Soglo, se retrouva, avec une majorité écrasante de onze arrondissements sur treize, à la tête de la mairie de la plus grande ville du pays, j'ai nommé la capitale économique du Bénin : Cotonou. Très vite, on découvrit ce que cachaient les manœuvres honteuses du président Mathieu Kérékou : il avait vidé la décentralisation de toute sa substance, du moins dans le Littoral.

*

La RB accéda à la mairie de Cotonou et voilà donc Nicéphore Dieudonné Soglo maire pour cinq ans à la tête de notre capitale économique. Comme toujours, avec méthode, assurance et détermination, il se mit au travail avec son équipe.

La loi sur la décentralisation avait décidé que Cotonou, Porto-Novo et Parakou auraient un statut particulier. Ainsi la mairie de Cotonou fut dotée de trois adjoints au maire ; deux pour Porto-Novo, deux pour Parakou. Dans les soixante-quatorze autres communes du Bénin, le maire n'avait qu'un seul adjoint. Pour l'ex-président de la République du Bénin, ce fut une nouvelle découverte. Mais cette fois-ci la tâche ne fut pas facile, car le pouvoir de Mathieu Kérékou ne lui laissa aucun répit. Au contraire, il multiplia les provocations. Contrairement à la loi votée qui édictait que l'aéroport, le port, le marché Dantokpa devaient être sous le contrôle de l'administration municipale, le pouvoir malheureusement ne lâcha pas ces trois poumons de l'économie nationale qui contribuaient, par les taxes générées, à l'administration et au développement de la capitale économique. Le gouvernement de Mathieu Kérékou tint solidement les cordons de la bourse en refusant de reverser à la trésorerie de la mairie cet argent qui lui revenait de droit et légalement. Dans ces conditions, il était difficile sinon impossible au nouveau maire de s'atteler aux gigantesques tâches qui l'attendaient à la mairie de Cotonou.

À l'impossible nul n'étant tenu, le maire et son administration furent bloqués et ne purent rien entreprendre. La ville croulait sous les ordures car il faut souligner avec force que sur les 800 tonnes d'ordures générées par la capitale économique, un quart vient du marché Dantokpa, le plus grand marché de la sous-région. Et ce paradoxe continue jusqu'à ce jour. Les adversaires politiques du maire sont prompts à crier sur les toits « Cotonou est sale, Cotonou est mal entretenue », en oubliant délibérément pour quelles raisons et qui est responsable de cet état de choses. L'honnêteté intellectuelle n'étant pas la vertu cardinale du gouvernement de Mathieu Kérékou et de ses acolytes, ceux-ci oublièrent délibérément les résultats obtenus par Nicéphore Dieudonné Soglo et son gouvernement pendant son quinquennat. Ils n'étaient pas à une mauvaise foi près.

2005 : la fronde au sein du groupe parlementaire

En 2005, mon groupe parlementaire éclata avec le départ de six députés. La fronde fut menée par un député du Littoral, Candide Azannaï, qui était, ce n'est pas trop dire, mon œuvre, et dont j'avais fait le secrétaire exécutif de notre parti la Renaissance du Bénin après notre congrès qui avait vu le départ de Aurélien Houessou. C'est dire que cette trahison venait de mon bras droit, celui à qui j'avais fait confiance et qui avait démantelé mon groupe parlementaire pour, de ce fait, me priver de la présidence et de tous les privilèges qui y étaient liés : bureau, cabinet, voiture de fonction. Il embarqua avec lui six députés sur treize. Il exigea avec véhémence et autorité du président Kolawolé Idji de me retirer ma voiture de fonction, de me chasser de mon bureau et de mon cabinet et mena avec arrogance une bataille féroce pour arriver à ses fins. Il s'agissait pour lui de m'humilier coûte que coûte.

C'est une dure leçon que j'ai tirée de ma vie parlementaire : qu'en politique ou tout simplement dans la vie, il ne faut jamais secourir quelqu'un car il vous en voudra toujours de l'avoir vu dans une situation d'infériorité. Cette leçon fut très bénéfique pour moi, même si elle fut traumatisante. J'ai compris l'adage « l'homme est un loup pour l'homme ». C'est le lieu de rendre un hommage vibrant et reconnaissant au président Antoine Kolawolé Idji qui, de toute sa force et de son pouvoir discrétionnaire, s'opposa fermement aux injonctions de Candide Azannaï. Il attendit donc que je trouve deux autres membres de mes collègues pour venir compléter les membres de mon groupe parlementaire. La justice immanente au rendez-vous, nous apprîmes la mort du député Eléazar Nahum. Son suppléant rejoignit mon groupe. Ainsi, je fus sauvée de l'humiliation.

*

Avant cet épisode du départ de mes collègues, Candide Azannaï qui était comme je l'ai dit secrétaire exécutif de la Renaissance du Bénin, me prévint, pendant les vacances parlementaires de 2005 que, fatigué, il voulait aller se reposer à Lomé au Togo. Toujours écoutant ma générosité et il faut ajouter que, n'ayant aucun service de renseignement en tant que chef de parti, je remis même une somme de 500 000 FCFA à mon secrétaire exécutif pour lui permettre de prendre un bon repos et de revenir en pleine forme après les vacances parlementaires. Comme vous le voyez, je fus payée en monnaie de singe. Le vrai motif des vacances togolaises de Candide Azannaï ne fut dévoilé que quelques mois plus tard lors de l'élection présidentielle de mars 2006. Bien entendu, il nous fallait un nouveau président de la République. Heureusement toutes les bonnes choses– hélas pour d'autres – ont une fin.

2006 arriva. Kérékou prit une retraite bien méritée et ce, définitivement ; ainsi pourrait-il mettre à profit son temps libre pour peut-être écrire ses mémoires…

Course présidentielle de 2006 : le visage d'un nouveau venu

Tout le travail et le redressement titanesques entrepris par « Hercule » furent lentement mais sûrement mis à mal par le nouveau gouvernement. Lorsqu'en 2006 Mathieu Kérékou quitta à jamais la scène politique béninoise, ayant accompli les deux mandats prescrits par la Constitution béninoise du 11 décembre 1990, la cause était entendue. De nouveau, le Bénin amorçait sa lente descente aux enfers. Mais nous ignorions que le pire allait venir. Mathieu Kérékou quitta définitivement la scène politique début 2006.

En 2006, Bruno Amoussou était frappé par la limitation d'âge mais Adrien Houngbédji en était à sa dernière élection présidentielle. Un nouveau venu fit son apparition sur la scène politique béninoise. Un inconnu. Il se présenta pour la première fois, un certain Thomas Boni Yayi. Il avait fait ses débuts comme conseiller dans le cabinet du président Nicéphore Dieudonné Soglo ; le béni des dieux s'avérait être le cousin du beau-frère du président Soglo, le Dr Pierre Boni, époux d'une petite sœur consanguine du président. C'est par elle qu'il fut admis dans le cabinet du président Soglo et toujours surfant sur la chance, le président l'envoya comme président de la BOAD (Banque Ouest Africaine de Développement) dont le siège est à Lomé au Togo.

Au départ du président Soglo de la scène politique en 1996, le régionalisme aidant, Kérékou devenu président de la République, avait renouvelé à Boni Yayi une seconde fois son mandat à la tête de la BOAD. C'est ainsi qu'il fit ses premiers pas dans l'arène politique en côtoyant pendant dix ans le redoutable et craint président Gnassingbé Eyadema du Togo. Ce jeune fonctionnaire international fut littéralement fasciné par le président Eyadema. Le pouvoir pouvait donc, comme disait Henri Kissinger, être aussi aphrodisiaque. Sans aucune exagération, nous pouvons écrire qu'Eyadema, meurtrier du président Sylvanus Olympio, gouverna pendant plus de trente ans le Togo d'une main de fer. Il fut un véritable dictateur. Il s'appuya sur son ethnie les kabrè qui, sous son règne, changèrent de vocable et devinrent kabyiè. En effet, une garde prétorienne kabyiè veillait vingt-quatre heures sur vingt-quatre sur le chef de l'État, surtout lorsqu'il était à Pyia. J'ai décrit les péripéties inconnues du commun des mortels subies par le Général Eyadema. Ce ne fut pas à l'évidence un règne de toute sérénité. Ses adversaires politiques l'affrontèrent courageusement avec les armes qui étaient les leurs. Un hommage particulier à ce vaillant peuple togolais ! Thomas Boni Yayi, qui assista ébloui à cette dictature, en fit son credo. Il se nourrit à cette source nocive et, à croire qu'il avait lu Machiavel[51], ce jeune venu, qui avait fait son doctorat en économie sur la terrasse du président Nicéphore Dieudonné Soglo, voyait la magistrature suprême à sa portée. Bien conseillé peut-être, il n'oublia pas de faire allégeance au président Soglo pour s'approprier ses acquis sur le plan du développement et de la croissance du pays, et la renommée se répandit partout qu'il était comme le troisième fils du président Nicéphore Dieudonné Soglo. Quelle aubaine !

En 2006, il se trouva donc qu'il était membre de la RB avec sa carte d'adhérent bien en main. Mais il ne brigua pas la magistrature suprême sous les couleurs de la RB. C'est une coalition hétéroclite de partis, de mouvements et de personnalités qui le portera au pouvoir en avril 2006. La Renaissance du Bénin aligna Lehady Vinagnon Mitou Soglo. Le Parti du renouveau démocratique, toujours avec son candidat Adrien Houngbédji. Le premier tour vit apparaître trois candidats : Boni Yayi avec 1 074308 voix ; Adrien Houngbédji avec 727 239. Le jeune Léhady Soglo vint en quatrième position avec 235 478 après Bruno Amoussou qui eut 489 122.

---

[51] Machiavel, Nicolas (1469-1527) : théoricien de la politique et de la guerre et écrivain italien, il a écrit un traité politique fondant le machiavélisme qui est un traité d'habileté perfide en politique où tous les coups sont permis pour arriver à ses fins (*Le Prince*, *L'art de la guerre*)

Léhady Soglo récolta quand même neuf pour cent de voix, ce qui fut pour un premier essai un coup de maître. Le second tour mit face à face Adrien Houngbédji, le vétéran, et Thomas Boni Yayi, « l'Intrus qui connaissait la maison[52] ».

*

Boni Yayi entretint de façon subtile la confusion entre son patronyme et son prénom, Thomas Yayi Boni, lorsqu'il se trouvait dans le septentrion.

En effet, Boni est un nom du nord alors que, dans le cas de notre nouveau candidat, c'est son prénom. Dans le sud, Thomas Boni Yayi, et là c'est la vérité, Thomas Boni est son prénom et Yayi est un nom des Collines. Comme le notait le président Nicéphore Dieudonné Soglo, tantôt il était un oiseau avec des ailes Boni, tantôt il était chauve-souris Yayi. Cela lui réussit merveilleusement. Il fit le plein dans le septentrion et aussi le maximum dans le sud. Les « Houézèhoué » en aucun cas ne voulurent voter pour Adrien Houngbédji qu'ils considéraient, à tort ou à raison, comme un traître ayant préféré donner comme consigne à son parti de voter en 1996 au second tour pour le retour du "caméléon". L'occasion était trop belle pour prendre leur revanche. Ils vinrent massivement au domicile du président Nicéphore Dieudonné Soglo pour connaître les consignes de vote. Tous exprimèrent leur rejet total pour donner leur voix : « papa, dirent-ils, si vous donnez cette consigne, nous resterons chez nous et nous n'irons pas voter ». Bien entendu, Adrien Houngbédji qui subodorait cette décision vint au domicile du président-maire de Cotonou pour s'exprimer *urbi et orbi* devant les caméras de télévision sur les raisons de son vote de 1996 et demander pardon au président et à son parti politique. Rien n'y fit, les Renaissants tinrent bon. Il leur fallait leur revanche, ils la tenaient et ce, en mémoire de tous les Béninois et Béninoises qui avaient perdu la vie sous le choc de la décision prise au second tour par maître Adrien Houngbédji.

Le sort en étant jeté, le 6 avril 2006, le président Thomas Boni Yayi prêta serment pour son premier quinquennat à Porto-Novo

[52] Titre du livre d'Edouard Loko (Ed. Tunde, Bénin, 2007).

sur l'esplanade de l'Assemblée nationale. D'emblée, un premier incident eut lieu lorsque, dans son discours de premier magistrat du pays, Thomas Boni Yayi fit l'impasse sur la seconde institution du pays, j'ai nommé le parlement béninois. Lorsque discrètement, on lui en fit part, au lieu de reconnaître sa responsabilité, il éluda la question en continuant son discours. Il se crut obligé de rejeter la faute sur le protocole. Cela commençait bien mal. Je ne peux pas passer sous silence qu'avant l'élection présidentielle, la Renaissance du Bénin signa un accord avec un protocole en bonne et due forme avec le candidat. Dans ce contrat, il était dit que la RB soutiendrait avec sa machine de guerre la candidature de Boni Yayi, en contrepartie ce dernier, au cas où il serait élu, nous réservait un certain nombre de ministères, la nomination de préfets et de postes diplomatiques. Ce contrat fut signé non pas par la présidente du parti que j'étais mais par le président Nicéphore Dieudonné Soglo et le candidat Thomas Boni Yayi. Dès son accession à la magistrature suprême, Boni Yayi considéra ce papier comme nul et non avenu en violant son engagement et ce, sans aucune explication jusqu'à ce jour. Il faisait fi de l'adage : « la parole d'un chef est sacrée ». Aussi, quand le président Soglo lui présenta la liste de nos membres qui devaient entrer dans le gouvernement, il lui répondit que Bonnecorse[53], conseiller du président Jacques Chirac, lui avait dit de ne pas tenir compte de cette feuille de papier. La réplique du président Soglo fut cinglante : « C'est donc avec Bonnecorse que tu as fait la campagne et qui t'a donné la victoire ? » La Renaissance du Bénin fut envoyée aux oubliettes et n'eut rien, pas un « kopeck » du nouveau président Yayi.

La guerre de la « com »

Le quinquennat débutait mal sur des trahisons et des feintes de balayeurs, des dissimulations et de la lâcheté. Rien de bon à entrevoir à l'horizon et, qui plus est, pour une durée de cinq ans. Hélas, nous n'étions pas au bout de nos peines. Débuta une ère de communication tous azimuts. Les médias vingt-quatre heures

[53] Michel de Bonnecorse, diplomate, responsable de la cellule « Afrique » de 2002 à 2007 sous la présidence de Jacques Chirac.

sur vingt-quatre vantaient les mérites du “docteur”. Le peuple ébahi, sonné, se demandait si notre président était médecin, ce qu’il ignorait jusqu’à présent. En effet, dans l’aire géographique francophone, « docteur » signifie « le médecin qui soigne les malades ». C’est chez les anglophones et les Allemands que le vocable docteur s’adresse à quelqu’un qui a obtenu un doctorat en anglais, un PHD, qui devient chercheur sur le plan économique, sur le plan scientifique, donnant accès à une chaire à l’université. Et ce terme n’est pas utilisé pour désigner celui qui a son doctorat ni celui qui a fait sa thèse, ce qu’avait fait Boni Yayi.

C’est le lieu de noter pour clore définitivement ce chapitre que notre secrétaire exécutif à la RB, Candide Azannaï, lors de son séjour à Lomé au Togo soi-disant en vacances comme mentionné plus haut, avait pris contact avec Boni Yayi, encore alors président de la BOAD pour lui “vendre” la Renaissance du Bénin. Il lui promit de faire du lobbying parmi les membres des députés à l’Assemblée nationale pour faire connaître le visage du futur candidat Boni Yayi. En compensation, en cas de réussite, le ministère de l’Intérieur devait lui revenir. Ce fut donc la raison de la trahison et de la perte de mon groupe parlementaire. Candide Azannaï avait mis sa promesse à exécution en “donnant” plusieurs députés au futur candidat. Malheureusement, nous ne sûmes tout cela que bien plus tard par le traître Candide Azannaï lui-même. En effet, à l’avènement de Boni Yayi au pouvoir, Azannaï trahit à son tour, puisqu’il n’obtint pas le ministère de l’Intérieur et n’entra même pas comme simple ministre dans le premier gouvernement de Boni Yayi. C’est ainsi que dépité, courroucé et quittant toute retenue, oubliant par là même sa grande part de responsabilité, il déballa sur les ondes pêle-mêle cette scandaleuse et dégradante affaire. Voilà un monsieur qui trahit la présidente de son parti et qui vient sans vergogne, perdant toute retenue, se “déboutonner”. En pareille circonstance, nul ne vient s’époumoner de sa propre turpitude ! Pour être toujours fidèle à moi-même, et pour en finir définitivement avec ce malheureux épisode, le président Candide Azannaï vint fin 2014 me présenter des excuses dans mon bureau à l’Assemblée nationale. Il y a lieu d’ajouter que, lors d’un remaniement ministériel, Candide Azannaï trouva enfin un poste comme ministre des petites et moyennes entreprises dans le premier quinquennat de Boni Yayi.

2007, la cinquième législature

Les élections législatives de cette année, les cinquièmes du renouveau démocratique, furent l'occasion d'un raz-de-marée pour les troupes du président Boni Yayi. De mon côté, avec mon parti, je fis encore mon entrée au parlement sous la présidence du professeur Mathurin Coffi Nago. Ce fut le triomphe des Forces Cauris pour un Bénin Émergent, alliance de partis, mouvements et personnalités politiques soutenant le président Boni Yayi. Les "cauris" comme on les appelle, entrèrent dans l'hémicycle avec une majorité absolue. Le bureau élu était composé d'André Dassoundo, premier vice-président, Antoine, Dayori deuxième vice-président, Sacca Fikara, premier questeur, Djibril Mama Debourou deuxième questeur, Joachim Dahissiho, premier secrétaire parlementaire et Amissétou Affo Djobo, deuxième secrétaire parlementaire. Je gardai la présidence de mon groupe parlementaire *Alliance Action Et Développement* toujours dans l'opposition. Le premier quinquennat du professeur Mathurin Nago fut une véritable déception. Nago, nommé depuis peu ministre dans le gouvernement de Boni Yayi fut débarqué et fut propulsé comme président de la seconde institution de notre pays mais surtout comme second personnage de l'État. Le professeur Nago, connu comme un grand professeur et chercheur, était néanmoins presque inconnu[54] sur le plan politique lorsqu'il débarqua au perchoir. Le professeur Nago était à l'époque un transfuge de la RB comme le président Boni Yayi, mais sa notoriété s'arrêtait là car sur le plan national, il était totalement inconnu en tant que politicien. C'était donc un sang nouveau avec un regard nouveau d'un grand intellectuel qui accédait au perchoir.

Nous en fûmes très heureux mais très vite – en ce qui me concerne –, mon enthousiasme s'affaissa comme un château de cartes. Nous allions de déconvenues en déconvenues avec notre

---

[54] Mathurin Nago a été député sur une liste de l'alliance Étoile pour la deuxième législature (1995-1999).

nouveau président. Je m'en excuse, mais beaucoup étaient aux ordres du président Boni Yayi. Celui-ci, excusez-moi du peu, le sonnait littéralement comme un subalterne. Dès qu'il lui téléphonait, notre président arrêtait tous les travaux et se précipitait à la présidence. Cet état de choses commençait à déplaire aux députés et plusieurs présidents dont Bruno Amoussou, Adrien Houngbédji, Idji Kolawolé et moi-même décidèrent de l'entreprendre sérieusement lors d'une discussion dans son bureau au Palais des gouverneurs. Il nous écouta poliment et opposa un refus catégorique à tous nos arguments. Il continuerait comme par le passé ses relations avec le locataire de la Marina ; alors nous lui déclarâmes la guerre. Systématiquement tous ses rapports annuels furent repoussés par un vote négatif. Les débats qui précédaient ces votes furent houleux et on épinglait le pauvre Nago que nous traitions de tous les noms de "faible", de "sans colonne vertébrale". Il nous fit face courageusement et, méthodiquement, il apprit son métier de président de l'Assemblée nationale. Il plia mais ne rompit pas. Par son côté serein, calme, toujours cherchant le consensus et non pas l'affrontement, il finit par nous désarmer. Nous n'abandonnâmes pas le combat mais nous fûmes moins virulents dans nos propos. L'hémicycle retrouva son calme habituel où les débats de cette cinquième législature furent de haut niveau, fructueux, de véritables débats politiques, même si la fronde continua.

Petit à petit, la classe politique ébahie, interloquée et éberluée découvrit la communication tous azimuts du docteur Boni. Nous eûmes droit à la marche sous le soleil contre la corruption en juillet 2007. Gare aux rebelles qui boudèrent cette cérémonie d'un nouveau genre ! La télévision et la radio déversèrent à longueur de journée les discours du Président Boni Yayi et de ses courtisans. On ne parla que de l'émergence, plusieurs groupes parlementaires mirent le nom "émergent" ou dénommaient leur groupe ainsi. On nous promit une ère de richesse, une récolte de quatre cent mille tonnes pour le coton.

*

En 2009 je devais partir en Afrique du Sud pour une opération oculaire, opération que cette fois-là, sans savoir pourquoi, j'appréhendais beaucoup.

Parfois, je me dis que je suis un peu "sorcière" sur les bords. Effectivement quand j'ai des prémonitions, cela se confirme très souvent. C'est vrai que je constatais que ma vue baissait. Des petits détails me renforçaient dans ce sentiment. Les ophtalmologistes avaient réuni un grand conseil pour établir leur décision finale. La greffe parisienne n'ayant pas tenu, ils se tournèrent vers les États-Unis pour avoir un greffon d'un Afro-Américain plutôt que d'un Blanc comme ce fut le cas à Paris à l'Hôtel-Dieu. Pendant ce temps, en attendant la venue du greffon, j'étais en observation. L'opération eut lieu. Je fus hospitalisée pendant une semaine. À ma sortie de l'hôpital, comme je n'avais pas terminé mon traitement et que j'avais toujours mes pansements sur les yeux, on m'installa dans un *guest house* où tous les jours une infirmière venait me changer mes pansements, et où on prenait totalement soin de moi. C'est lors de ce séjour que je reçus la fameuse visite du ministre d'État Kogui N'Douro, envoyé par le président Thomas Boni Yayi. Lorsqu'on me l'annonça, ma surprise fut grande et ma joie sincère. Il me dit qu'il était envoyé par le chef de l'État pour me témoigner sa compassion et tous ses vœux de prompte guérison. Il me remit une enveloppe, toujours de la part du chef de l'État. Naïvement, sans aucune méfiance, aveugle, je brandis l'enveloppe en m'écriant très sincèrement « Boni Yayi est formidable ». Il passa une journée avec moi et s'en retourna au Bénin. Le scandale éclata quelques mois plus tard lorsque les Sages du département du Plateau au Bénin m'envoyèrent Yacoubou Maléhossou. Décidément, me disais-je, tu es bien gâtée. À l'avenir je vais m'évertuer à tomber souvent malade ! Patatras, j'allais être sonnée par les nouvelles qui m'arrivaient. Les Aboméens avaient pris le mors aux dents et étaient furieux de la manière dont on traitait leur « yao[55] ». Il ne faut pas perdre de vue que le président Nicéphore Dieudonné Soglo est de sang royal et prince de Houawé. C'est ainsi que j'appris toute la bassesse, la fourberie, la méchanceté du président Thomas Boni

[55] En langue nationale fon : épouse.

Yayi. L'émissaire Kogui N'Douro n'était qu'un serpent qui me mordait cruellement car il avait oublié de me prévenir qu'il n'était pas venu seul mais qu'il était accompagné du chef d'état-major des armées et de journalistes qui, sans vergogne, et d'une manière honteuse et basse me photographiaient alors que j'étais très simplement habillée et que j'avais eu l'imprudence de brandir l'enveloppe qui m'était envoyée en énonçant « Boni Yayi est formidable ». Mon mari et mes enfants n'osèrent pas me prévenir de cette ignominie, craignant pour ma santé, car les nouvelles qui leur parvinrent du chirurgien ophtalmologiste n'étaient pas très bonnes ; et cela aussi je l'ignorais. Il me fallait, disait le praticien, du calme et de la tranquillité et surtout rien qui ne devait m'inquiéter.

Les traitements que m'infligea le président Yayi révulsèrent rois, princes et sages du plateau d'Abomey. Maléhossou avait pour mission d'effacer l'image désastreuse que l'outrecuidance de Boni Yayi avait divulguée pendant plusieurs jours à la télévision béninoise. L'infirmière avait pour mission de me parer de mes plus beaux atours et on devait me remettre exactement dans les mêmes scènes qu'il y avait un ou deux mois. J'étais ulcérée, profondément outragée. Je me sentais avilie au plus profond de mon être, et c'est avec des sentiments violents que je maudissais l'acte ignoble et crapuleux tant de Kogui N'Douro que du premier responsable et initiateur. Je jetai l'anathème sur lui et je priais Dieu de le châtier comme il convenait. Hélas, comme le pressentaient et le redoutaient les chirurgiens, je perdis très lentement et sûrement la vue. J'avais eu juste la joie de voir repartir Maléhossou et ces journalistes avec des images de moi qui avaient pour but d'effacer celles crapuleuses de Boni Yayi.

*

En cinq ans, le Bénin devait devancer la Côte d'Ivoire avec une croissance oscillant ou dépassant 5 %. Les murs de Cotonou se couvrirent de portraits géants du docteur Boni Yayi. On cultiva le coton à la télévision, on nous étourdit de chiffres les plus fantaisistes les uns que les autres. On croyait revenir au temps du PRPB où il faisait bon vivre pour chacun et pour tous dans le beau pays du Bénin. C'était facile pour le docteur président qui ne descendait jamais de son hélicoptère et, de ce fait, ne pouvait pas connaître la dure réalité que vivaient ses concitoyens ; on reprit contact avec l'ère des slogans : « tout va très bien madame la marquise sauf que votre château... ». On s'enfonça ainsi petit à petit dans la descente aux enfers. Les infrastructures du pays s'effritèrent, se dégradèrent, les pistes rurales n'existaient plus, et la conséquence directe de tout cela fut que le pays s'époumona. Les transports devinrent très difficiles pour circuler dans le pays et les régions devinrent des enclaves.

Affaires sulfureuses à n'en plus finir

Comme toujours, l'un n'allant pas sans l'autre, les « affaires sulfureuses » éclatèrent.

La première fut la malheureuse et combien scandaleuse affaire ICC Service. Pour la première fois, les Béninois qui continuaient leur décente aux enfers furent ébranlés par cette immonde et malsaine, gigantesque escroquerie, de la pure cavalerie, où le nom du président lui-même fut prononcé. Plusieurs concitoyens, surtout les plus pauvres, furent délestés de leurs petites économies, ayant vu sur les ondes le président lui-même parrainer cette affaire. On arnaqua les pauvres concitoyens en leur faisant croire qu'on pouvait doubler et même tripler leurs économies. Effectivement, les premiers venus furent satisfaits et c'était là l'appât. Lorsqu'ils donnaient dix mille francs, on leur en remettait vingt et le piège se referma sur eux. Ce fut la ruée : de respectables citoyens vendirent leur maison, d'autres allèrent emprunter à la banque. Et c'était l'engrenage. Le système de cavalerie est très simple. Les premiers venus sont toujours satisfaits. Tant que la manne est présente, l'alimentation régulière se fait, pas de problème. Malheureusement dans ce système, l'illusion finit toujours par prendre fin. Car celui qui emmène disons dix à vingt millions, parce qu'ayant vendu sa maison ou contracté un prêt à la banque, ne sera jamais remboursé par le double vingt ou quarante millions. Il aura nourri en vain le système et se retrouvera "Gros-Jean comme devant". Très rapidement les établissements fermèrent leurs portes et plus aucun responsable n'était disponible, ils s'étaient tous évanouis dans la nature. Ce fut un retentissant, tonitruant scandale qui éclaboussa à jamais le gouvernement du docteur Boni Yayi et qui atteignit surtout les plus pauvres de la population. Et comme à l'accoutumée, le patron de la Marina nia sa responsabilité. Pour démontrer sa bonne foi à la population, il commença à mettre en prison ses plus proches collaborateurs, pasteurs évangélistes comme lui, Armand Zinzindohoué, Lawani, etc. Boni Yayi vint à la télévision et écarta sa responsabilité *urbi et orbi* et promit de rembourser toutes les victimes jusqu'au dernier sou. À l'heure où j'écris ces pages, aucune victime à ma connaissance n'a jamais été remboursée. On mit la main sur quelques voitures, propriétés des soi-disant escrocs, qui selon les dires de certains, pourrissaient sur place.

Mais comme un malheur n'arrive jamais seul, l'affaire ICC n'était pas close qu'une autre pointait son nez : il s'agit de l'affaire dite de la Cen-Sad : lors des préparations du 10e sommet de la Communauté des États Sahélo-Sahariens prévu à Cotonou, des malversations évidentes et des détournements de fonds eurent lieu.

*

Mais entre-temps en 2010, se tenait le congrès extraordinaire de la Renaissance du Bénin à Abomey. Je commençais petit à petit à perdre la vue. Un peu soucieuse, je décidai de passer la main à mon fils aîné Léhady qui était justement le premier adjoint au maire de Cotonou. Ce fut un congrès plutôt mouillé. Il pleuvait abondamment sur la ville, ce qui nous obligea à nous enfermer dans une salle. Je fis donc mes adieux en tant que présidente de la Renaissance du Bénin à tous mes militants « Houézèwoué » et quittai le devant de la scène. Le nouveau bureau me donna le statut de présidente fondatrice. Le président Nicéphore Dieudonné Soglo était soulagé que, par bonheur, je puisse faire en sorte que la relève soit assurée, envoyant ainsi un de nos héritiers prendre les rênes du parti et continuer notre combat.

Puis suivit l'affaire des machines agricoles. Le gouvernement envoya un ministre et on apprit simplement que le gouvernement avait acheté pour des milliards de machines agricoles ; on nous donna même le prix exact de ces engins. Et tout cela sur fond de tam-tam et de communication comme le gouvernement de l'émergence avait coutume de le faire. Bientôt grâce à ces outils, nos braves paysans allaient tripler leurs récoltes et, bien entendu, cela amènerait la croissance et la richesse dans le pays. En effet, grâce aux productions agricoles, le Bénin peut largement se nourrir et procurer des produits en grande quantité à nos frères de l'Est, j'ai nommé le Nigeria. Malheureusement, ayant liquidé les Centres d'actions rurales pour le développement régional (CARDER) et les vulgarisateurs, ces outils payés à grands frais pourrissent sur place. Au final, ils n'auraient rien apporté aux paysans. Le scandale éclata au niveau du Parlement lorsque l'un de nos collègues, Janvier Yahouédéou, alla sur place dans le pays vendeur et apprit qu'il y avait une surfacturation de plus du double du prix réel de ces instruments agricoles. Le gouvernement, interpelé par une question orale avec débat s'empêtra dans une démonstration et une défense cousues de fil blanc. Ce fait d'éclat coûta à notre collègue sa réélection aux législatives en 2011. Le président Boni Yayi se fit un honneur de descendre personnellement dans le pays agonlin pour combattre, avec billets de banque à l'appui, la candidature de notre collègue courageux et téméraire Janvier Yahouédéou. Il ne revint donc pas au Palais des gouverneurs à la sixième législature (2011-2015). Il allait beaucoup nous manquer par sa précision, sa verve, sa connaissance du terrain, étant lui-même un patron de radio-télévision. Mais son absence dans l'hémicycle ne le fit pas taire. Il continue à émettre, il continue à défendre la démocratie et c'est tout ce qui fait son charme, tout ce à quoi nous tenons. Mais, nous n'en avions toujours pas fini avec les scandales...

Ensuite ce fut le coût exorbitant des travaux nécessités par les dégradations faites au Centre International des conférences de Cotonou. Encore dans l'hémicycle : dans notre rôle du contrôle de l'action gouvernementale, nous eûmes à réserver toute une journée pour interpeller le gouvernement par une question orale avec débat. Malheureusement, comme à l'accoutumée, les réponses ne furent guère satisfaisantes et nous laissèrent sur notre faim. En définitive, le constat qui était des plus pénibles et malsains, c'était tout simplement la dilapidation des deniers publics. En sortant de l'hémicycle, on se demandait ce que nous apprendrions la prochaine fois, quel serait donc le nouveau scandale, car on n'en était qu'au côté visible de l'iceberg !

Les chemins de fer : voilà une affaire des plus rocambolesques ! Approchée par notre gouvernement, l'Inde nous envoya des machines et des trains, malheureusement, nos techniciens avaient oublié que les rails n'avaient pas les écartements de nos anciens rails, ne correspondant point aux nouvelles machines de l'ère moderne et ne pouvant donc faire l'affaire. Nous eûmes donc sur les bras les machines et les trains avec wagons que nous achetâmes à grands frais. J'apprends qu'on a négocié un nouveau contrat avec un de nos compatriotes, homme d'affaires, pour remédier à cet état de choses, mais au dernier moment, sans crier gare et on ne sait pour quelle raison, c'est l'homme d'affaires français Bolloré à qui on confie les travaux. Ceci déclencha bien entendu une violente réaction de la part de notre compatriote qui décida, pour cause abusive de contrat, de traîner devant la justice le gouvernement béninois avec à sa tête, le président Thomas Boni Yayi, principal responsable. Aux dernières nouvelles, fin décembre 2014 – janvier 2015, les deux parties auraient décidé de se retrouver pour un règlement à l'amiable.

On en était là des scandales politico-financiers ou des affaires sous le système de Boni Yayi quand la bombe de la construction du bâtiment de l'Assemblée nationale ébranla le Palais des gouverneurs… Triste feuilleton ! En 2006, Boni Yayi, sous son premier quinquennat prit la bonne décision de faire construire à Porto-Novo un bâtiment flambant neuf devant abriter l'Assemblée nationale et correspondant à l'attente des honorables députés et pour l'image du Bénin.

En effet, le Palais des gouverneurs, comme son nom l'indique, est une très vieille bâtisse héritée de la période coloniale et abritant successivement les différents et nombreux gouverneurs que la France envoyait pour diriger sa colonie du Dahomey à l'époque.

À l'ère démocratique, et plus précisément en 1991, le gouvernement béninois, appuyé par les partenaires techniques et financiers, avait procédé à des aménagements du vieil édifice. Ainsi, les locaux du parlement furent restaurés. L'inauguration du nouveau siège avait été faite par le Président Nicéphore

Dieudonné Soglo, premier président de l'ère démocratique en 1992. C'est dire que plus de vingt ans après, nous travaillons avec l'administration du parlement dans des locaux provisoires.

La décision de Boni Yayi fut applaudie par tous les députés. Le rayonnement de notre beau pays était en cause. Approché, le président de l'Assemblée nationale, le professeur Mathurin Nago, et le bureau donnèrent leur appréciation sur le projet. Ils recommandèrent plutôt que les travaux puissent être conduits et dirigés par le bureau et les membres de la conférence des présidents puisqu'en dernier lieu les bâtiments devaient abriter les honorables députés du parlement béninois. Le bureau de l'Assemblée nationale et son président essuyèrent une fin de non-recevoir de la part du gouvernement.

On décida, à ce niveau, que les fonds venant du gouvernement, c'était donc au gouvernement de prendre en mains tous les travaux concernant la construction de notre parlement. En prenant cette décision malencontreuse, et sans doute non sans arrière-pensée, le président de la République et son gouvernement oubliaient que, conformément à la constitution du Bénin, l'Assemblée nationale est la seconde institution du pays.

De surcroît, cette institution détenait l'autonomie financière, elle pouvait toujours conformément à la Constitution voter son propre budget. Il lui était donc loisible d'y inclure le devis de la construction de son parlement. En effet, le parlement a le pouvoir de voter son propre budget et aussi de voter le budget de l'État. Et qu'il vous souvienne qu'à plusieurs reprises, le parlement a refusé de voter le budget de l'État. Ainsi donc, le sort de notre propre parlement nous échappa. Grâce aux efforts courageux du professeur Mathurin Nago, le gouvernement daigna nous informer des pourparlers avec les entreprises. On apprit ainsi qu'une entreprise chinoise était intéressée pour soumissionner pour toute la construction à savoir le gros œuvre, les travaux de finition et les équipements. Son offre financière, clé en main, s'élevait à dix-huit milliards. Le gouvernement du Bénin en offrait seize. Mais, avant même que l'entreprise chinoise ne donne sa réponse définitive, on décida, et ce à raison, que le Bénin avait des entreprises capables de réaliser ce chef-d'œuvre, et même mieux que les Chinois, car étant imprégné de toute notre culture. Mais à la grande surprise du parlement, au lieu de confier ce gigantesque travail à une seule entreprise responsable de l'ensemble de la construction (gros œuvre, finitions, mobilier clés en main), on soumissionna plusieurs entreprises (trois ou quatre : l'une pour les bâtiments, une autre pour le gros œuvre, une autre pour la consolidation du site, une autre pour le mobilier et autres). Décidément, un mauvais sort s'acharnait sur la construction de ce parlement ! En effet, le site choisi se trouve être situé dans les bas-fonds des rives du fleuve Ouémé. Porto-Novo, contrairement à Cotonou, qui n'est qu'un immense marécage, est situé sur des hauteurs et entouré de collines verdoyantes, le climat y est sain. On ne peut pas en dire de même de Cotonou qui, avec cent pour cent d'humidité, est un endroit inhabitable et malsain.

Mais quelle lubie avait poussé le gouvernement à choisir ce site dans le bas des berges de l'Ouémé ? Notre première question au parlement fut de savoir qui était le propriétaire du site et qui l'aurait vendu au gouvernement ? Combien avait coûté l'expropriation pour cause d'utilité publique de la gare routière implantée sur le site ? Un entrepreneur mit même en garde le gouvernement sur le fait que les bâtiments qui seraient érigés dans ces bas-fonds auraient incontestablement des problèmes à l'avenir. Les murs pourraient subir des infiltrations dans une dizaine d'années ou moins, et le bâtiment pourrait s'effondrer. Nous savons tous, à moins de ne pas vivre sur notre planète, que rien, mais rien n'arrête l'eau, inutile de parler des tsunamis et autres tempêtes. Lorsque la mer se déchaîne avec fureur, elle balaie tout sur son passage. Rien n'y fit.

Décidément, aucun argument n'ébranla le chef de l'État et son entourage. Il fut donc décidé de bétonner le site pour le consolider pour qu'il n'y ait pas d'accident. Bien entendu, à cette allure, le devis grimpa d'une façon vertigineuse : de 14 milliards, on passa à 21 milliards, mais nous aurions été heureux si, à ce prix, on nous avait livré un chef-d'œuvre flambant neuf. Or la multiplicité d'entreprises présentes sur le site au lieu d'une seule qui aurait chapeauté le tout, mena tout simplement ce projet au désastre.

Très vite le scandale éclata en cette fin de l'année 2012. Un récent ouvrage publié par deux éminents journalistes d'investigation en rend compte dans les termes de l'encadré suivant :

Valse de milliards au siège de l'Assemblée nationale

Le tollé est si grand (lorsqu'éclate un scandale de plus sous l'ère Boni Yayi) que l'Assemblée nationale a programmé le 8 novembre 2012, une question orale relative à la construction de son siège. Conformément aux dispositions de l'article 108.2 du règlement intérieur de l'Assemblée nationale, Blaise Ahanhanzo-Glèlè avait alors différé sa réponse en raison d'un audit qui serait en cours d'exécution sur le chantier. En lieu et place, le ministre présente une communication aux parlementaires le 18 décembre 2012 sans apporter les réponses souhaitées. L'Assemblée nationale examine toujours sur le même sujet une autre question avec débat, le 12 décembre 2013 alors qu'une nouvelle interpellation était déjà adressée au gouvernement. Le sujet est d'importance.

Dans la foulée, le parlement vote la poursuite devant la Haute Cour de justice de plusieurs anciens ministres du gouvernement en l'occurrence, François Gbènoukpo Noudogbessi et Soulé Mana Lawani, respectivement ministre de l'Urbanisme et ministre des Finances à l'époque des faits. Il leur est reproché une mauvaise gestion des fonds alloués au projet.

L'histoire de ce chantier en souffrance peut tenir en quelques mots : c'est un marché de construction commencé en 2009 et qui devait revenir, aux dires des autorités, à 22 milliards à mobiliser dans un délai de 24 mois. Or, l'État n'a pu mobiliser que 60 % sur une période de 5 ans. Certains entrepreneurs et prestataires avaient englouti sans coup férir presque 13 milliards avant d'abandonner ce chantier dont la livraison était pourtant très attendue. On subodorait déjà à l'époque un scandale financier impliquant des autorités gouvernementales. Des enquêtes avaient visé plusieurs ministres et de nombreux cadres de l'administration. À l'instar de Moutaib Abdel Kader, l'administrateur de l'entreprise GEE chargée des gros œuvres, le ministre de l'Environnement, de l'Urbanisme et de l'Habitat, Blaise Ahanhanzo Glèlè, en poste, sans avoir été démis de ses fonctions, avait été gardé à vue pendant 72 heures. Seidou Mako Imorou, directeur général de Serhau Sa, maître d'ouvrage délégué, François Noudogbessi, ministre de l'Environnement, prédécesseur de Blaise Ahanhanzo Glèlè et environ une dizaine d'agents du même ministère ont été cités et interrogés par la Direction des affaires économiques et financières de la police judiciaire en janvier 2013.

Extrait de : Wilfrid Hervé Adoun et François Koffi Awoudo, *Les dossiers de la République, investigations sur des anomalies de gouvernance et pratiques corruptives au Bénin de 2006 à 2015*, Autoédition, décembre 2015, Cotonou, p.373 et suivantes.

Comme toujours pour amuser la galerie, le président Boni Yayi et son gouvernement prirent la décision de faire inculper un lampiste : le directeur marocain d'une entreprise qui avait obtenu les travaux de réalisation du gros œuvre. Le ministre de l'Urbanisme, de l'habitat et de l'environnement en charge au moment de la signature des contrats et de la réalisation des premiers travaux fut gardé pendant quelques jours.

Boni Yayi avait nommé entre temps un nouveau ministre de l'Urbanisme, de l'Habitat et de l'Environnement en la personne de Blaise Ahanhanzo-Glélé. Le gouvernement ayant été interpellé par le parlement ; c'est ce dernier qui vint se défendre et défendre son dossier et le gouvernement au Palais des gouverneurs à Porto-Novo. D'emblée, il demanda que le parlement lui laisse, conformément au règlement intérieur, quelques mois pour demander un audit. Et peut-être que, par manque de maturité politique ou inconsciemment, il était assis sur un siège éjectable, et il nous livra quelques mois plus tard les résultats de son audit. Quelle impudence ! Persuadé peut-être que le président était de son côté, il nous dit la vérité sur les magouilles, les malversations, la responsabilité incontestable du gouvernement dans toute cette gigantesque arnaque. Ce fut la "grande bouffe".

La sanction ne se fit pas attendre. Il fut immédiatement mis en prison pour cause de corruption. Il fallut tout l'entregent du président Léhady Soglo de la RB qui avait envoyé, étant dans la majorité, Blaise Ahanhanzo-Glèlè au gouvernement, pour le sortir de ce pétrin. Il dut payer une caution de deux millions de francs.

C'est le lieu de rendre un hommage mérité à la ministre des micros finances Reckya Madougou qui plaida courageusement la cause du ministre Blaise Ahanhanzo Glèlè auprès du président de la République afin qu'il soit libéré. Merci madame la ministre pour cet acte courageux et généreux qui innocenta le ministre de l'urbanisme.

La RB étant au gouvernement, un autre ministre fut nommé en la personne de Christian Sossouhounto. Désormais, il était stipulé que dans chaque budget de l'État de l'année, le gouvernement inscrirait cinq à six milliards pour la suite des travaux de ce bâtiment qui est actuellement abandonné. Les passants le prennent désormais pour un urinoir, ce vaste chantier… Certains députés ont osé même nous dire à l'hémicycle, lors de la présentation du ministre de l'Urbanisme, qu'eux aussi allaient faire un tour de temps en temps en ces lieux pour s'y soulager. Ils ajoutèrent que c'était une véritable honte.

Ils avaient raison car on y avait englouti plus de quatorze milliards. Où sont passés les quatorze milliards ? Comme dirait l'autre, ce n'est pas perdu pour tout le monde. Inutile de vous dire que les députés n'apprécièrent nullement la présentation du ministre de l'Urbanisme. C'était vraiment honteux.

« Un ministre qui s'évertue à cacher la vérité en jouant l'équilibriste », oui c'est vrai, il y avait des failles, le gouvernement avait pris comme expert la société Véritas du Bénin et ce cabinet d'experts fit un rapport qu'on nous lut. En résumé, l'expertise reconnaissait quelques défauts par-ci par-là, notamment des pylônes chancelants, des fissures dans les murs de certains bâtiments, la rampe qui reliait le bâtiment principal à la restauration était instable… et le bâtiment pour abriter les salles des députés n'était même pas commencé ! Bref, tout allait bien dans le meilleur des mondes possibles. Je comprends mieux la colère du président Mathurin Nago qui disait que tout cela était tellement scandaleux et qu'il fallait que certaines personnes nous rendent compte, mais le gouvernement interpellé a eu l'outrecuidance de nous informer que le mieux serait de changer de site. Pour ma part, j'ai répondu que, hélas, je n'inaugurerais pas le nouveau bâtiment du parlement puisque, à cette allure, je serais morte avant qu'il ne sorte de terre. J'ai ajouté que néanmoins, je m'inquiétais vraiment pour la vie de mes futurs collègues qui inaugureraient et occuperaient le nouveau bâtiment[56].

On n'en sort pas des scandales financiers qui éclaboussent tous les jours le gouvernement du président Boni Yayi. Un jour, c'est le fonds de retraite dont la caisse serait vide, une autre fois ce sont les caisses de la Société nationale pour la

---

[56] Selon les dernières informations alors que nous terminons l'écriture de ce livre, les travaux auraient repris sur le site à l'initiative du président de la République qui souhaite voir livrer l'édifice avant la fin de son dernier mandat au début du mois d'avril 2016.

commercialisation de produits pétroliers (SONACOP) qui sont vides et le pays connaît une pénurie d'essence. L'État aurait besoin de vingt-six milliards pour renflouer les caisses de la SONACOP. Pourquoi cet énorme déficit alors que la SONACOP est la plus grande société distributrice d'essence sur le sol béninois ? Comprenne qui pourra ! Il faut croire que nous avons affaire à un gouvernement de sauterelles : comme les criquets, dès qu'ils s'abattent sur un champ, il n'y a plus rien.

Mais comme une honte n'arrive pas seule, on soutient dans le pays que la Cour Constitutionnelle serait aux ordres du président de la République Boni Yayi. Toutes les nouvelles décisions de la Cour Constitutionnelle dirigée par le professeur Théodore Hollo sont iniques. Le pays s'achemine donc vers une république des juges. Pour couronner le tout, selon la Constitution, les décisions de la Cour constitutionnelle sont sans appel. La boucle est bouclée. Mais la suite va être pire.

2011 : deux élections, les législatives et les présidentielles

En 2011, nous avons eu le K.O[57]. Il y avait deux protagonistes : Adrien Houngbédji qui briguait son dernier mandat à cause de la limite d'âge fixée par la Constitution, et Boni Yayi qui briguait un deuxième et dernier mandat. Ils s'affrontèrent donc au premier tour.

Ce fut le K.O. au premier tour. Un véritable événement, un véritable tour de force qui ébranla le pays tout entier. Pour la première fois de l'ère démocratique, un candidat fut élu dès le premier tour.

Avant la prestation de serment du nouveau-ancien président, un gigantesque scandale éclata. On n'en finirait donc jamais avec le président Boni Yayi !

La nation apprit au grand jour qu'un de ses « fils » dirigeant une grande société, Patrice Talon, avait dû s'enfuir nuitamment dans le coffre d'une voiture pour franchir la frontière. Une âme

[57] K.O. : abréviation de *Knock-out* qui signifie être mis hors de combat en un coup, être assommé. En élection, être battu dès le premier tour pour une consultation où il est prévu un second tour.

charitable lui aurait appris que sa vie était en danger et qu'il avait intérêt à prendre le large, ce qu'il avait fait.

Encore un tsunami au grand jour. Nous apprîmes qu'il était le financier de la campagne électorale-éclair et du succès tonitruant du chef de l'État. Il aurait payé pour ce faire une somme de plus de quatorze milliards non sans contrepartie. Un contrat en bonne et due forme entre Patrice Talon et Boni Yayi qu'en cas de succès, le gouvernement du second quinquennat céderait en toute propriété les redevances du port, c'est-à-dire en clair presque les deux tiers du budget de l'État seraient entre les mains d'un seul opérateur économique. La rumeur nous apprit que Boni Yayi, au moment de la signature du contrat, souffrant de maux de pieds, aurait demandé au ministre d'État Irénée Koukpaki, son supérieur hiérarchique à la Banque Centrale des États de l'Afrique de l'Ouest (BCEAO) à Dakar au Sénégal, de signer et que celui-ci lui aurait répondu par l'affirmative. Ainsi, toujours fidèle à son image, notre président n'était jamais responsable.

Ceci déclencha la fameuse affaire d'empoisonnement. Le Bénin n'a jamais été aussi humilié, ridiculisé que lors de cette fameuse affaire d'empoisonnement. Pendant une année entière, on ne parla que de cela matin, midi et soir. Toute l'activité du pays se résumait à l'affaire de l'empoisonnement et à l'affaire Talon. La chasse aux sorcières commença, nous apprîmes l'emprisonnement du trésorier de la société de Patrice Talon ainsi que de certains membres de son entourage. Les médias ne traitaient que de ce sujet. On nous montra à la télévision des tas de médicaments qui devaient servir à l'empoisonnement du président. On apprit la mise en prison de Zoubérath, la nièce du président Boni Yayi. Cette jeune fille était incontournable au domicile de son oncle président. Elle fut donc traînée dans la boue. Elle aurait été l'amante d'un Libanais à qui elle aurait fait des confidences et c'est ce dernier qui aurait mangé le morceau en allant tout avouer au président Thomas Boni Yayi. Une vague d'emprisonnements s'ensuivit. La tête de Talon fut mise à prix. Le gouvernement béninois alla jusqu'à demander son extradition à la France où il séjournait. On aurait mis la main sur tous ses biens et sa société.

Boni Yayi voulait la tête de Patrice Talon. Ce faisant, il me rappela l'ayatollah Khomeiny qui, lorsqu'il prit la tête de l'Iran, réclama la tête du Shah d'Iran partout. Mais Boni Yayi était peut-être un grand stratège pour travestir la vérité, un magnifique comédien pour appâter la foule, mais hélas pour notre pays, il était un piètre juriste. Il ignorait qu'un contrat est un contrat. Lorsque vous apposez votre signature au bas d'un contrat quel qu'il soit, en responsable, vous devez tenir formellement tous les engagements écrits dans ce contrat sous peine d'être traîné devant un tribunal et condamné à de sévères dommages et intérêts. En l'espèce, ce fut le cas, président ou pas, gouvernement ou pas, les résultats étaient là. Le gouvernement béninois fut lourdement condamné pour cause de rupture de contrat à payer à la société de Patrice Talon la somme de 146 milliards. À cette annonce, le président Boni Yayi aurait répondu : « je ne paierai pas ».

Je suppose que qui de droit lui répondit « ce n'est pas vous qui, *intuitu personae*, devez payer, mais le gouvernement béninois que vous représentez en tant que son chef ». Le futur gouvernement devra payer coûte que coûte cette somme qui, malheureusement pour nous, augmente chaque jour du fait des intérêts moratoires.

Ainsi prend fin pour le moment l'épisode de cette rocambolesque affaire d'empoisonnement et de cette affaire sulfureuse de Patrice Talon. Boni Yayi pardonnera ensuite à Patrice Talon et finira par libérer tous ceux qui avaient été arrêtés.

Les élections législatives de 2011 qui suivirent les présidentielles amenèrent une majorité écrasante des Forces Cauris pour un Bénin Émergent pour la sixième législature. Le professeur Mathurin Coffi Nago fut réélu à la tête du parlement : il était assisté de Justin Sagui Yotto comme premier vice-président, Boniface Yèhouétomé deuxième vice-président, Djibril Mama Debourou, premier questeur, Valentin Aditi Houdé deuxième questeur, Claudine Prudencio, premier secrétaire parlementaire et André Okounlola deuxième secrétaire parlementaire.

Le "fait régional", qui est une des caractéristiques des quinquennats de Boni Yayi, fit rentrer au Palais des gouverneurs de nombreux députés des Collines et du septentrion. Le président est originaire des Collines c'est-à-dire de la ville de Savè, l'ethnie tchabè, c'est-à-dire Nago. Ses parents auraient émigré à Tchaourou dans le Borgou ; sa mère serait donc du nord et son père des Collines. Le président a une prédilection nette pour les Nagos et, de ce fait, éprouve une haine pour les « Fons », ces redoutables ennemis des Tchabè.

En effet l'histoire dahoméenne nous apprend que les Fons étant une race guerrière constamment en campagne pour agrandir leur royaume, envahirent avec leurs fameuses amazones les territoires des « Tchabè » et, lors d'une mémorable bataille sanglante, ils vainquirent les malheureux Tchabè : pour illustrer leur victoire écrasante, ils coupèrent la tête à leur roi et d'autres têtes et en firent des fauteuils sur lesquels ils s'assirent. Ces fauteuils se trouvent actuellement au musée d'Abomey et sont recensés comme patrimoine de l'humanité par l'Unesco.

Dès son accession au pouvoir, Boni Yayi considéra comme crime de lèse-majesté que ses ancêtres aient été ainsi maltraités par les Fons et surtout que leurs têtes soient livrées aux regards de tous les visiteurs du musée comme chef-d'œuvre. Il décida dans sa légitime révolte, et ce faisant oubliant tout simplement l'Histoire, de demander la restitution de ces têtes à son peuple. Naturellement, il essuya un refus catégorique de la part de l'Unesco qui lui fit comprendre qu'on n'allait pas recommencer les guerres ethniques et qu'on ne pouvait rien changer à l'Histoire. Personne ne sait ce que cette réponse déclencha dans la tête du président béninois. Toujours est-il qu'il n'accepta certainement pas cette réponse car, dès son accession au pouvoir, il fit savoir *urbi et orbi* qu'il haïssait les Fons pour avoir osé ce crime. Malheureusement, il oublie trop vite qu'il est président d'un pays dont la population est au deux tiers fongbè.

À l'exception du septentrion, d'une petite partie du Mono et du Couffo, tout le reste est fongbé y compris une grande partie de l'Ouémé. Ayant déclaré la guerre aux Fon, il oubliait que la majorité des cadres formés venaient de cette région. Le président Soglo avait en effet savamment dosé les régions pour former son gouvernement…

En 2011, le jeune et talentueux nouveau président de la Renaissance du Bénin Léhady Vinagnon Mitou Soglo eut l'idée de mettre sur pied un grand parti qu'il nomma "l'Union fait la Nation". Bon sang ne saurait mentir, il fit donc appel au PRD d'Adrien Houngbédji, au PSD de Bruno Amoussou, au Madep d'Idji Kolawolé et à Force Clé de Lazare Sèhouéto pour former un grand mouvement.

Notre premier congrès qui eut lieu à Kouhounou au siège de la RB fut un véritable triomphe. Ce nouveau venu sur l'échiquier politique fit vraiment trembler le pouvoir. C'est chez le député Désiré Vodounou que se tint notre première réunion pour établir les statuts et le règlement intérieur de ce magnifique nouveau-né. Ce fut la nuit des longs couteaux. Nous allâmes de palabres en palabres, d'aparté en sorties de plus en plus tendancieuses. On vit monter au créneau le député Théophile Montcho, les larmes du député Lazare Sèhouéto et que sais-je encore. Enfin, du discours du président d'honneur de la RB qui voulait calmer le jeu, des passes de fin balayeur du président Bruno Amoussou et tout cela pour arriver où ? Pour qu'enfin la vérité éclate.

En 2011, nous étions au dernier round du président Adrien Houngbédji, c'était cette année-là ou jamais. La Renaissance du Bénin, le plus grand parti de l'Union sachant cette clause constitutionnelle, laissa passer son tour au leader du PRD pour lui permettre d'avoir enfin une dernière fois la chance de faire son entrée à la « Marina ». Mais elle exigea qu'en 2016 ce soit le tour de la RB. C'est la pierre d'achoppement sur laquelle nous butâmes et qui déchaîna toutes les passions. Nous sûmes ce soir-là que nous nous étions fourvoyés en montant dans le mauvais bateau. Force clé fit entendre sa voix et bien entendu le PSD ; et c'est ainsi que le contrat qui devait être signé entre les parties ne le fut jamais. Nous nous séparâmes à quatre heures du matin, et la nombreuse foule qui nous attendait dehors pour nous applaudir croyant enfin que le rêve de voir tous les partis du sud réunis ensemble, s'envola. Ce fut pour elle une telle déception lorsqu'elle apprit que nous n'avions pas pu nous entendre. Nous fûmes trahis par nos « partenaires », parce que justement nous nous étions trompés de partenaires. Une correcte analyse politique – et non pas sentimentale ou régionaliste – nous aurait permis de constater que nous ne pouvions, nous, renaissants, rien entreprendre de durable et de crédible avec les partisans du président Mathieu Kérékou, notre pire ennemi politique.

C'est ainsi que la RB quitta l'alliance l'Union fait la Nation, dont elle fut l'architecte. Nous avons commis aussi l'erreur politique de ne pas prendre nos bâtons de pèlerin pour aller expliquer dans nos fiefs, à nos militants, le pourquoi et le comment de notre sortie inexplicable de l'Union fait la Nation dont nous avions été le plus ferme artisan.

Et c'est ainsi que nous avons dû nous acoquiner avec celui qui nous avait déjà trahis en 2006 et qui venait de nous infliger un K.O. retentissant, le président Thomas Boni Yayi. Il y a un adage qui dit que « lorsque tu te noies, tu t'accroches même à un serpent ». C'est le pire partenariat auquel nous avons adhéré. La suite des événements le démontra amplement, mais nous voilà dans la "majorité plurielle" comme on dit sur les bancs de l'hémicycle. Ça m'amuse d'entendre cette expression de "majorité plurielle" qui ne signifie strictement rien. En effet, "la majorité" c'est le plus grand nombre de quelque chose et "pluriel" ce sont plusieurs unités, donc une majorité plurielle est une antonymie. On déchanta très vite, les neuf députés de la RB se firent totalement exclure. Il a fallu l'acharnement, que dis-je, les prouesses, et un sens politique que je ne lui connaissais pas, du président de la RB pour arracher une place au bureau de l'Assemblée nationale, sur les sept membres, le vice-président Boniface Yèhouétomè. Que dis-je, pour trouver un poste de président de commission à Épiphane Quenum que la nouvelle majorité voulait évincer définitivement d'une présidence. Selon les dires des FCBE, le président Épiphane Quenum aurait été un corrompu arnaquant les ministres lorsqu'il était à la présidence de la commission du Plan de la cinquième législature. Ces mots furent redits dans le livre écrit et publié par le questeur Djibril Mama Debourou *La descente aux enfers*. Il me l'a dédicacé et après l'avoir lu, j'ai appelé le président Épiphane Quenum pour lui conseiller vivement de protester en montant au créneau pour défendre son honneur. Son silence jusqu'à ce jour nous montre amplement qu'il y avait « anguille sous roche ». Néanmoins, je mentirai en disant que sa trahison ne m'affectait guère. Le prétexte qu'il invoquait chaque fois que je le rencontrais soit dans l'hémicycle, soit à mon domicile, c'est que mon fils « Léhady me manque ». Malgré cela, c'est pourtant ce même Léhady qui mit tout son poids dans la balance pour qu'on lui concède la présidence d'une commission. Il ne pouvait pas accepter de devoir revenir sur les bancs de l'hémicycle comme un simple député lambda après avoir été pendant quatre ans président de la commission du plan. Il faut croire que la reconnaissance n'est pas le mets préféré de certains cadres béninois et que l'ingratitude bat monnaie sur la place de l'hémicycle. Car Léhady alla plus loin et ça, ce fut une erreur politique. Il fit nommer Épiphane Quenum comme membre du Cos-Lépi. À présent et à ce poste, il pouvait nous montrer son vrai visage. Il fit un tonitruant discours lors du Congrès constitutif du parti du député transfuge de la RB, Parfait Houangni. Ce dernier, coupable d'une ignominie qui fut connue par certains renaissants, incrimina à tort le président Léhady pour lui faire quitter le parti de la RB qui l'avait envoyé à l'hémicycle. Ce qu'il avait oublié au passage.

Il en fut de même d'Épiphane Quenum qui un beau jour, après son fameux discours au congrès de son collègue Parfait Houangni, quitta lui aussi avec moult péroraisons la RB. « Qui est fou » ! Il avait attendu d'avoir sa présidence, sa place au Cos-Lépi, il pouvait faire un bras d'honneur à la Renaissance du Bénin, et ce faisant, c'est tout l'honneur d'une grande famille de renommée nationale qu'il salissait. Et tout cela, simplement pour l'appât du gain. Le mot honneur et dignité au Bénin au XXIe siècle n'a plus aucun sens ! Nous n'adorons que le veau d'or : l'argent. Nous y avons perdu à ce jeu notre âme. Je suis sûre que les futurs présidents du pays arriveront à relever notre pays, à rebâtir notre agriculture. Que le développement une fois encore sera au rendez-vous, que la croissance sera là, j'en suis convaincue. Le pays se relèvera mais nous mettrons beaucoup plus de temps à retrouver notre âme. Oui, c'est là mon inquiétude, mais ce pays a de telles capacités de nous surprendre ! J'espère de tout mon cœur que le Dahomey, mon cher Dahomey, nous surprendra encore et encore…

*

Un malheur n'arrive jamais seul. Et l'hémorragie continua avec le départ d'Ali Mohamed Camarou, comme Parfait Houangni – tous deux de nouvelles recrues du président Léhady Soglo –, sous je ne sais quel prétexte. Je le sus plus tard, suite à un marché que la mairie de Cotonou lui avait octroyé, il avait été repris pour non-respect des clauses dudit contrat. Il adhéra au parti d'Épiphane Quenum, le Rassemblement pour la démocratie et le République (RDR).

De ce fait, je perdis trois membres sur neuf de mon groupe parlementaire : cela signifiait que je n'avais plus de groupe et que du coup, comme lors de la rébellion de Candide Azannaï, je me retrouvais une présidente sans membres requis. Je devais donc quitter mon bureau, rendre ma voiture de fonction. J'étais absente du territoire lorsque tout cela eut lieu. Une fois encore, le président Léhady Vinagnon Soglo fit feu de tout bois et mit tout en œuvre pour sauver l'honneur de sa famille. Dans un premier temps, il crut bien faire en s'adressant tout naturellement au coordonnateur de la majorité plurielle, le député Mama Djibril Debourou, sans succès. Celui-ci fit la sourde oreille et fit entendre nettement à l'envoyé du président Léhady Soglo, le député Francis Loko, qu'il ne pouvait rien faire pour venir au secours de la RB.

C'est ici que je dois rendre hommage à mon fils d'avoir tout mis en œuvre pour qu'on ne me sorte ni de mon bureau ni de ma voiture. Je ne sais comment il arriva à convaincre la présidente Claudine Akouavi Prudencio, première secrétaire parlementaire, le président Zéphirin Kindjanhoundé qui était un transfuge de la RB et un nouveau venu, le suppléant du député Aké Natondé qui est devenu ministre, le jeune Goudoté, pour reconstituer mon groupe parlementaire de neuf membres. Merci Léhady.

Ainsi la démonstration était faite que la RB ne retirait rien de la majorité plurielle et que même en y regardant de très près, on pouvait y déceler la main du pouvoir. Le président Thomas Boni Yayi ne lâchait pas prise et voulait la mort de notre grand parti, la RB. Il ne peut pas nous pardonner de l'avoir fait « roi » et chacun sait que ce président a pour qualité première d'être vindicatif. Le K.O d'avril 2011 fit oublier toute retenue à Boni Yayi. On vit donc apparaître une classe de jeunes « Tchabè » qui pour moi n'avaient qu'un seul défaut, c'était de ne pas être suffisamment formés.

*

Entre les évangélistes qui passent leur temps à pousser des incantations et les jeunes qui ne méritent pas leur promotion car n'ayant aucune compétence pour tenir la place qui leur est dévolue, nous pouvons craindre que le futur Bénin aille de mal en pis. Après le PRPB de sinistre mémoire avec son école nouvelle, nous voilà désormais dans le cycle infernal du régionalisme primaire avec sa cohorte d'injustice, de dérives autoritaires du pouvoir, d'emprisonnements sans que la justice s'en mêle. Nous avons un président autiste qui, malgré son piètre et calamiteux bilan, s'accroche désespérément au pouvoir et veut réviser la Constitution pour se maintenir au pouvoir après 2016.

Et ceci, malgré les mises en garde ainsi qu'au vu des derniers événements survenus au Burkina Faso qui ont conduit Blaise Compaoré, à cause de son entêtement à se maintenir au pouvoir, à s'enfuir précipitamment du pays : il doit rendre grâce à Dieu de n'y avoir pas laissé la vie. L'espoir enfantin et naïf de Boni Yayi, qui est en campagne depuis le début de l'année, est d'amener en cette année 2015 une chambre introuvable avec un Parlement croupion au Palais des gouverneurs de Porto-Novo. Il compte donc sur sa chance pour avoir une majorité écrasante pour la septième législature, soit plus des quatre cinquièmes, soit soixante députés sur quatre-vingt-trois, ce qui lui permettra de réviser la constitution très aisément comme une lettre à la poste. Qui vivra verra. Pour ma part, je crois décidément que ce monsieur n'apprendra jamais rien, n'écoutera jamais personne et comme un sourd, continuera son chemin, quitte à s'y enliser. Il est vrai qu'il nous a prévenus qu'il était prêt à mettre le pays à feu et à sang plutôt que de s'en aller tout simplement et de rester en vie. Le fait de sous-estimer sa population et de croire que celle-ci, d'une façon docile comme des moutons de Panurge, ira au sacrifice suprême est un leurre. Cela prouve qu'il est totalement déconnecté du Bénin profond ; rien d'étonnant à cela, il ne descend jamais sur terre, il est perpétuellement en haut dans l'hélicoptère.

Aux dernières nouvelles, on parle de la candidature de son fils Nasser Yayi sur la liste des députés de la septième législature et de celle de son dernier fils prenant d'assaut la mairie de Cotonou en se présentant pour les prochaines élections municipales communales et locales. S'il réalise ce doublon, Boni Yayi aurait battu Kérékou qui n'avait pu envoyer qu'un seul enfant, Modeste Kérékou, lors de la quatrième législature. Souhaitons donc bon vent à notre président pour placer sa progéniture à des postes clés de l'État !

*

Le mardi 27 janvier 2015, nous avons clôturé la sixième législature en l'absence du président, le Professeur Mathurin Coffi Nago. Ce fut sous la présidence du second vice-président Yehouétomè. Nous avons appris que la Cour constitutionnelle a pris la décision que les prochaines élections législatives auront lieu au mois de mai 2015 avant les municipales communales et locales et ce, de manière contraire aux lois. Les communales auraient dû avoir lieu depuis 2013 mais, faute d'une liste informatisée approfondie, le mandat des élus locaux avait été prorogé *sine die*. Avant la clôture de notre législature, nous avons voté une loi pour dire que les communales devaient avoir lieu impérativement au plus tard avant 2014. Cela signifiait que les communales devaient être faites avant les législatives, ou mieux encore, pour faire des économies, pourquoi ne pas coupler les deux élections comme cela se fait couramment dans de nombreux pays ou quelquefois ce sont les trois élections – locales, législatives et présidentielles – qui ont lieu le même jour.

Il est en effet incompréhensible que le président de la République nous ait dit *urbi et orbi* il y a quelques mois qu'il ne pouvait organiser les élections faute d'argent… Cela a amené la population à envahir les rues lors d'une grande marche qui a réuni des milliers de Béninois et de Béninoises. Mais avec le pouvoir en place, nous ne sommes pas à un paradoxe près. Toujours est-il que notre président national est depuis lors en campagne et ce, en violation des textes de loi. Il parcourt en hélicoptère toutes les régions du septentrion. Nous assistons comme toujours à une floraison de nouveaux partis comme chaque fois lors des élections car, pour être député, il faut être membre d'un parti politique. Tous les partis sont en pleine restructuration à la recherche d'alliances et à la course à la constitution des dossiers ; pour ma part, je souhaite beaucoup d'énergie, de courage et de patience aux leaders qui doivent asseoir leurs positionnements. Ce sont des nuits de veille, des casse-tête chinois, et forcément des nuits de déception.

Bref, c'est la course à la députation.

Bientôt on assistera aux exaltations, et aux exhortations dignes de toute campagne électorale. Et il faudra s'éclaircir la voix pour ne pas devenir aphone surtout si cette chaleur et cette poussière persistent mais, mettons fin à ce chapitre. Faut-il encore parler des prochaines élections municipales, législatives, présidentielles ? J'espère, de tout mon cœur de première militante de mon parti, que nous serons toujours présents en grand nombre dans les communes, à la tête de plusieurs mairies avec un grand nombre de députés dans la future septième législature au Palais des gouverneurs à Porto-Novo.

La Renaissance du Bénin et les élections législatives, municipales, communales de 2015

Je me vois obligée, en tant qu'actrice des dernières joutes électorales, d'en dire quelques mots. En effet, il serait incompréhensible, vu l'ampleur et la dureté du combat pour l'élection des députés pour la septième législature et après douze années d'hésitation et de tergiversation pour l'élection des conseillers municipaux et communaux de l'année 2015, de n'en rien dire ici.

Dans tout pays démocratique, nous savons l'importance pour le gouvernement en place d'avoir la majorité au Parlement. Nulle action efficace et sérieuse n'est possible sans cette mainmise sur la seconde institution de l'État. Il en est de même pour la décentralisation qui est, comme chacun le sait, la source même du développement à la base et le fer de lance d'une nation digne de ce nom.

Les élections de 2015 n'ont pas démenti ce principe. Nous avons assisté à un duel sans merci entre le pouvoir représenté par l'alliance les FCBE (Forces cauris pour un Bénin Émergent) et une opposition, il faut le dire divisée au départ. Il est de coutume que le premier magistrat du pays laisse ces joutes électorales à ses militants et partisans, ou à la limite au Premier ministre ou à un ministre d'État qui a sa confiance. Dans ce cas, le chef de l'État se contente de contrôler de loin et de tout mettre en œuvre pour remporter la victoire. Il est extrêmement rare de le voir lui-même *intuitu personae* descendre dans l'arène avec tous les attributs et toute la force de frappe de l'État.

C'est justement ce qui s'est passé lors des dernières élections législatives municipales et communales de 2015. Le président Thomas Boni Yayi a pris personnellement une part active et visible à la campagne électorale. Cette façon de se comporter du président de la République va absolument contre les dispositions de la Constitution du pays et la Cour Constitutionnelle devrait rappeler à l'ordre le premier magistrat du pays. Mais, on sait que, ce n'est un secret de polichinelle pour personne, les sept membres de cette institution ont été tous « nommés » par le chef de l'État. Cela, en violation flagrante de la Constitution qui édicte que quatre membres de la haute juridiction constitutionnelle sont nommés par le bureau de l'Assemblée nationale et trois par le chef de l'État. Le président Boni Yayi a utilisé des astuces politiques liées au contrôle de l'institution parlementaire par son parti pour faire nommer les siens à la Cour constitutionnelle en 2013.

Pendant et avant la période officielle de la campagne, ce que l'on nomme pudiquement la période de précampagne, Boni Yayi était partout. Il utilisait désormais pour ses déplacements un hélicoptère : il sillonnera le pays du nord au sud et de l'est à l'ouest.

Alors que nous étions estomaqués, c'est le mot, lors des premières élections démocratiques de 1991 par la présence massive de l'argent, en voyant circuler les liasses de billets de 500 000 FCFA, tandis que, dans notre parti, nous ne pouvions pas dépasser 50 000 FCFA, eh bien cette fois-ci en 2015, ce fut le bouquet. C'est par millions, que ne pas dire, par milliards que les populations ont été inondées de billets de banque.

Tout donnait à croire que ces élections avaient une importance capitale pour le chef de l'État et que ce n'était plus des élections législatives et municipales mais des élections présidentielles. C'était visiblement pour lui une question de vie ou de mort. En effet, il nous revenait qu'il voulait absolument « une chambre introuvable » et « un Parlement croupion » d'une soixantaine de députés soit les 4/5 qui lui permettraient la révision de la Constitution. La mode actuelle étant, sur le continent, la modification de la Constitution pour ne pas quitter le pouvoir. Tout naturellement le nôtre rêvait d'un scénario similaire.

Heureusement pour le peuple béninois, Dieu et les mânes de nos ancêtres en ont décidé autrement. Mais son acharnement et sa persévérance ont été payés de retour. Il a ramené dans l'hémicycle 33 députés sur 83 à lui tout seul, ce qui n'est pas mal, surtout si on scrute que la majorité de ses députés viennent du septentrion. Nous avons poussé un ouf de soulagement mais, comme nous le verrons plus tard, pas pour longtemps.

*

Ce fut pour les « Houèzèhouè » et la RB, les élections les plus dures et les plus éprouvantes de notre carrière politique. Nous subîmes l'enfer. Aux législatives de 2015, il faut dire que je suis la seule à être passée. Léhady n'est pas passé. Ça a été terrible 2015 ; c'était la dernière année de Boni Yayi. Et on a vu la rentrée de 31 députés FCBE. Pour nous, ça a été la bérézina. J'ai été positionnée en tête de liste. Au départ, je voulais que Léhady soit en tête de liste et j'aurais été en 3e position, mais quelqu'un m'a dit : « attention mama, si vous faites ça, vous risquez d'avoir pour la première fois de votre vie une claque dont vous vous remettrez difficilement ».

Oui, ça a été la bérézina. Comme un effondrement de la RB. Et comment l'expliquer ? Pour ma part, je dirai tout simplement et pour être honnête : on ne fait pas de la politique dans un bureau, la politique se fait sur le terrain ; or, on n'entendait plus parler de la RB. Si on aime la politique, on doit savoir serrer les mains, à en avoir mal au poignet, à avoir la main engourdie, regardez Chirac… La politique c'est un contact direct avec la foule en permanence, si la foule ne te voit pas, ne te touche pas, ce n'est pas la peine. Il faut dire que nous avons eu un président Boni Yayi qui ne se gênait pas pour mettre en rang les gens pour leur dire : « voilà 30000 FCFA si vous votez Cauris... Et ça nous ne l'avions jamais vu jusqu'à présent...

Nous avons tous été ébranlés. On s'attendait à tout sauf à ça. Le Zou nous a sauvés pour nous donner trois députés. Et il faut dire que la 7e législative de 2015 à 2019 a été un combat en permanence...

Mais revenons au déroulé de cette campagne. En dix ans et en deux mandats, le président Thomas Boni Yayi et son gouvernement laissèrent le pays dans un état de délabrement physique et matériel total : pas d'infrastructures, c'est-à-dire plus de routes, plus de dessertes rurales, plus de transports, des coupures d'eau intempestives, des coupures d'électricité à toutes les heures et souvent des délestages, une population affamée et exsangue. Malheur à vous, membres de partis politiques si vous arrivez avec votre conviction politique, votre foi dans le développement de votre pays sans l'accompagner de liasses de billets de banque ! Vous n'êtes tout simplement pas écoutés. Mais vous faites le plein des meetings en arrivant avec des valises bourrées de billets de banque : « le fumier du diable » comme vient de le déclarer Sa Sainteté le Pape François.

Malgré le désespoir qui nous rongeait le cœur, une foi tenace, ancrée, nous habitait viscéralement. Le président Nicéphore Dieudonné Soglo et moi-même, malgré notre âge – tous deux octogénaires – et l'absence totale de routes, avons sillonné largement le pays. Nous sommes allés dans tous nos fiefs. Quinze jours de campagne, c'est long, mais c'est court quand il s'agit de toute la vie d'un peuple pour cinq ans !

Où avons-nous trouvé ce courage ? Je l'ignore. Mais l'être humain est toujours si surprenant et notre cerveau, en fabuleux chef d'orchestre, encore plus ! Ce fut tout simplement stupéfiant. Nous fîmes jusqu'au bout du temps réglementaire tout Cotonou et les environs. L'heure butoir étant vingt-trois heures selon l'article 57 du code électoral : « les réunions électorales sont libres. Elles sont interdites entre vingt-trois (23) heures et sept (7) heures », nous faisions probablement pitié dans notre persévérance, d'autant que les résultats ne furent pas à la hauteur de nos espérances… En effet, la Renaissance du Bénin (RB) et son allié, le Réveil patriotique de Janvier Yahouédéou, n'ont recueilli que sept députés, trop peu pour former un groupe parlementaire nécessitant neuf députés.

Mais l'opposition que nous étions, face à la majorité présidentielle, remporta la victoire de cinquante députés. Nous n'étions hélas pas au bout de nos peines. L'installation de la septième législature et l'élection du bureau de cette législature furent épiques. En tant que doyenne d'âge, j'étais au perchoir. Une sourde bataille s'accomplissait dans l'ombre. Personnellement je n'y étais pas associée. Qui serait le prochain président de l'Assemblée nationale ? Je n'ai pas assisté à toutes les tractations qui se sont déroulées sans moi. Ce fut le combat du jeune président Lehady Soglo et des membres du bureau du parti.

Néanmoins, nous rendant compte que les choses perduraient, et ayant été sollicitée deux fois par les députés FCBE (Forces Cauris pour un Bénin Émergent) pour savoir quand l'élection aurait lieu, je dus toutefois intervenir. J'ai sommé tous les députés, surtout ceux de l'opposition, de rentrer dans l'hémicycle sinon je démarrais la séance plénière sans eux. Tous étaient alors au domicile du président Adrien Houngbédji à Porto-Novo pour les pourparlers. C'est ainsi que je sus que notre candidat était Adrien Houngbédji qui réclamait le perchoir et qui pensait qu'il aurait une chance d'être le président de la 7e législature. Les FCBE m'avaient déjà envoyé leur liste et la composition de leur bureau comme le veut la Constitution. Je n'avais toujours pas, à une heure tardive de la nuit, la liste de l'opposition. Les choses traînaient en longueur et les discussions semblaient âpres. Enfin, usant de mon pouvoir discrétionnaire de doyenne d'âge, je demandai la sonnerie pour le démarrage des élections. Et, de guerre lasse, on m'amena la liste de l'opposition.

À cette occasion, et toujours conformément à la Constitution, j'étais entourée des deux plus jeunes députés de l'Assemblée nationale, à ma gauche Mohamed Atao Hinnouho et à ma droite Komi Koutché, le ministre de l'Économie et des Finances, fraîchement élu député FCBE.

Enfin le vote fut engagé, suivi du dépouillement, et ce fut le début de la plus grande frayeur que les députés de la septième législature et le peuple béninois eurent lors de cette fameuse nuit.

Le décompte des voix commença. Lorsque nous arrivâmes à quarante voix, on entendit Komi Koutché quarante, Adrien Houngbédji quarante. Puis Komi Koutché quarante et un, Adrien Houngbédji quarante et un. Il restait un seul bulletin dans le panier pour départager les deux candidats. Moi qui suis aveugle, je sentais que la tension était forte. Je pouvais entendre une mouche voler. Nous retenions que l'avenir de la nation se jouait. Le temps nous parut une éternité lorsqu'on froissa enfin le dernier bulletin de vote. On aurait dit que le temps s'était arrêté. Et lorsque nous entendîmes le nom d'Adrien Houngbédji, quel soulagement, et l'hymne national retentit !

*

Ce fut la plus longue nuit de notre existence parlementaire. Alors que l'opposition disposait de 50 députés. Pourquoi ce score de 42 - 41 alors que l'opposition était largement majoritaire. Que s'était-il donc passé en l'espace de quelques heures ? Nous avions perdu 8 députés. Qui étaient les traîtres ? Le saurons-nous jamais ? Le secret des urnes étant ce qu'il est… Nous sûmes plus tard que, lors de cette nuit – encore un autre secret de polichinelle –, le président Thomas Boni Yayi était à la préfecture de Porto-Novo pour suivre de très près ces élections qui étaient pour lui capitales. Pourquoi ? Pourquoi ? Pourquoi donc ?

Avocate de métier et ayant souffert personnellement pendant des années des rumeurs criminelles, je ne prête jamais attention à ce genre de chose. J'ai cependant ouï dire que cette nuit-là, l'argent aurait beaucoup circulé. Mais argent ou pas, corruption ou pas, nous étions sur le fil du rasoir. Le verdict fut 41 /42 et je souligne encore que huit (8) des nôtres étaient manquants. Je peux certifier que dans mon camp, j'avais fait en sorte de demander la procuration de ceux dont nous n'étions pas très sûrs. Alors ! Mais laissons cela à l'Histoire. Cela fait partie désormais de notre passé politique.

Je déclarai donc Adrien Houngbédji du Parti du renouveau démocratique (PRD) président de l'Assemblée nationale pour la septième législature. Il se leva et, selon les rites, vint m'embrasser. Mais ce n'était pas terminé, le vote reprit pour l'élection des six autres membres de l'Assemblée nationale. Ayant le vent en poupe, l'opposition continuait sur sa lancée en élisant le premier vice-président de sa liste Éric Houndété de l'Union fait la Nation, second vice-président le général Robert Gbian, premier questeur, toujours la liste de l'opposition Valentin Aditi Houdé de l'AND, second questeur Georges Bada de l'alliance RB/RP. Premier secrétaire parlementaire : et patatras, jusqu'à présent les choses se déroulaient normalement, notre liste passait correctement et nous voilà sur l'élection du premier secrétaire parlementaire alors que je m'attendais à l'élection de madame Claudine Prudencio qui a son propre parti, c'est plutôt madame Sofiath Tchanou des Forces Cauris pour un Béni Émergent qui fut élue. J'étais surprise par ce résultat. Personne n'avait eu la courtoisie de m'informer et j'avais voté pour madame Prudencio. La consigne étant que notre liste devait passer : mais non, ce fut une FCBE. Notre première secrétaire parlementaire fut sacrifiée, je ne sais pour quelle raison. Puis, Alexis Agbélessessi, de l'alliance FDU du président Mathurin Nago fut élu sans difficulté, deuxième secrétaire parlementaire.

Beaucoup plus tard, j'appris que la Cour Constitutionnelle aurait averti l'un des « banquiers » qu'elle nous obligerait à reprendre les élections pour violation d'un article de la Constitution stipulant que le bureau élu devait refléter la configuration de l'Assemblée nationale, ce qui signifie qu'un seul parti politique même majoritaire ne peut accaparer à lui tout seul tous les postes du bureau, ce qui n'était pas le cas.

Mon rôle était terminé, je me levai donc et je laissai le perchoir au nouvel élu Adrien Houngbédji, entouré des six membres de son bureau.

Concernant la campagne des municipales de 2015, nous sortîmes de cette campagne lessivés, il a fallu reprendre tout en main, reprendre petit à petit le littoral, l'atlantique ; la seule chose que nous avions gardé c'était le plateau, c'est-à-dire le Zou ; c'était au fond notre manière de dire à cette population, de lui dire merci, merci pour sa fidélité et tout son soutien pour la famille Soglo, car malgré tout, ils ne nous ont jamais quittés totalement. Quand Cotonou donnait 40 conseillers, à l'époque Nicéphore en avait entre 33 et 37, et là ça a échoué à 22, 23 ; Léhady n'a pas eu la majorité absolue mais seulement une majorité relative ce qui a gangréné son mandat, alors qu'à l'époque la RB était majoritaire absolue. Si on n'était pas descendus sur le terrain Nicéphore et moi, Léhady ne serait pas passé et nous l'avons grandement aidé pour sauver ce qu'il nous restait. À l'époque c'était Candide qui jouait le trublion face à Léhady. La politique, il faut faire attention, c'est ce que Bismarck disait et ça je ne l'ai jamais oublié : même quand tu as gagné, que tu es vainqueur de tout, n'humilie pas ton adversaire parce que peut-être tu peux avoir besoin de lui, laisse-lui une marge, parce que si tu lui sauves la face, demain il viendra te voir et te dira "ah il m'a sauvé la face, alors je vais essayer de lui renvoyer l'ascenseur". Or, Candide Azannaï à l'époque était même un membre fondateur de la RB ! Il ne faut jamais sous-estimer l'adversaire ; tant qu'il n'est pas mort, il peut ressusciter, alors be careful...

Comme disait Kissinger, la politique est aphrodisiaque, tu oublies tout, un minimum, le respect de politesse, de savoir vivre, tu oublies tout. Parce que tu te dis : c'est moi qui suis au 13e étage. Mais quand tu montes au 13e étage, il faut redescendre de la même manière. Si tu es monté avec respect, courtoisie, eh bien quand tu descendras, tu retrouveras les mêmes personnes avec courtoisie etc. Sinon ce seront des coups de pied aux fesses. De nos jours, on est toujours dans la vendetta, la vengeance, et on oublie le principal : le pays et la population ; on est dans nos petits problèmes d'egos, de rien du tout, on oublie qu'on est là grâce à la population et qu'elle attend beaucoup de nous car elle nous a fait confiance et que sans cesse nous ne sommes rien du tout... La politique m'a beaucoup appris et même usée, j'ai donné cœur et âme et j'ai eu tort, ça ne valait pas le coup. Enfin, je dirai plutôt que je ferai différemment. Pas en dilettante non plus, mais je laisserai des marges.

On oublie, à l'heure de la communication, que dans les campagnes en 1990, les gens n'avaient ni radio ni télévision, ils ne savaient pas qui était le président de la république ou alors que de bouche à oreille, ils ne voyaient jamais d'autorités, de ministres. Voilà l'image qu'ils avaient de nous les politiques : de grands bavards qui ne font rien. Dans le nord du pays qui est magnifique, de toute beauté, on ne se rend pas compte que, quand l'harmattan souffle, il fait froid, les enfants sont à moitié nus ; j'ai fait tout le pays et parfois j'étais désespérée car je me disais que le travail était trop grand.

*

En toutes ces années d'apprentissage de la vie politique de mon pays, je peux dire que rien n'est jamais acquis, et qui croit qu'il est à l'abri des surprises se trompe lourdement. De même, qui croit connaître les politiciens se trompe aussi lourdement. Je ressasse à longueur de temps cette phrase de Jean-Paul Sartre : « tant que vous n'êtes pas en situation, taisez-vous ». Quelqu'un m'aurait dit qu'en moins de cinq mois j'assisterais à des revirements de situations, de comportements et de déclarations, je ne l'aurais pas cru. Et pourtant, je m'illusionne de connaître la classe politique béninoise, quelle erreur !

Entendre aujourd'hui le président de l'Assemblée nationale qui n'en menait pas large et qui a tout fait pour être au perchoir, nous dire aujourd'hui qu'il ne nous a rien demandé, on croit rêver ! Bien plus, il avait pris l'engagement que la RB l'ayant aidé à accéder au perchoir, il nous renverrait l'ascenseur lors des prochaines élections municipales et communales pour l'élection du bureau de la mairie de Cotonou.

Au terme de ces élections municipales et communales qui furent organisées finalement en juin 2015, pour la mairie de Cotonou, la majorité absolue étant de 26, il nous manquait quelques conseillers. Le PRD en avait 13, l'Union fait la nation 10. Notre allié naturel étant le PRD, la Renaissance du Bénin pensait que logiquement ce parti nous viendrait en appui pour être maître de la mairie de Cotonou. Ce ne fut hélas pas le cas.

Les promesses d'hier d'Adrien Houngbédji ont été balayées d'un revers de main dès son accession au perchoir. Je n'ai jamais pu avoir un contact avec lui pour décider de la suite des événements : rendez-vous manqués, pose de lapins, réponses évasives, ce fut mon lot lors de toutes les tentatives pour avoir une réponse claire de celui que je croyais notre allié naturel. Je dus ensuite partir en mission dans le cadre de mes activités parlementaires au Burkina Faso, toujours sans avoir eu une réponse du nouveau maître de l'Assemblée nationale si ce n'est : « je dois rencontrer les miens ».

Je partis sans avoir une réponse positive, en laissant le travail au président Nicéphore Dieudonné Soglo et à Lehady Soglo. Mon mari me téléphona pour me dire que tout était terminé. Adrien Houngbédji lui avait dit : « je ne vous ai rien demandé, je ne vous dois rien ». Le PRD devenait de plus en plus gourmand, il voulait la mainmise sur la mairie de Cotonou, non seulement on pouvait lui concéder le premier adjoint au maire mais il voulait gérer l'administration de la mairie, le maire n'étant qu'un personnage mou et dépourvu d'autorité ; et ainsi le grand patron serait Adrien Houngbédji. Il voulait dans la quinzième circonscription que tous les Chefs d'arrondissement soient des membres du PRD.

De fait, le jour de gloire d'Adrien Houngbédji était alors arrivé. En effet, il cumulait, en étant le chef incontesté et incontestable de toute l'administration de l'Assemblée nationale. Et il était également le chef incontesté et incontestable de la mairie de Porto-Novo grâce à son parti et cela lui donnait enfin, pour terminer peut-être sa fin politique, l'impression d'accéder au pouvoir que ne lui avait pas donné la « Marina ». Quelle fin de règne formidable et quelle revanche sur la vie n'est-ce pas !

*

Mais dans la formation des femmes que j'ai le bonheur de diriger depuis quelques années, ces femmes chantent depuis quelque temps un air qui me laisse perplexe : « Le Dieu d'aujourd'hui se déplace en fusée. » Qu'est-ce qu'elles veulent dire ? Elles veulent dire que les manifestations divines sont actuellement immédiates. Alors soyons patients, nous ne sommes qu'au début de la septième législature et nous n'avons même pas encore entamé la première année des quatre ans. Grâce à d'autres ressources – car toujours en politique il ne faut pas dire « fontaine je ne boirai pas de ton eau » –, nous sommes passés à la voracité du Parti du renouveau démocratique pour consolider nos forces et être maîtres de la mairie de Cotonou ;

c'est le PRD qui a tout perdu, pas nous. La cupidité et la voracité n'ont jamais eu gain de cause et, dans la vie, on apprend tous les jours.

J'ai encore beaucoup appris lors de ces dernières joutes électorales. Peut-être que je n'ai pas senti l'âge venir, peut-être aussi que j'ai surestimé mes forces, toujours est-il que j'en suis sortie lasse et vidée comme jamais, et j'en ressens encore les séquelles ; sans avoir pu totalement récupérer toutes mes forces. Grâce à Dieu, j'ai encore toute ma tête, même si l'obscurité quotidienne due à ma cécité me pèse de plus en plus ; les causes doivent se trouver ailleurs. Est-ce que je suis en train de perdre la foi en mon pays, lorsqu'on assiste à l'affairisme qui se déchaîne à la foire d'empoigne sur le plan politique, à la multitude de candidatures à la présidentielle, on se demande bien quelle maladie frappe notre pays ? La simple spectatrice que je veux être, se trouve totalement déconcertée et, après deux mois d'absence, je me demande sur quelle planète je suis et si certains de mes compatriotes ne sont pas déconnectés de la réalité de notre pays.

Nous assistons à la vente à l'encan[58] de notre pays, comme au Moyen Âge avec les bourgeois pourris d'Angleterre où le penny était roi. Actuellement, ce sont les hommes d'affaires qui mettent le pays aux enchères. Combien de milliards de francs pour acheter le pays ? Aucun candidat jusqu'à présent ne nous parle de sa vision, de l'avenir des jeunes, du développement du pays, rien, on nous parle simplement d'argent, de milliards. « Je dispose de tant de milliards qui me permettront d'accéder au pouvoir suprême ». Nous avons vendu notre âme et, je le répète encore, au « fumier du diable ».

Le pays vient de perdre, comme le dit le Président Nicéphore Dieudonné Soglo, « un des acteurs de la vie politique de notre pays » – paix à son âme – le président Mathieu Kérékou. Celui-là même qui a sévi pendant dix-huit ans avec le Parti de la révolution populaire du Bénin (PRPB), dix ans grâce à la démocratie qui, en mon âme et conscience, a tué ce pays avec « son école nouvelle » et ses crimes… Non seulement le pouvoir a décrété quelques jours de deuil national – ses thurifé-

---

[58] À l'encan : vente aux enchères publiques au plus offrant.

raires l'ont comparé à Martin Luther King, Mahatma Gandhi ou Nelson Mandela, sans aucune honte ! –, mais encore le pouvoir en place vient de faire débloquer des millions pour ses obsèques et cela, sous prétexte que pour la circonstance, il faut refaire les routes pour que le cortège funèbre le conduise à Natitingou en pays somba où il sera conduit à sa dernière demeure.

Dans le même temps, on pratique des coupes sombres dans le budget des communes et dans les ministères du pays et certains Béninois n'ont pas un demi-repas par jour. Voilà où en est mon pauvre pays, et le plus triste, c'est que nous n'avons de réaction d'aucune classe politique ! Nous sommes amorphes, nous n'avons plus de ressort et nous subissons tout ce qui nous arrive.

Comme je le disais à mon fils Ganiou il y a quelques temps, ce qui me chagrine le plus, c'est que depuis 2016, nous ne connaissons plus la joie dans ce pays, nous étions heureux, on n'avait peut-être pas le pétrole, pas le diamant, pas ci, pas ça, mais depuis la Conférence nationale nous étions heureux, on faisait des élections, des gens partaient, d'autres arrivaient, mais nous étions relax, le pays n'était pas tendu ; aujourd'hui tout est tendu, tendu même à rompre, comme dit aujourd'hui le président lui-même "la rage", mais quelle rage, nous avons été mordus par un chien enragé ? Quelle rage ? Pourquoi ne pas être relax ? Pourquoi ne pas faire notre travail dans la joie et la gaieté ; et les dérives dictatoriales, dès que tu dis un mot on te met au gnouf, si on ne fait pas tout pour que tu partes en exil et, si tu fais des affaires, gare à toi, on te fait immédiatement un redressement fiscal pour dire « moi je suis là », quel futur, quel nouveau débat dans tout ça?

Le Dahomey, le Bénin sera toujours ; et lui, Talon, et moi, nous serons tous partis, mais le pays, le pays lui, sera toujours là…

VII. Les êtres chers à mon cœur dans les événements marquants de ma vie

Noces d'or et anniversaire de mes quatre-vingts ans

Le deux juillet 2013, ce fut une grande fête, chez moi à Kouhounou, dans la grande salle de réception. On avait invité cinquante personnes. Tous les petits-enfants étaient là sauf Mawéna, la fille aînée de Ganiou qui réside en France. Il y eut plein de discours, de cadeaux. On fêtait nos noces d'or.

Le six mars 2014, ma fille maman Sanantha me téléphone pour me dire « maman je viens te chercher pour te souhaiter un bon anniversaire et elle ajoute, fais-toi belle ». J'ajoute tout de suite que le président Nicéphore Dieudonné Soglo était absent du territoire depuis plus de deux mois, en traitement à Paris, ainsi que mon fils Ganiou. Manifestement pour la première fois depuis des années, mon époux serait absent pour cet anniversaire. D'habitude dans la famille, tous les ans, on fête toujours l'anniversaire de chaque membre de la famille, parents, enfants et petits-enfants. Je m'attendais comme à l'accoutumée, à un anniversaire classique, normal. Elle vint me chercher à seize heures et m'emmena à Kouhounou. En sortant de la voiture, ce fut une grande surprise. Je fus accueillie par une fanfare. Ma fille me prit le bras, j'avançais… et lorsque j'arrivai au bout de l'allée, ce fut une explosion de joie, de voix, de bras qui m'accueillit.

Je fus assaillie de tous côtés, il faisait une chaleur torride, Léhady m'ouvrit les bras et me dit : « joyeux anniversaire maman pour tes quatre-vingts ans. » Ce chiffre quatre-vingt ne m'était jamais apparu comme une date fatidique dans la vie d'une personne. C'est alors que je réalisai que j'avais bel et bien quatre-vingts ans, oui, que j'étais octogénaire. Je m'assis et assistai à une messe d'action de grâce concélébrée par plus de six prêtres. J'étais dépassée – c'est la plus grande surprise de ma vie –, j'étais éberluée, me demandant ce qui m'arrivait, je ne voyais pas la foule mais je la sentais. Après la messe, les discours : celui de madame Ange Leroux Ligan qui brossa rapidement notre vie politique et sociale, Maman Sananta, madame Prudencio Léhady dont le discours m'émut. Pour couronner le tout, la gorge nouée d'émotion, je dis à Léhady : « Qu'est-ce que ç'aurait été si tu avais été mon fils ! » Plus tard, mon fils me dit : « maman ! Tu as lancé encore une bombe. Après ton départ, j'ai été obligé de monter au créneau devant tout le monde pour expliquer ta phrase. Les gens ont compris justement que tu venais d'avouer que je n'étais pas ton fils. »

De mes quatre-vingts ans, restera l'image d'une grande fête inoubliable dans mon cœur. Tous mes remerciements à mon fils et à sa femme, à tous ceux qui ont œuvré pour que cette journée soit belle et marquée d'un sceau. Mon seul regret, l'absence à mes côtés de mon époux, le président Nicéphore Dieudonné Soglo ainsi que de mon second fils Ganiou Soglo. C'est vrai qu'au retour de mon mari, il me le reprocha, en faisant savoir que nous aurions pu différer de quelques semaines cette fête pour attendre son retour. J'eus du mal à l'apaiser et à le convaincre qu'un anniversaire se fête le jour de la naissance de la personne, si faire ce peut.

Rosine avec son fils Ganiou Soglo.

Une autre surprise m'attendait et de taille. Quelques jours plus tard, le président Thomas Boni Yayi arriva chez moi avec un magnifique bouquet : quatre-vingts roses, quarante rouges et quarante blanches. À l'avis unanime, elles étaient superbes, les roses étaient accompagnées de six caisses de champagne et, devant la caméra, le président Yayi Boni m'embrassa et me fit un très joli discours d'anniversaire. Toujours en l'absence du maître de maison encore à Paris.

Combattre la rumeur sur mes enfants

Je ne peux pas terminer ce livre sans dire deux mots sur les rumeurs persistantes et pernicieuses qui circulent depuis 1990 sur mes deux enfants, Léhady et Ganiou. J'ai bien sûr su faire face, dans mon combat politique, à nombre de rumeurs qui ont circulé sur ma personne ou mon parti, mais celles-ci me désolent profondément en m'affectant particulièrement dans ma chair de femme.

Un jour de 1990, Nicéphore Dieudonné Soglo, alors Premier ministre, en rentrant à la maison me dit d'un ton badin : « assieds-toi ». Je lui répondis que j'étais déjà assise ; il ajouta : « confortablement ». C'était un mercredi. Il me dit tout de go : « tout à l'heure, en Conseil des ministres, – car le Conseil des ministres a lieu tous les mercredis –, mes ministres m'ont posé une question, en s'excusant, car ils étaient plus qu'embarrassés, mais ils voulaient être tranquillisés par rapport à la rumeur qui circule qui dit que nos deux enfants Léhady et Ganiou ne seraient pas tes enfants, qu'ils seraient nés l'aîné d'une mère du Mono et le second d'une mère de Porto-Novo ». Effectivement, face à cette rumeur, j'ai explosé de rire parce que, s'il y a une chose dont je suis certaine, c'est que ces deux enfants sont vraiment les miens ! C'est moi qui les ai mis au monde, le premier un 18 décembre 1960 à exactement cinq heures du matin à la clinique des Bleuets dans le 11e arrondissement de Paris dont le gynécologue était le Dr Roger Hersilie, originaire de Guadeloupe. C'était l'époque de l'accouchement sans douleur. Quant à Ganiou, qui nous a beaucoup inquiétés, il est venu au monde le soir du 4 novembre 1961, toujours à la clinique des Bleuets. Aussi ai-je pris cette rumeur extravagante avec un tel détachement et avec un amusement certain en me disant : « mais les ministres n'ont rien d'autre à faire que de colporter des rumeurs de la sorte ? »

*

Mais cette histoire n'était pas finie, loin s'en faut, et c'est là que j'ai réalisé que cette rumeur était beaucoup plus importante qu'elle n'y paraissait et qu'il fallait qu'on s'y arrête car, quelques jours plus tard en effet, à mon cabinet, je reçus la visite de tous les ambassadeurs accrédités au Bénin. Ils étaient gênés. Je les sentais embarrassés et je voyais qu'ils ne savaient pas comment m'expliquer l'objet de leur visite. Je crois que ce fut l'ambassadeur de France qui le premier se jeta à l'eau. Il me dit que pour les renseignements de leur pays, ils avaient l'obligation de savoir si les deux héritiers du Président Nicéphore Dieudonné Soglo avaient réellement pour mère Rosine Vieyra-Soglo, épouse du président. Là, j'avoue que je tombai littéralement des nues. Jusqu'à présent, je pensais que c'était une plaisanterie de galopins, mais cela devenait vraiment sérieux. Je répondis calmement et avec un grand sourire à ces Excellences, qu'ils pouvaient être tranquilles et faire leur rapport à qui de droit en répétant que madame Rosine Vieyra-Soglo, première dame du Bénin, reconnaissait formellement que les deux héritiers du Président Nicéphore Dieudonné Soglo étaient ses enfants. La réponse de l'ambassadeur de France fut : « vous avez eu des enfants, mais ils sont morts dans un accident de voiture, ces deux-là, Léhady et Ganiou, ne sont pas vos propres enfants ». Ainsi donc, il persistait et signait. Alors j'ai senti que le moment était venu de siffler la fin de la récréation. J'ai gardé ma sérénité et, très froidement, mais fermement, je répondis : « imaginez-vous que les deux mères sont vivantes mais l'homme avec lequel elles ont eu ces enfants est actuellement président de la République du Bénin. Ne croyez-vous donc pas que c'est une magnifique aubaine de réclamer leur bien en se précipitant à la Marina et en disant, *urbi et orbi* “il est temps que nous réclamions notre bien et que nous venions nous installer chez toi en mettant à la porte l'usurpatrice et ainsi profiter enfin de nos magnifiques et beaux enfants” ».

À cette sortie, tous les ambassadeurs restèrent bouche bée. Je crois que j'avais touché juste car ma démonstration était imparable. Ils me présentèrent leurs excuses et, tout penauds, sortirent de mon cabinet.

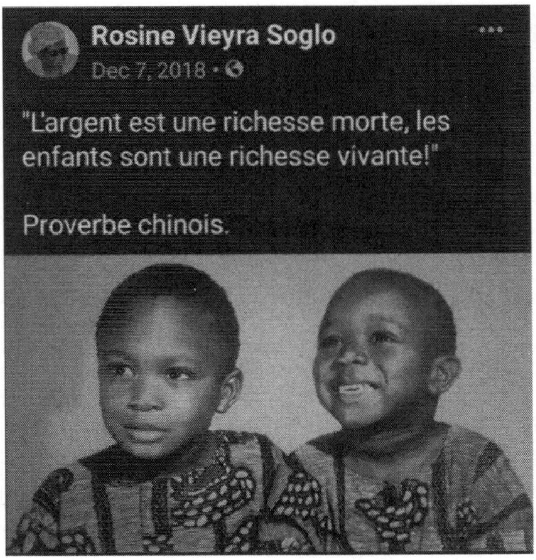

Il faut croire que les rumeurs ont la vie dure car certains Béninois et Béninoises persistent et signent. Pour eux, les deux enfants – encore aujourd'hui en 2015 – Léhady et Ganiou ne sont pas mes enfants, ce sont les enfants de Nicéphore Dieudonné Soglo. Malheureusement, je ne peux rien contre la bêtise et je n'y fais même plus attention.

Nous avions envoyé une lettre aux parents pour leur demander des prénoms africains, nous étions en pleine ébullition. Il y avait l'indépendance et nous voulions sortir du giron du colonisateur. Les parents nous ont envoyé trois prénoms : Miton, Vinagnon et Vinadon. Nous avons préféré Vinagnon et nous avons donné comme premier prénom Léhady du prénom africain de mon grand frère Désiré. Tous, dans ma famille, nous avons un prénom africain, moi je m'appelle Sananta et ça signifie "celle qui vient dans la douleur". Désiré s'appelle Léhady mais ce n'est pas à l'état civil. C'est le prénom qu'on nous donne lorsqu'on fait le sunna ou baptême. C'est pour cela que nous avions demandé à nos parents de nous transmettre des prénoms africains. Notre choix s'est porté sur la sonorité. On ne s'est pas préoccupé de la signification et encore moins de penser qu'un authentique prince fon, un Soglo, pouvait nommer son premier fils alors que nous avions tout à apprendre de notre mère l'Afrique, nous étions imbattables. Le prénom Léhady vu aujourd'hui est une hérésie, mais nous étions à des milliers de kilomètres de l'Afrique, totalement déphasés avec la réalité africaine. Pour notre second fils, Nicéphore tenait absolument à ce qu'il ait un prénom africain, on s'est donc tourné vers mon père à Kouhounou qui nous a suggéré le prénom de Ganiou, puis Karimou Daouda. En même temps, nous clamions haut et fort en ces années 60 notre "négritude". Mais alors que nous connaissions tout de l'histoire française et européenne, nous ignorions alors totalement l'histoire de notre Mère « Afrique ».

En ces années 1958 et 1960, nous étions en plein dans la Conférence de Bandoeng[59], au cours de laquelle fut décrété le

[59] La Conférence de Bandoeng (ou Bandung) eut lieu en Indonésie du 18 au 24 avril 1955, réunissant 29 pays d'Asie et d'Afrique nouvellement indépendants pour affirmer leur volonté d'indépendance et leur non-alignement sur les puissances mondiales.

tiers-monde. Les Guinéens de Conakry venaient de prendre avec fierté et panache leur indépendance sous l'égide du grand talentueux ténor Ahmed Sékou Touré. Nous envions alors les Guinéens et nous aurions voulu apporter notre effort aux nouveaux États indépendants. Nous avons aussi acclamé l'indépendance du Congo belge et pleuré la mort du talentueux patriote Patrice Lumumba. Voilà ce que furent les années 1960.

À présent, ceux qui se triturent le cerveau et crachent leur venin pour savoir le pourquoi et le comment nous avons dénommé nos enfants Lehady et Ganiou, me laissent totalement froide et indifférente. Le chien aboie et la caravane passe. J'ai dit et c'est tout.

****

Rencontre avec Nelson Madiba Mandela

Notre première rencontre avec Nelson Mandela eut lieu en 1990 à New York. Le Président Nicéphore Dieudonné Soglo recevait en même temps que lui un prix pour la démocratie. Pour nous, qui considérions Mandela comme une icône, c'était, en toute modestie, une consécration. Puis, nous avons effectué une visite de travail en Afrique du Sud en 1993. L'apartheid venait d'être aboli puisque Nelson Mandela, le fameux prisonnier de Robben Island, était désormais libre et le pays allait vers les premières élections démocratiques. Bien sûr nous étions jeunes, apolitiques, les médias et la communication n'étaient pas omniprésents dans notre quotidien. En 1963, « le choc des images » comme écrit à l'époque dans le périodique français *Paris Match,* frappa et nous saisit d'horreur et de frayeur. Ces images agirent profondément sur notre subconscient. Pour la première fois, le monde découvrait le visage hideux, haineux, sordide et inhumain de l'apartheid en Afrique du Sud.

Le monde se croyait revenir aux années 1945, lorsqu'abasourdis, on découvrait les camps de concentration et les chambres à gaz du troisième Reich nazi. C'était donc cela le régime de l'apartheid du gouvernement blanc sud-africain. Je crois que pour ma part c'était le glas de la fin de ce système immonde. Les médias nous montrèrent la révolte des écoliers noirs de Soweto cruellement et sauvagement réprimée par le régime d'apartheid sud-africain. Ce pays était régulièrement soulevé de soubresauts mais jamais un soulèvement de jeunes enfants ne fut aussi inhumainement réprimé. L'image haineuse de l'apartheid sud-africain envahit les écrans et nous frappa, nous, les Noirs du continent africain.

Certes, on n'ignorait pas que le gouvernement blanc d'Afrique du Sud réprimait d'une main de fer nos frères et sœurs noirs d'Afrique du Sud. Les lois ségrégationnistes du gouvernement de Pieter Botha décidèrent du partage en deux du pays ; l'un exclusivement réservé aux Blancs, les Afrikaners, et l'autre aux Noirs. Ainsi pour tous les Noirs, on institua le port obligatoire du « pass » pour circuler dans leur propre pays. Les Noirs allant travailler comme domestiques, employés ou autres chez les Afrikaners devaient arborer de façon visible leur « pass » au risque d'être sévèrement punis ou même de perdre la vie dans leur propre pays.

Cela nous rappelait, sans conteste, l'exigence de l'étoile jaune pour tout Juif allemand ou habitant dans les territoires récemment conquis, ou sous commandement de l'armée nazie. Nous découvrîmes ébahis, l'ignoble "lèpre" qui avilissait le gouvernement de Frederik de Klerk. C'est ainsi que jeunes étudiants, nous assistâmes au procès d'un certain Nelson Mandela et plusieurs de ses compagnons d'infortune. À l'époque, le plaidoyer du futur condamné de Robben Island, lors du fameux procès, nous échappa quelque peu. On comprit qu'il préférait mourir plutôt que de trahir sa foi en l'égalité, la liberté et l'indépendance de son peuple.

On admira le courage de ce jeune, beau et talentueux avocat et fils de chef Xhosa d'Afrique du Sud. Il fut condamné à perpétuité et envoyé à l'îlot-bagne de Robben Island. Robben Island au large du Cap, la prison la plus dure du système pénitentiaire sud-africain. On y fait le tour en quelques heures, l'îlot est totalement inhospitalier et caillouteux. On n'y trouve que des rochers et le vent y souffle sans interruption.

Quelques années plus tard après sa libération, lors d'un voyage en Afrique du Sud, nous visitâmes comme beaucoup d'autres touristes la cellule de Mandela dans les geôles de

Robben Island : elle se compose d'une petite chambre avec un lit à une place, une petite fenêtre, un petit lavabo et une petite table avec une chaise dans un coin. L'été, il y fait très chaud, et l'hiver y est glacial.

Il est vrai que quand on parle de l'Afrique du Sud, on oublie que le bas de l'Afrique est coincé d'une part entre l'océan Indien et d'autre part l'Océan atlantique. Il y fait donc très froid pendant ce qu'on appelle l'hiver austral en Afrique du Sud qui va du mois de juillet au mois de septembre-octobre. Il ne neige pas, mais il fait froid. Aussi lorsque vous, Noirs de l'Afrique au sud du Sahara, débarquez pendant l'hiver austral qui sévit en Afrique du Sud, vous êtes surpris de voir vos frères et sœurs de ce pays engoncés dans des vestes, la tête couverte de bonnet tricoté en laine avec une écharpe de laine autour du cou. L'Afrique du Sud est peuplée en grande majorité de Noirs, mais aussi d'une minorité d'Indiens. Ils sont surtout présents à Durban : ce sont les précurseurs de Gandhi. Les Indiens jouissent de certains droits que n'avaient pas les Noirs. C'étaient des citoyens de seconde zone.

L'histoire nous apprit qu'un certain Gandhi, fraîchement devenu avocat, débarqua en Afrique du Sud pour y faire ses armes. Mal lui en prit, car dans le wagon de première dans lequel il prit place, il fut débarqué *manu militari* et jeté avec brutalité sur le sol de la toute prochaine station. Il avait osé entrer dans un wagon réservé aux Blancs et, ce faisant, il avait enfreint les lois de l'apartheid. Gandhi protesta avec véhémence en montrant ses papiers et ne comprenant pas qu'il pût être traité, lui Indien, comme un vulgaire Noir. On le fit quitter le territoire sud-africain. Arrivé chez lui, en Inde, Gandhi fit une propagande et une publicité terrible contre le gouvernement d'Afrique du Sud.

Il est vrai qu'à l'époque, la Grande-Bretagne, pays colonisateur de l'Inde, avait déjà reconnu à ce grand continent sa liberté et son indépendance. Il faut noter que Gandhi œuvra beaucoup pour la dénonciation de l'apartheid.

L'Afrique du Sud était sur la voie de l'abolition de l'apartheid. Nous résidions dans un hôtel de Pretoria la capitale. Nous fîmes plusieurs visites à Johannesburg, magnifique ville cosmopolite et économique du pays où nous avons eu un incident. Le président Soglo avait émis le vœu de visiter Soweto, la grande ville noire sud-africaine. Nous nous mîmes en route et, brutalement, à mi-chemin, la personne chargée du protocole, une femme, arrêta le convoi et nous signifia que la visite de Soweto était annulée et cela sans aucune explication. Face à notre insistance, elle répliqua que notre sécurité n'était pas assurée et que, de ce fait, elle ne pouvait pas prendre la responsabilité de nous amener là-bas. C'était trop dangereux et elle n'était pas à même d'assurer notre sécurité. On rebroussa chemin, dépités, déçus et fort mécontents.

Quelques années plus tard, nous prendrons notre revanche. L'Afrique du Sud à cette période bouillonnait. On sentait qu'il y avait quelque chose qui allait arriver. Il y avait une telle attente que nous fûmes frappés par l'aspect physique des Sud-Africains, hommes comme femmes, ils nous paraissaient laids, tristes, mal habillés avec tous sur la tête un bonnet tissé en laine de couleur criarde.

Quelle métamorphose lorsque je retournai quelques années plus tard comme député au Parlement panafricain (PAP) ! Oui, véritablement ces mêmes Sud-Africains étaient tellement beaux, rayonnants, bien habillés et sûrs d'eux, les yeux rieurs, le regard conquérant, ils pouvaient circuler partout. Ils étaient enfin chez eux. Pour la première fois, ils prenaient possession de leur pays. Plus de « pass », ce petit papier de malheur qu'il fallait toujours avoir sur soi quand il vous arrivait par malheur de circuler dans certains quartiers sud-africains.

En février 1990, nous avons assisté à la télévision comme le monde entier à la libération de Nelson Madiba Mandela. Cet homme, qui défrayait la chronique dans l'apartheid sud-africain de Frederik de Klerk, apparut devant nous ce jour-là pour la seconde fois. Il venait de passer vingt-sept ans au bagne. Nous assistâmes à la libération de ce fameux prisonnier.

Il est vrai que dès l'année précédente, les événements avaient commencé à se précipiter pour de grands changements dans le monde.

En effet, en Europe, le mur de Berlin venait de tomber et les habitants de la ville européenne ouest et ceux de la ville russe est se retrouvaient enfin réunis. Ce fut une liesse et le boulevard de Brandebourg dans la ville de Berlin fut envahi par une foule considérable d'Allemands qui, pour les uns retrouvaient leur père ou leur mère, et pour les autres, leurs frères ou des amis.

Ce furent aussi, en Afrique, les prémices d'un assouplissement du régime de l'apartheid en Afrique du Sud. Des négociations furent menées dans un certain secret. Elles aboutirent à la libération de Nelson Mandela, notre héroïque prisonnier de Robben Island.

Deux visages s'inscrivirent alors dans notre souvenir : d'abord, celui d'une belle jeune femme souriante et rayonnante de bonheur, Winnie Mandela, levant le poing gauche et à côté d'elle, un homme visiblement fatigué, paraissant ébloui par la lumière du jour, avançant lentement se demandant manifestement ce qui lui arrivait et s'il ne rêvait pas. Il esquissait un sourire timide. Pour ma part, je n'oublierai jamais cette image de ce couple enfin réuni après vingt-sept ans de séparation forcée.

Dans cette nouvelle Afrique du Sud, les choses allèrent vite. L'African National Congress ou Congrès national africain (ANC), omniprésent et omnipuissant pendant les années sombres de l'apartheid, pouvait enfin exister en plein jour. Ce parti avait payé d'un prix lourd son combat contre l'apartheid ; beaucoup de ses membres, dont le jeune Steve Biko, avaient payé de leur vie la lutte contre l'apartheid[60]. Il n'était pas question de rayer ou d'effacer d'un trait de plume tous les crimes de l'apartheid.

L'Afrique du Sud innova en créant pour la première fois dans le monde une "Commission Vérité et réconciliation" dont la présidence fut confiée à l'évêque progressiste sud-africain, plus tard prix Nobel de la paix, Desmond Tutu. La commission qui devait écouter tous les acteurs de l'apartheid, autant les tortionnaires que les victimes, fut l'occasion d'un ignoble

[60] Stephen Bantu Biko, dit Steve Biko (1946-1977) est un militant noir d'Afrique du Sud et une des figures de la lutte anti-apartheid. Il est à l'origine de la création de la SASO (South African Students Organisation), syndicat d'étudiants noirs. Sa pensée est influencée par celle de leaders comme Frantz Fanon ou des penseurs de la négritude (Césaire, Senghor) tout en s'inspirant de la non-violence d'un Gandhi ou d'un Martin Luther King. Après les soulèvements populaires des townships de 1976 et le massacre de Soweto, il sera finalement arrêté et incarcéré, puis torturé ; il meurt en détention, assassiné.

déballage. Une partie du monde, celle ignorant les crimes afrikaners, découvrit l'atroce gangrène que fut le régime de l'apartheid. On écouta, écœuré et incrédule, les témoignages des escadrons de la mort qui s'abattaient sur les quartiers noirs et procédaient sans retenue aux enlèvements et autres disparitions de jeunes Noirs. Les policiers vinrent devant la commission expliquer avec moult détails comment ils faisaient brûler les corps des suppliciés : ils en faisaient des barbecues en attendant que les corps brûlent.

Les mères des assassinés imploraient en vain qu'on leur montrât les lieux où furent enterrés les restes de leurs enfants. Ce défilé macabre de policiers inhumains nous choqua. Mais leur pardon à venir nécessitait, au préalable, la vérité, fût-elle cruelle et insoutenable.

Winnie Mandela vint à la barre. Quelle belle femme ! Elle vint superbement habillée, le port altier, suivie des membres de son réseau et fut chaleureusement applaudie par la foule. Lors de son combat contre l'apartheid, on la surnommait « la mère de la nation ». Winnie avait en effet été bannie de sa ville par le régime de l'apartheid et envoyée dans une région où elle était étrangère. Elle était entourée d'une population qui ne parlait ni l'anglais, ni la langue de son ethnie. Elle fut violentée, séquestrée, séparée de ses deux filles qui furent envoyées dans une autre région.

Mais Frederik de Klerk ignorait certainement le courage et la rage qui animaient cette jeune femme. Elle finit par apprivoiser les habitants de sa région d'exil en commençant par cultiver le petit lopin de terre qui entourait sa prison et ensuite en leur apprenant à lire et à écrire.

Néanmoins sa situation était précaire et, comme nous l'a dit et écrit l'évêque Desmond Tutu : « je lui apportais de temps en temps, courage et réconfort, surtout du réconfort en lui apportant l'hostie et, chaque fois, j'avais le cœur déchiré parce que pour lui donner l'hostie, elle devait glisser sa langue entre les grilles ». Mais rien n'ébranla sa détermination. Non seulement à lutter pour la fin de l'apartheid mais elle fit surtout connaître la lutte de son mari jusqu'à en obtenir la libération ce jour de février 1990. Elle fut donc un artisan inébranlable, et elle révéla la figure emblématique de Mandela au monde entier. En effet, c'est elle qui fit découvrir Nelson Mandela, sa lutte, son emprisonnement au bagne de Robben Island. Quelle lutteuse ! Elle fut la grande propagandiste pour que non seulement le peuple noir sud-africain, mais aussi le monde entier n'oubliât pas le prisonnier de Robben Island. Le rôle de Winnie fut primordial dans la survie de Mandela. Sans son action, le monde aurait oublié Mandela, ce qui aurait permis au régime de l'apartheid de le supprimer purement et simplement comme bon nombre de ses compagnons de détention. Mandela lui-même le reconnut à plusieurs reprises.

*

Au cours des discussions que nous eûmes, mon mari et moi avec le leader sud-africain, il nous déclara combien les actions de sa femme avaient contribué à lui sauver la vie. Lors du processus « Vérité et réconciliation », comme je le disais plus haut, Winnie fut l'accusée principale, le réquisitoire du procureur fut terrible. Elle aurait mis sur pied une milice ainsi que des expéditions punitives face aux exactions du régime d'apartheid. On l'accusa donc d'avoir froidement assassiné un jeune Noir après l'avoir fait torturer, d'avoir brûlé nombre d'enfants sans aucun état d'âme. Mais il fallait coûte que coûte trouver un bouc émissaire, et Winnie Mandela faisait l'affaire.

Comme à son habitude, elle répliqua calmement et fermement : « je suis dans le contexte d'une défaite sanglante que nous infligeait le régime, nous étions en pleine guerre, en face de nous, il y avait nos tortionnaires et leurs sbires. Ces hypocrites de l'apartheid oublient les chiens féroces dressés par le régime d'apartheid pour nous traquer, des molosses, nous déchirer femmes, hommes et enfants. Je devais quant à moi, sauvegarder la vie des miens. Très vite nous constatâmes qu'il y avait une taupe parmi nous ; en effet, toutes nos expéditions finissaient immanquablement par une défaite que nous infligeait l'adversaire. Il était clair que nos actions étaient toutes connues par la police de monsieur de Klerk. C'est ainsi qu'on découvrit avec ahurissement et peine que note « capot » était le jeune Tchombi. Il fut jugé et supprimé. Il y allait de toute notre politique de la reprise et de la victoire de notre beau pays l'Afrique du Sud. Je n'ai aucun regret pour avoir supprimé ce jeune traître. »

Winnie fut donc acquittée sous les acclamations, hurlements et autres hou hou du tribunal. Mgr Desmond Tutu nous apprit, lors de nos rencontres quelques années plus tard soit à Cotonou, soit aux États-Unis, ce que fut pour lui ce processus « Vérité et réconciliation ». Comment il fut ébranlé par des révélations d'une cruauté telle qu'il lui arrivait de douter de sa propre foi. Comment un homme peut-il être si froidement cruel envers son prochain ? Il lui arrivait de pleurer pendant des nuits où il ne trouvait pas le sommeil. Heureusement, ajouta-t-il, que son épouse était là. Elle fut d'un réconfort inestimable. Elle trouvait les mots justes pour lui exprimer sa fierté d'avoir un époux tel que lui, elle lui démontra combien ce travail, oh combien pénible, était salutaire pour l'âme du pays tout entier. Elle lui insuffla courage et sérénité pendant ces heures sombres, sa présence fut d'un grand secours. Sans elle, il n'aurait jamais pu continuer ce procès dont lui-même sur le moment ignorait encore l'impact sur la conscience nationale et peut être sur le monde entier.

Il rendit un hommage vibrant à sa femme. Je crois que n'importe quelle épouse aurait aimé entendre ces mots d'amour venant de son époux. Effectivement, grâce aux résultats des travaux de la commission « Vérité et réconciliation », l'Afrique du Sud sut panser ses plaies et oublier ses blessures.

Il fallait coûte que coûte construire une nation multiraciale ayant d'une part une minorité blanche, les Afrikaners, qui détenaient l'économie, les finances, et de l'autre, une majorité de la population noire qui avait le gouvernement. Pour la première fois dans la vie de ce pays, les élections générales étaient organisées avec la participation de toutes les populations en âge de voter. La population noire, qui cessait d'être une sous-humanité, découvrit enfin la joie de mettre un bulletin dans l'urne. Les médias nous montrèrent une longue file de Noirs disciplinés, patients, heureux, avec le bonheur d'accomplir son devoir civique. À l'issue de ces mémorables élections, le candidat Nelson Mandela fut élu comme le premier président noir de l'Afrique du Sud post-apartheid. Une nouvelle ère commençait pour le pays. Il prêta serment dans la liesse et l'allégresse.

Cependant, son premier discours ne fut pas des plus chaleureusement accueillis par ses compatriotes noirs qui ne le comprirent pas. Ils s'attendaient à une revanche des Noirs sur les Afrikaners qui leur avaient fait tant de mal. Ils imaginaient et voulaient une chasse aux sorcières. Or, Mandela prônait la réconciliation, la paix, et tendait la main aux Afrikaners pour bâtir un nouveau pays multiracial. Il fut hué par ses compatriotes lors de son investiture. Mais calmement et fermement, il sut leur démontrer que la lutte était terminée, qu'il fallait déposer les armes. Et que, au cas où cela ne serait pas compris, il était prêt à leur remettre le pouvoir et s'en aller.

Je crois qu'à l'époque, beaucoup de Noirs furent déçus et ne comprirent pas la vision de Mandela. Lui qui avait fait vingt-sept ans dans un bagne était en mesure de comprendre la force du pouvoir afrikaner. Malgré son nombre, la population noire n'avait aucune chance face à une guerre civile. Quant aux Afrikaners, ils n'avaient nulle part où aller. Ils avaient perdu même la notion de mère patrie, la lointaine Hollande. L'Afrique du Sud était leur patrie et pour y rester, ils étaient prêts à mourir et à tuer aussi. Ils avaient pour eux la suprématie des armes, l'économie, les finances de toutes les richesses minières du monde et même l'arme suprême, la bombe atomique. Les Afrikaners n'hésiteraient pas à user de cette arme terrible. Mandela le savait et ne pouvait pas ouvertement l'apprendre à ses concitoyens. Il ne pouvait que les exhorter à la patience, à l'apprentissage, à la formation technique pour que petit à petit, ils deviennent véritablement les maîtres du pays en prenant les rênes du pouvoir réel. Ce temps n'était pas encore arrivé. Il faudrait encore une longue période d'apprentissage et sans corruption. La menace de Madiba de démissionner fit son effet ; leur colère s'apaisa. Ils suivirent leur leader et en cela ils eurent raison.

*

Le premier gouvernement Mandela eut parmi ses membres Winnie comme ministre. Elle était en mission à Londres lorsqu'elle apprit qu'elle avait été débarquée du gouvernement sans ménagement et sans aucune raison. Ainsi débuta le chemin de croix du couple Mandela. À son retour au pays, certains membres de l'ANC l'accusèrent d'adultère, un ignoble déballage indigne des membres de l'ANC fit jour, on la traîna dans la boue et, alors qu'elle avait été relaxée par la commission « Vérité et réconciliation », les choses les plus horribles furent mises sur son compte. Ce fut une véritable curée.

Le président Mandela fut-il lui aussi pris en otage par ses anciens compagnons de l'ANC ? Toujours est-il que, suite à toutes les humiliations dont il était la victime venant de sa femme, il demanda le divorce. Pauvre Mandela ! Vingt-huit ans de bagne, pendant presque vingt-six ans ; et il n'eut aucune nouvelle ni de sa femme ni de ses enfants. C'est au moment de son transfert de Robben Island à une prison où on assouplit sa détention qu'il put rentrer en contact avec sa femme. Il semble compréhensible que cet homme, affaibli physiquement et moralement, n'ait à sa libération, aucune emprise sur la réalité. Il avait pris des habitudes d'horaires bien réglés, d'une vie d'ascète, sobre et pour, disait-il lui-même, économiser ses forces, il s'évertuait à faire des exercices physiques, habitudes qu'il avait gardées de son ancien passé de boxeur.

Winnie, pendant l'incarcération de son mari était une femme active, passionnée, lutteuse, une vaillante combattante, une véritable amazone des temps modernes. Elle était en perpétuel mouvement. N'oublions pas que c'est grâce à ses prises de position que son mari ne fut point oublié dans les geôles afrikaners. Quel saisissant et douloureux contraste entre ces deux époux !

Cela ne pouvait durer. Ils étaient devenus des étrangers l'un pour l'autre. Mandela le comprit très vite et l'accepta un peu trop aisément selon Winnie. Elle, pas du tout. Elle s'attendait, je ne sais pas pourquoi, à une reprise de la vie commune comme si jamais rien n'était arrivé. Il fallait croire qu'elle était très amoureuse de son mari car, ce faisant, elle se comportait comme une midinette.

Nous avons rencontré Mandela, mon mari et moi, après cette rupture. Et moi, en tant que femme, je lui en fis le véhément reproche, celui d'avoir sacrifié selon les rumeurs celle qui l'avait courageusement et vaillamment défendu pendant son emprisonnement. Il m'arrêta doucement en disant avec tristesse : « petite sœur ! Je voudrais oublier cet épisode douloureux de ma vie parce que Winnie est le seul amour de ma vie, mais je ne pouvais pas faire autrement au risque de perdre ma dignité d'homme. » Il y avait un tel accablement, une telle douleur qui transparaissait de lui, que je me suis tue. De quel droit, pouvais-je juger cet homme ? Que connaissais-je de sa vie ? C'est la dernière fois que j'ai discuté avec le président Nelson Mandela.

Sa mort fut une profonde douleur pour le président Nicéphore Dieudonné Soglo et moi-même. Elle fut doublement ressentie du fait que, par le manque de grandeur et d'ouverture d'esprit du président Thomas Boni Yayi, mon mari ne put l'accompagner pour assister à ces funérailles en Afrique du Sud en 2014. Plusieurs raisons furent invoquées par le président béninois, à savoir le nombre de places dans l'avion présidentiel à l'aller, et surtout à cause d'un arrêt prévu à Ankara, capitale de la Turquie. Le président Soglo fut très affecté par ce refus qui ne disait pas son nom. Il aurait tellement voulu être là pour les cérémonies funèbres de cet illustre disparu qui, de son vivant, nous a fort impressionnés par son courage, sa grande élévation d'âme, sa simplicité à nulle autre pareille.

*

Un homme de la trempe de Madiba ne se rencontre pas dans un siècle. Adieu Madiba et peut-être à bientôt. J'ai au plus profond de moi-même espéré qu'avant de mourir il se serait réconcilié avec sa chère Winnie, bien qu'il ait épousé plus tard Mme Gracia Machel, la veuve du célèbre combattant et président Samora Machel du Mozambique.

Mon dernier mot

Je ne peux terminer ce livre sans dire un mot sur mon époque, le XXIe siècle. L'actualité nous tombe dessus avec une telle force et une telle vitesse qu'on est souvent totalement démuni. Les mots ou les maux qui nous accablent se nomment : changement climatique avec tous ses aléas, tsunami, glissement de terrain, fonte des glaciers, terrorisme, guerre en Afghanistan, en Syrie, en Irak, au Yémen, afflux de réfugiés, mort de centaines de milliers d'hommes dans la Méditerranée, électrocution des migrants tentant de rejoindre l'Angleterre ; tous les jours amènent leur lot de calamités. Quel monde allons-nous laisser à nos enfants et petits-enfants ?

À la fin de son mandat de huit ans, le Président Dwight Eisenhower, président des États-Unis disait ceci : « Mes chers compatriotes, comme testament, je vous dis de vous méfier du complexe militaro-industriel ».

À l'époque, cette phrase et ce testament ne me disaient pas grand-chose.

Aujourd'hui, rétrospectivement, je constate que ce grand général de la Seconde Guerre mondiale, qui a été un des acteurs de la victoire du Pacifique et promu par la suite général, a réellement laissé un testament sur le danger que représentent les militaires. Et encore, il était sans doute encore loin de la réalité !

En effet, jamais les armes n'ont autant parlé et, malgré leur destruction massive, elles déciment des populations entières et provoquent le chaos dans tant de pays… Afghanistan, Pakistan, Inde, Syrie, Libye, Irak, les Balkans, et en Afrique à travers tout le continent, etc.

Les réfugiés fuient leurs pays où les armes sèment la terreur pour illustrer le testament d'Eisenhower. Quant à la grande industrie, gisements fossiles, automobile, industrie agroalimentaire, pharmacie, banque et j'en passe et des meilleurs, tout ce qui aurait dû apporter de belles avancées grâce au progrès et faire notre bonheur, ne laisse présager que des catastrophes en tous genres : réchauffement climatique, montée des océans, fontes des glaciers, destruction de la faune et de la flore.

Est-ce à dire que ceux qui nous dirigent pratiquent la politique de l'autruche ? Cette politique qui n'hésite pas à proclamer : « après nous le déluge » est-on tenté de se demander ?

J'espère que Dieu, le père céleste, n'a pas dit son dernier mot et qu'**Il** ne nous a pas oubliés car l'Afrique, **mon Afrique**, est dans un état de déliquescence qui m'angoisse. On avait tellement espéré de notre indépendance ! Et nous assistons sans aucune réaction au pillage de notre continent, aux guerres civiles, au dépeuplement du continent pour fuir la misère, la pauvreté. Nous avions tant eu d'espoir lors de nos indépendances, et c'est la régression…

Dans les pays francophones, le colonisateur n'a jamais été aussi présent et aussi puissant. C'est lui qui dicte tout. Nous n'avons rien à nous, nous n'avons plus d'identité, c'est ma perception personnelle, nous avons été dans l'incapacité de nous l'approprier comme l'ont fait les Juifs ; pour la sous-région, nous sommes loin de l'unité africaine, nous n'avons jamais été aussi divisés, nous n'avons même pas de monnaie à nous, nous n'avons rien.

Le XXe siècle avait suscité tant d'espoir en Afrique ! Où en sommes-nous au XXIe siècle ? Je ne vais pas continuer la longue liste des méfaits qui nous accablent, à quoi bon ?

Mon seul espoir c'est que, comme l'a dit un de nos grands hommes d'État Dahoméen, le roi Guézo (1818-1858) : « Vi na gbè ». Ce qui signifie qu'un jour l'enfant dira non, l'enfant finira par se révolter. Et ces enfants africains du XXIe siècle diront non, car s'il est vrai que l'Afrique est le berceau de l'humanité, un jour, et très bientôt, l'Afrique aura ses lettres de noblesse et sera le continent du futur. C'est une certitude, et

Dieu le veut. Dieu le voudra ! Je le verrai quelque part. Je m'en irai alors moins triste, apaisée, heureuse.

Ceci est mon dernier mot, ceci est mon testament aux futurs Africaines et Africains.

***

Ces mémoires ont été rédigés à partir de textes dictés par Rosine Vieyra-Soglo en 2016 et retranscrits, de vidéos tournées par la cellule de communication de Ganiou Soglo où Rosine Vieyra-Soglo relate certains événements marquants de sa vie, et enrichis par les photos familiales et officielles.

POSTFACE

La lecture des mémoires de Rosine Vieyra-Soglo, ce parcours exemplaire, est un enseignement de vie. Ce qui frappe dans cette trajectoire, c'est sa pugnacité, elle qui, orpheline, n'avait grandi que dans une famille d'hommes, propulsée à quatorze ans dans plusieurs familles sur un continent où tous les codes lui échappaient, n'a eu de cesse de creuser sa place, non seulement en tant que femme mais aussi en tant que femme noire dans une Europe d'après-guerre pleine de préjugés et recroquevillée sur elle-même, jusqu'à épouser le combat le plus féroce qui soit pour une femme : la politique, sur sa terre natale, qui plus est.

Elle a su puiser son énergie, sa force, non seulement en elle-même et avec la foi en les mânes de ses ancêtres, mais aussi en chaque lieu, chaque continent traversé, chaque personnalité rencontrée : en un mot, elle a tiré enseignement, toujours avec humilité, de chaque possibilité que la vie mettait sur son chemin pour bâtir, un jour, un avenir meilleur pour les siens et pour la destinée des femmes.

Comme si le destin de Rosine Vieyra-Soglo avait été tracé, dicté – certes, non sans heurts –, sur la conviction profonde de retourner dans son pays, le Dahomey de son cœur, pour lutter, et participer à un avenir meilleur pour la terre de ses ancêtres. Mais le destin a, certes, sa part, la femme qu'elle fut a la sienne : celle de trancher, de faire les meilleurs choix, de sentir l'air du temps, de savoir remonter à contre-courant, de sans cesse faire bouger les lignes, avant-gardiste qu'elle était, avec une volonté comme nulle autre, ancrée dans ses entrailles, au moment même où les événements, les rencontres se sont présentés. Forte. Forte d'une vision qui l'habitait.

Elle aurait pu poursuivre tranquillement sa carrière d'avocate en France ou aux États-Unis, ou se reposer sur des jours plus confortables lorsqu'elle fut Première dame, mais c'était sans compter qu'en épousant Nicéphore Dieudonné Soglo, elle épousait des convictions politiques courageuses et tenaces nées dès la jeunesse, comme un pacte tacite d'amour et une volonté décuplée de « changer son pays ». Et l'on voit en transparence flotter l'ombre d'une autre femme, véritable modèle de combat qui suscita son admiration : Winnie Mandela.

Voilà une femme qui fut la première à créer son parti politique « La Renaissance du Bénin », qui ne lésina pas sur les joutes oratoires, la prise à partie des députés dans l'arène de l'Assemblée nationale dans un langage direct et sans concession, que les rumeurs s'attachèrent à lui faire mordre la poussière, et qui se releva, qui sillonna l'intérieur du pays pour saisir le quotidien de chacun, qui créa l'association Vidolé venant en aide aux femmes et aux enfants, parce qu'ils sont le poumon essentiel d'une société.

Voilà une femme qui, même ayant perdu la vue, se battit jusqu'au bout pour que son parti s'impose et se resserre, pour que ses partisans soient « voyants » d'un avenir meilleur.

Nul doute que ce parcours doit être dans la tête de chacun, chacune, comme l'espoir en creux à portée de main, puissiez-vous tous avoir une « future Rosine » en vos foyers…

Ce qui est dit aussi en filigrane dans ces mémoires, à l'aube du grand départ, c'est qu'il ne faut pas attendre le miracle. Le miracle ne se produit qu'à la sueur de son front, après des échecs, des humiliations, des moments d'égarements, parfois de désespoir… le miracle n'a lieu que si l'on veut bien aller le chercher. En ce cas, le miracle est collectif, il draine les énergies de chacun luttant pour le meilleur. On ne « change pas son pays » en un jour, mais chaque jour, avec un cap défini ; on ne le change pas pour soi-même et son profit, on le change pour l'idéal de chacun, le confort minimum de chacun, chacune, dans une société démocratique. On le change, pour que le geste le plus quotidien des femmes, sur le marché, dans les zones reculées du pays, au sein de son foyer, soit le plus léger et le plus heureux du monde.

Chapeau bas, madame, vous êtes au cœur de notre dignité, toutes les femmes du monde savent reconnaître cela !

EVM

Remerciements à Claude da Silva
pour avoir contribué à recueillir
les paroles de Rosine Vieyra-Soglo.

Rosine **VIEYRA-SOGLO** (de son nom de jeune fille Rose-Marie Honorine **VIEYRA**), née le 7 mars 1934 à Ouidah et décédée le 25 juillet 2021 à Cotonou, est une femme politique béninoise. De formation juriste, elle fut huissière de justice puis avocate en France et aux États-Unis Députée à l'Assemblée nationale du Bénin de 1995 à 2019, elle fut également membre du Parlement panafricain. Épouse de Nicéphore Dieudonné Soglo, président élu en 1991 au Bénin sous l'ère démocratique, elle est Première dame du Bénin entre 1991 et 1996. En 1992, elle est la première femme à créer un parti politique, le parti « La Renaissance du Bénin ». Dès 1991, elle fonde et préside la fondation *Vidolé (« L'enfant est un trésor »)* qui œuvre dans le domaine social, notamment auprès des plus démunis, les femmes et les enfants. Elle laisse l'image d'une femme audacieuse, avant-gardiste, engagée sur tous les combats politiques dans son pays, le Bénin, et au-delà des frontières, œuvrant pour la cause des femmes.

TABLE DES MATIÈRES

Achevé d'imprimer par Corlet - 14110 Condé-en-Normandie
N° d'Imprimeur : 1398941 - Juillet 2024 - Imprimé en France